TRAUMGÄNGER

James Stephenson

TRAUMGÄNGER

Spurensuche bei den Hadza
in Ostafrika

Aus dem Amerikanischen
von Thomas Bauer

FREDERKING & THALER

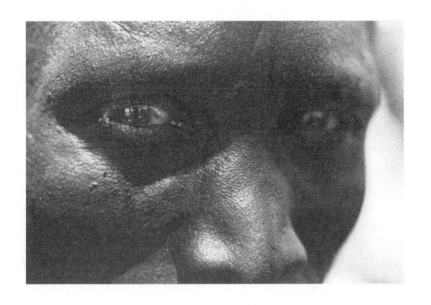

»Alles wirkliche Leben ist Begegnung.«
Martin Buber, *Ich und Du*

Die Deutsche Bibliothek – CIP-Einheitsaufnahme
Ein Titeldatensatz für diese Publikation ist bei
Der Deutschen Bibliothek erhältlich

First published by St.Martin's Press, L.C.C, New York.
Copyright © 2000 by James Stephenson.
Titel der amerikanischen Originalausgabe:
»The Language of the Land: Living among the Hadzabe in Africa«.

Copyright © 2001 für die deutschsprachige Ausgabe
Frederking & Thaler Verlag, München
in der Verlagsgruppe Random House GmbH
www.frederking-und-thaler.de

Alle Rechte vorbehalten

Dieses Werk wurde im Auftrag von St. Martin's Press, L.C.C
durch die Literarische Agentur Thomas Schlück GmbH,
30827 Garbsen, vermittelt.

Übersetzung aus dem Amerikanischen von Thomas Bauer

Text und Fotos: James Stephenson
Lektorat: Daniela Weise, München
Gestaltung, Herstellung und Satz: Büro Caroline Sieveking, München
Kartografie: Margret Prietzsch, Mammendorf
Umschlaggestaltung: 2005 Werbung, Monika Neuser, München
Druck und Bindung: GGP Media, Pößneck

Printed in Germany

ISBN 3-89405-452-2

Der ganze oder teilweise Abdruck und die elektronische oder mechanische
Vervielfältigung gleich welcher Art, sind nicht erlaubt. Abdruckgenehmigungen
für Fotos und Text in Verbindung mit der deutschsprachigen Buchausgabe
erteilt der Frederking & Thaler Verlag.

INHALT

Danksagung **9**

Vorwort **11**

Ankunft **25**

Der Traum von der Löwenmutter **45**

Auf der Fährte der Löwen **75**

Eine Nacht in Mangola **97**

Die Suche nach Nudulungu **131**

Der Berg von Nudulungu
und die Geister der Ahnen **187**

Regenzeit **215**

Die Suche nach den Felsbildern **249**

Das kleine Mädchen **285**

Abschied **311**

Epilog **313**

HINWEIS

Kursiv gedruckte Wörter in diesem Buch stammen aus dem Suaheli, durch serifenlose Schrift hervorgehobene aus dem Hadza. Die Hadza-Wörter sind so geschrieben, wie ich sie gehört habe. Die Buchstabierungsmöglichkeiten für bestimmte Hadza-Wörter sind ebenso vielfältig wie die Bezeichnungen für die Hadza. Verschiedene Ethnologen, darunter James Woodburn, Bonny Sands, Jeannette Hanby und Gudo Mahiya, haben ein phonetisches Alphabet für die Sprache der Hadza entwickelt. Sämtliche Angaben zum Hadza in diesem Buch basieren, wie auch alle anderen Informationen, auf meinen Erfahrungen vor Ort.

DANKSAGUNG

Zuallererst möchte ich mich bei den Hadza bedanken, ganz besonders bei Sabina, Mustaffa, Localla, Musa, Gela, Sitoti, Sapo, Salibogo, Mary, Pauola, Mzee Mateo, Janza, Giduye, Mustaffas Eltern, Hamisi und bei allen anderen. Die bedingungslose Unterstützung meiner Mutter, meines Vaters und meiner Schwester hat mir sehr geholfen. Ganz herzlich möchte ich mich auch bei Joe Deasy bedanken, dessen Hilfsbereitschaft mich stets angespornt hat; er war allzeit gerne bereit, mein Manuskript zu redigieren. Mein Dank gilt auch meinem Lektor Michael Denneny, dessen Enthusiasmus und Eifer von unschätzbarem Wert waren. Vielen Dank auch Emerson Skeens für seine Freundschaft und seine Gastfreundlichkeit, John Levi und Martin di Martino, meinen Agenten Mike Warlow und Danny Simmons, Akiko Konishi, der die Abzüge der meisten Fotos gemacht hat, Matthew Yeoman, Christina Prestia, Johannes und Lena Kleppe, deren Türen bei Bedarf immer für mich offen standen, David Bygott und Jeannette Hanby, Dr. Kan, Linquist Design, Evelyn Hurtado, Adam Levin, Tom Green, Peter Jones, der es mir ermöglicht hat, nach Tansania zu kommen, Eric Brenner, Steve und Cathy vom Outpost Hotel, Annette Martin und ihrer Crew, der tansanischen Regierung, dem Bezirkskommissar von Karatu, dem Katibu von Mangola, den wunderbaren Menschen in Tansania und all meinen Freunden, die mich während dieses Projekts unterstützt und inspiriert haben.

VORWORT

»Die ganze Welt liegt im Mond unserer Hände verborgen«, hatte mir ein Heiler der Mangati ein Jahr zuvor an meinem letzten Tag in Tansania gesagt. »Achte auf Hände. Du musst lernen, Hände zu lesen«, fügte er hinzu. Ich dachte über die Bedeutung seiner Äußerung nach, als ich mit den anderen Passagieren am Kilimanjaro-Airport die Stufen vom Flugzeug zum Rollfeld hinabstieg und von der klaren Nachtluft in Empfang genommen wurde. Der vertraute Geruch von brennendem Akazienholz der kleinen abendlichen Kochfeuer lag in der Luft. Es war schön, wieder in Tansania zu sein. Ich erlebte das erhebende Gefühl von Freiheit, das einen überkommt, wenn man an einer Reise teilnimmt, die größer ist als man selbst, an einer Reise, die einen auserwählt hat – das zumindest fühlte ich beim Betrachten der Sterne, während ich auf die Zollstation zuging. Nachdem ich in New York sieben Monate lang Bäume Treppen hinaufgeschleppt, durch Aufzugtüren gezwängt und mich mit Portiers auseinander gesetzt hatte, war ich froh, für dieses Jahr mit der Bepflanzung von Dachterrassen fertig zu sein – mein kleines Gewerbe ermöglicht es mir, meinen Lebensunterhalt zu verdienen.

Endlich war es mir gelungen, mich von allen bestehenden Verpflichtungen und Schulden zu befreien, um neun Monate lang bei den Hadza verbringen zu können. Ich war völlig ungebunden und jagte einem Traum nach. Das war im Jahr 1997, und ich war 27 Jahre alt.

Das erste Mal hörte ich von den Hadza im August 1994 auf einer kleinen Insel mit dem Namen Chole. Sie gehört zum Mafia-Archipel und liegt ungefähr 25 Kilometer vor der Küste Tansanias, etwa in der Mitte, wo sich der Rufiji in den Indischen Ozean öffnet. Ich saß unter einer von Passionsfrüchten, Prunkwinden und Klematisreben berankten Pergola aus Mangrovenbäumen und lauschte dem entfernten Donnern von Riesenmantas, die auf der ruhigen Oberfläche des Meeres aufschlugen. Ich arbeitete für einen Hotelier namens Emerson Skeens und legte die Gärten seiner kleinen Hotelanlage auf der Insel Chole an. Wir tranken die Milch einer *madafu*, einer kleinen Kokosnuss. Meine Schwester hatte mich Emerson in einem Restaurant in New York vorgestellt. Sie selbst hatte ihn während eines Fotoshootings für Harper's Bazaar in Sansibar kennen gelernt, wo er mehrere Hotels betreibt. An dem Abend, als sie mich anrief und einlud, mit ihr und Emerson essen zu gehen, hatte ich noch keine Ahnung, dass er es mir ermöglichen würde, nach Afrika zurückzukehren. Emerson gehört zu den wenigen Menschen in meinem Bekanntenkreis, die eine magische Ausstrahlung besitzen. Er ist ein vielschichtiger Charakter, der mich an Lord Henry in Oscar Wildes *Das Bildnis des Dorian Gray*, an Freddy Mercury von Queen und an eine Grande Dame von unerbittlicher Südstaaten-Vornehmheit aus Virginia erinnert. Das Mondlicht war fantastisch. Wir saßen inmitten von Ruinen, die einst von reichen arabischen und indischen Kaufleuten bewohnt wurden, zu einer Zeit, als Chole noch eine kleine, gedeihende Insel war, auf die seit über tausend Jahren Händler aus dem Fernen Osten und aus dem Westen kamen. Von Zeit zu Zeit schienen diese Ruinen eine unheimliche, beklemmende Aura zu verströmen. Vielleicht war das auf das Grauen zurückzuführen, das den Bewohnern widerfahren war, als im frühen 19. Jahrhundert Sakalava-Krieger in einer Flotte von Kanus von Madagaskar nach Chole paddelten und die gesamte Bevölkerung verspeisten.

Emerson füllte etwas Whisky in die *madafu*. Ich fragte ihn, welches er für das interessanteste Volk hielt, dem er während seiner zwanzig Jahre in Afrika begegnet war.

»Die Hadza«, erwiderte er, nachdem er sich ein paar Minuten Zeit genommen hatte, um über die Frage nachzudenken.

»Wer sind die Hadza?«

»Ein Stamm von Jägern und Sammlern, der in der Umgebung des Eyasisees, südwestlich des Ngorongoro-Kraters, lebt. Die Hadza sind liebenswerte, harmlose Menschen und das Letzte der alten Völker.«

»Sie leben also gar nicht so weit von hier entfernt?«, fragte ich.

»Nein«, entgegnete er, lehnte sich zurück und zog an seiner Benson & Hedges.

Emerson trank seinen Whisky aus und lauschte dem Mangrovenwald, wie immer, ehe er auf der Insel zu Bett ging. Er machte eine Bemerkung über die großen Fruchtfledermäuse, die von ihrem Beutezug aus den Bananenplantagen in der Bucht zurückkehrten.

Als ich drei Wochen später ein Loch für einen Orangenbaumschössling aushob, rutschte ich mit der Spitzhacke von einem Felsbrocken ab und schlug mir ins Schienbein. In der folgenden Nacht halluzinierte ich im Fieber. Eine seltene Streptokokkenart hatte die Wunde angegriffen und sich binnen fünf Stunden bis zum Knochen vorgearbeitet. Ich verbrachte zwei schreckliche Nächte auf der Insel, bis mich ein Rettungsflugzeug zu einem Krankenhaus nach Sansibar brachte. Vom Fieber gebeutelt, hatte ich einen wiederkehrenden Traum, der mir während meines Martyriums den einzigen Trost spendete.

In diesem Traum wanderte ich allein einen Pfad entlang und war auf der Suche nach Wasser, um meinen Durst zu stillen. Ich hatte mich verirrt, und die Sonne war unerträglich heiß. Fliegen schwärmten um meinen Kopf und meine Füße. Stolpernd versuchte ich den Weg irgendwohin zu finden, als mir auf dem Pfad ein alter Mann mit Pfeil und Bogen entgegenkam. Er blieb vor mir stehen und sagte einige scharfe Worte zu den Fliegen, worauf sie augenblicklich verschwanden. Dann schwenkte er die Hand über meinem Kopf und verwandelte sich in einen Baum – in einen uralten Baum mit dichten, ausladenden Ästen. Ich lehnte mich mit dem Rücken gegen seinen knorrigen Stamm und rastete im Schatten. Der Wind und die Blätter fingen an, zu mir zu sprechen, und als ich kurz davor war aufzuwachen, wurde mir bewusst, dass der Wind die Stimme des alten Mannes war. Ich weinte, als ich aufwachte, konnte mich aber nicht mehr an die Worte des alten Mannes erinnern.

Nach den zwei Wochen, die ich benötigte, um mich vom Fieber zu erholen, verspürte ich ein unglaublich starkes Bedürfnis, die Hadza aufzusuchen.

Ich flog von Sansibar nach Arusha. Arusha gehört zu den größeren Städten in Tansania und wird bedauerlicherweise von kommerziellen Safari-Veranstaltern heimgesucht. Einige Jahre bevor ich auf Chole Gärten anlegte, hatte ich selbst in Arusha für einen Safari-Veranstalter gearbeitet. Außerdem war ich im Süden Tansanias, nahe der Grenze zu Mosambik, als Bauleiter tätig gewesen. Diese Erfahrungen hatten zu meinem Verlangen, immer wieder nach Afrika zurückzukehren, geführt.

Von Arusha aus fuhr ich mit dem Bus in die kleine Stadt Karatu und schließlich in die noch kleinere Stadt Mangola am Rand des riesigen Buschs. Dort begab ich mich zu einem Camp in einer Oase, in der sich angeblich Hadza mit Wasser versorgten. Am nächsten Morgen kamen zwei kleine Jungen namens Palanjo und Hamisi zu meiner Lagerstätte. Sie trugen zerrissene Shorts, hatten sich tote Vögel an den Körper gebunden, und ihre Beine waren mit getrocknetem Schlamm bedeckt. Ich fragte sie, ob sie wüssten, wo ich die Hadza finden kann.

»Wir sind Hadza«, sagte Hamisi mit einem breiten Lächeln. Hamisi war ungefähr zehn Jahre alt, Palanjo etwa sechs. Hamisi sprach Suaheli, deshalb konnte ich mich mit ihm verständigen. Genau genommen blieb Suaheli während der ganzen Zeit, die ich bei den Hadza verbrachte, unser Mittel zur sprachlichen Kommunikation – obwohl es später noch viele andere Arten der Verständigung gab. Da ich auf Chole gearbeitet hatte, kannte ich zu diesem Zeitpunkt bereits die Grundzüge dieser Sprache. Im Lauf der Jahre hat sich mein Suaheli verbessert, und mittlerweile beherrsche ich auch ein paar Brocken Hadza.

Eine halbe Stunde nachdem ich die beiden Jungen kennen gelernt hatte, luden sie mich ein, ihnen in den Wald der Oase zu folgen,

Palanjo und Hamisi

um auf Vogeljagd zu gehen. Sie schossen einige weitere hübsche blaue Vögel. Anschließend machten sie rasch Feuer, warfen die Vögel in die Flammen und aßen sie wenige Minuten später auf.

Während die Jungen die Vögel verspeisten, liefen Affen vorbei. Sie schnappten sich Pfeil und Bogen und folgten den Affen ins Dickicht. Ich saß eine Zeit lang im Wald und wartete nervös auf ihre Rückkehr. Da ich unmöglich den Weg zurück gefunden hätte, war ich erleichtert, als sie mit leeren Händen zurückkamen.

Den Nachmittag verbrachten wir damit, in einem Wasserloch inmitten gewaltiger Papyrusstauden zu baden, die in der Oase wuchsen.

»Bist du sicher, dass es hier keine Krokodile gibt, Hamisi?«, fragte ich, ehe ich in das erfrischende Wasser sprang.

»Ja. Wenn es welche gäbe, würden wir hier nicht schwimmen«, sagte er zuversichtlich.

Am Ende des Tages bestanden die Jungen darauf, dass ich sie nach Hause begleitete. Sie nahmen mich zu einem etwa fünf Kilometer außerhalb der Stadt gelegenen Hadza-Camp mit. Wir kamen in der Dämmerung an. Meine Gegenwart schien die Anwesenden misstrauisch zu machen. Sie gingen augenblicklich auf Distanz. Ich fühlte mich äußerst unwohl und wünschte mir, ich wäre nicht gekommen. Einer der Jäger schien mich wutentbrannt anzustarren. Hamisi führte mich zu einem Lagerfeuer, um das mehrere alte Männer saßen. Plötzlich befand ich mich inmitten einer Auseinandersetzung. Die älteren Männer waren nicht glücklich darüber, dass mich die Jungen ins Camp mitgebracht hatten. Dann kam der junge Mann mit dem wütenden Blick herüber und überredete die alten Männer, ohne mich dabei anzusehen, mich bleiben zu lassen. Nachdem er gesprochen hatte, klopften mir die alten Männer auf den Rücken und sagten: »*Karibu*, willkommen, *karibu*.« Der junge Mann hieß Sabina.

»Du kannst bei mir schlafen«, sagte er. »Komm mit!«

Das Camp bestand aus ungefähr zehn runden Hütten aus Zweigen und Gras. Hamisi und Palanjo wichen nicht von meiner Seite. Sabina brachte uns zu seinem Feuer, und wir setzten uns. Inzwischen war die Nacht angebrochen. Eine wunderschöne junge Frau, die Sabinas Ehefrau zu sein schien, reichte mir etwas Fleisch. Sabina gab mir zu verstehen, dass ich das Fleisch auf die glühenden Kohlen im Feuer legen sollte. Hamisi und Palanjo warfen die wenigen Vögel, die sie noch übrig hatten, in die Flammen, um ihre Federn wegzubrennen. Seit ich sie am Morgen kennen gelernt hatte, hatten sie zusammen etwa fünfzehn Vögel verspeist.

Wir saßen ungefähr eine Stunde lang am Feuer und aßen Büffelfleisch. Sabina und seine Frau verhielten sich, als sei nichts geschehen. Ich begann, Hamisi und Palanjo Fischergeschichten von riesigen Menschen fressenden Haien und mörderischen Meeresungeheuern zu erzählen. Bald stellte ich fest, dass sich viele Männer ums Feuer versammelt hatten und den notdürftig ins Suaheli übersetzten Geschichten lauschten. Einige Männer erzählten daraufhin ihre eigenen Geschichten von der Jagd, zunächst ebenfalls in gebrochenem Suaheli, ehe sich ein Redeschwall auf Hadza ergoss.

Die Jäger sprachen am Feuer miteinander, als ob ich nicht da gewesen wäre. Von Zeit zu Zeit bemerkte ich, wie mich der eine oder andere neugierig anstarrte, jedoch sofort wieder wegsah. Die Körpersprache der Jäger und ihre Art zu kommunizieren waren faszinierend. Sie liebten es, Tierlaute zu imitieren, und waren hervorragende Schauspieler. Manche erhoben sich immer wieder vom Lagerfeuer, um den Gang von Löwen oder Giraffen nachzuahmen; andere warfen sich auf den Boden, um den Todeskampf eines Pavians zu demonstrieren. Ich fühlte mich in eine frühere Zeit zurückversetzt, als ich ihren Geschichten lauschte und beobachtete, wie der Feuerschein ihre Darbietungen noch lebendiger machte. Später wurde mir klar, wie wichtig es ist, zu übertreiben und tatsächliche Erlebnisse auszuschmücken, um den Zuhörern ihre universelle Gültigkeit zu vermitteln. Meiner Ansicht nach liegt die große Stärke mündlicher Überlieferung darin, dass sie nicht in Raum und Zeit verhaftet ist und von ständiger Veränderung, Ausschmückung und Improvisation lebt.

Mitten in der Nacht wachte ich auf, weil ich erbärmlich fror. Hamisi, Palanjo und ein paar andere junge Jäger lagen eng aneinander geschmiegt neben mir und hatten mir meine große Decke abgeluchst. Ich holte mir ein Stück Decke zurück und schlief wieder ein.

Am nächsten Morgen fragte ich die Männer, ob ich mit ihnen auf Safari gehen dürfe. Sie sagten, dass sie an einem Ort mit dem Namen Mongo wa Mono auf Honigsuche gehen und mich mitnehmen wollten. Ich brauchte nichts weiter als etwas Salz, etwas *ugali*, Maismehl, und eine Decke. Einen Bogen und Pfeile bekam ich von ihnen.

»Wie lange werden wir unterwegs sein?«, fragte ich sie.

»So lange du möchtest. Wir suchen nach Honig. Er wird dir schmecken«, meinte Sabina.

Als ich nach zwei Monaten bei den Hadza auf die Insel Chole zurückkehrte, fühlte ich mich physisch und psychisch stärker als jemals zuvor in meinem Leben. Wir schliefen nachts am Feuer und legten

Hütte einer
Hadza-Familie

vom Morgengrauen bis zur Dämmerung viele Kilometer zurück, auf der Suche nach Honig und nach Tieren, die wir jagen konnten. Ich lebte wie sie, nahm sieben Kilo ab und war völlig verzaubert von ihrer Kultur und Lebensweise.

Während der nächsten drei Jahre besuchte ich die Hadza immer wieder, wenn ich nicht gerade als Gärtner arbeitete, und verbrachte jedes Mal mehrere Monate am Stück im Busch. Zwischen fünf Jägern – Mustaffa, Sabina, Sitoti, Localla und Sapo –, ihren Familien und mir entwickelte sich eine enge Beziehung, mit vielen anderen war ich befreundet. Allerdings glaubte ich zu dieser Zeit viel mehr über die Kultur und Lebensweise der Hadza zu wissen, als ich es wirklich tat.

Wer sind die Hadza? Sie gehören zu den letzten Jägern und Sammlern Afrikas, die ein traditionelles Leben führen. Noch immer machen sie mit Stöcken Feuer, schnitzen ihre Waffen selbst und ernähren sich von der Jagd. Sie sprechen eine Klicklautsprache, die den Khoisan-Sprachen ähnelt, wie sie beispielsweise die Buschmänner in der Kalahari sprechen. Krankheiten bekämpfen sie mit ihrem Wissen über natürliche Heilmittel, das über die Jahrhunderte weitergegeben wurde.

Die Hadza leben in Tansania in der Region um den Eyasisee, die an den Ngorongoro-Nationalpark angrenzt. Dieses Gebiet ist nicht allzu weit vom Laetoli-Tal entfernt, wo die Anthropologin Mary Leakey 1978 die Fußspuren eines Hominiden fand. Möglicherweise haben die Vorfahren der Hadza bereits in der Geburtsstunde der Menschheit in den unterschiedlichen natürlichen Lebensräumen um den Eyasisee gejagt und gesammelt. Man könnte behaupten, dass ihr Stammesbewusstsein auf einem direkten, ununterbrochenen genetischen Pfad bis zum ersten Homo sapiens zurückgeht. Manche Experten sind der Ansicht, dass es noch 200 Hadza gibt, andere gehen von fast 2000 aus. In der Region existieren viele verschiedene Bezeichnungen für die Hadza: Hatza, Hadzapi, Kindiga, Tindiga, Wakindiga, Kangeju.

Der Eyasisee heißt bei den Hadza Ba-lan-ge-ta. Er ist der fünftgrößte See in Tansania und erstreckt sich über 2600 Quadratkilometer. Die Einheimischen bezeichnen ihn als »toten« See, da sein Wasser aufgrund des hohen Salzgehalts nicht trinkbar ist. Die Hadza leben in den Gebirgsausläufern, Savannen und Oasen, die den See umgeben, einer großen, ungeschützten Wildnis in der Nähe der Serengeti. Der See selbst ist unvergesslich schön, und die Umgebung steht ihm in nichts nach. Auch wenn man sich 80 Kilometer westlich des Sees befindet, spürt man stets seine Gegenwart, da alle kleinen Flussbetten in sein Becken führen. Der Eyasisee wird auch häufig in den Geschichten der Hadza erwähnt.

Ich möchte mit diesem Buch dem Leser einen Eindruck von der Denkweise und der Lebensart der Hadza vermitteln, kann dazu aber nur auf meine eigenen Erfahrungen zurückgreifen, die natürlich begrenzt sind. Die geschilderten Erlebnisse umfassen zum größten Teil die letzten neun Monate, die ich 1997 bei den Hadza verbrachte, weil ich davor den Absprung geschafft hatte und frei von allen Verpflichtungen und jeglicher »Verantwortung« war. Die Reihenfolge der Kapitel soll den Leser immer tiefer in ihre Welt führen. Ich fand heraus, dass die von einem Hadza-Geschichtenerzähler berichteten Erlebnisse nicht immer wirkliche Erlebnisse sind und dass seine Aufgabe vor allem darin besteht, eine noch großartigere Geschichte zu schaffen. Realität und Fiktion werden so raffiniert miteinander verwoben, dass es unmöglich ist, sie zu unterscheiden. Das ist allerdings auch gar nicht nötig, da erzählt wird, was andere hören möchten oder hören sollen.

Das Mitteilen meiner Träume und das Malen waren anfangs vermutlich meine wichtigsten Mittel zur Verständigung. Erst als ich den Hadza von meinen Träumen erzählte, teilten sie mir ihr ganzes Wissen über Traumdeutung mit. Dadurch entstand eine Vertrautheit; sie schienen mir zu glauben und merkten, dass ich ihnen glaubte, was uns auf eine Ebene stellte und es möglich machte, dass wir Freunde wurden. Die Träume, die ich ihnen erzählte, handelten von ihrer Welt. Ich träumte immer wieder von alten Jägern, die ihr Wissen über das Land preisgaben. Die Hadza interessierten sich sehr für den Grund, weshalb ich solche Träume hatte. Sie begannen sofort, sie zu deuten, und kamen zu dem Schluss, dass mich ihre Ahnen im Traum unterrichteten, um mir die Kraft zu geben, mit ihnen zu leben.

Ich nahm immer Zeichenmaterial mit in den Busch. Als ich das erste Mal eine Leinwand auspackte und zu malen begann, waren die Hadza begeistert und bestanden darauf, mitmachen zu dürfen. Wenn sie malten, waren sie so bei der Sache, dass sie alles um sich herum vergaßen. Sobald ein Einzelner oder eine Gruppe ein Bild vollendete, liefen alle im Camp zusammen, um einen Blick auf das Werk zu werfen. Die Künstler beschrieben dann ausführlich und mit großem schauspielerischem Talent, was sie während einer vergangenen Jagd erlebt hatten, als wäre es ihnen soeben erst widerfahren, und deuteten dabei auf die in den Bildern verewigten Anspielungen. In ihren Gemälden gab es kein Oben und kein Unten; was sie zeichneten und malten, verteilten sie frei auf der Leinwand.

»Hier ist die riesige Schlange, die meine Mutter aufgefressen hat«, erklärte eine junge Frau. »Und das ist der Weg, den ich gegangen bin, um sie zu finden. Bei diesem Baum sah ich zwei Löwen, und in der Nähe des Unterschlupfs der Riesenschlange hörte ich Dämonen. Dann wusste ich, dass meine Mutter tot war.«

Ein Hadza-Kind beim Malen

Auch meine Bilder studierten sie und erklärten ausführlich die Bedeutung dessen, was ich gemalt hatte. Mit den Männern zu malen war ein sehr ähnliches Erlebnis, wie mit ihnen auf die Jagd zu gehen. Alle arbeiteten zusammen. Es fand eine Verständigung ohne Worte statt, die der stillen Übereinkunft bei der Jagd glich. Darüber hinaus erlaubte mir das Malen, mehr Zeit mit den Frauen zu verbringen und Geschichten mit ihnen auszutauschen, als es mir sonst möglich gewesen wäre. Nachdem ich mit jemandem gemalt hatte, fühlten wir beide uns behaglicher miteinander. Das Malen war ein Mittel, um anfängliche Vorurteile und kulturelle Barrieren zu überwinden. Dass wir uns vorbehaltlos visuell ausdrücken konnten, brachte uns einander näher.

Alle Hadza hatten am Malen ebenso viel Spaß wie am Schnitzen ihrer Pfeile oder am Anfertigen ihrer Perlenketten. Jedes Mal, wenn sie ein Gemälde fertig stellten, überzeugten sie sich davon, dass alle anwesend waren und die Geschichte zum Bild hörten. Sobald die Künstler ihre Geschichte erzählt hatten, war die Angelegenheit für sie jedoch erledigt und sie hatten keine Verwendung mehr für das Gemälde.

Oft erzählten die Hadza ihre Geschichten auch, während sie malten. Sitoti zum Beispiel begann beim Malen immer schwer zu atmen, sprang auf und imitierte Tierlaute. Die anderen hielten dann inne und hörten ihm zu, feuerten ihn an oder stellten ihm Fragen. Das Malen auf einer Leinwand hatte stets zur Folge, dass Pfeile, Kleidungsstücke, Schuhe, Zehen, Finger und Gesichter ebenfalls bemalt wurden. Die Kreativität der Hadza entwickelte eine Eigendynamik, und die Malerei diente dem Zeitvertreib, der Verständigung, dem Vergnügen und als Sprache, sowohl für den Einzelnen als auch für die Gruppe.

Aufgrund des außergewöhnlichen Ideenreichtums in den Geschichten der Hadza, die am Lagerfeuer oder beim Malen ins Leben gerufen oder weitergegeben wurden, wurde ihre Welt stets aufs Neue erfunden und gedeutet.

Wenn ich diesen Hadza-Geschichten lauschte, dachte ich oft über die Bemerkung des Mangati-Heilers nach, der gesagt hatte: »Die ganze Welt liegt im Mond unserer Hände verborgen.« Mir fiel auf, dass meine Hände normalerweise voller Farbe, Schmutz oder Blut waren. Die komplexe Zweideutigkeit der Worte des Heilers war manchmal schwer zu verstehen, konnte jedoch von entscheidender Bedeutung sein. Derselbe Heiler sagte mir später: »Horch auf das Land. Hörst du das Murmeln, mit dem sich der Regen ankündigt?« Ich war noch nicht in der Lage, es zu hören, doch Sabina vernahm es und fand einen Ort, der uns Schutz bot.

ANKUNFT

Nach der langen Anreise aus Arusha ging ich an einem windigen Spätnachmittag den Hügel zu Sitotis Hütte hinauf. Er saß am Feuer, rauchte seine Pfeife und schnitzte einen Pfeil. Nachdem er mir in die Augen geblickt hatte, wandte er seine Aufmerksamkeit wieder dem Pfeil zu und sagte: »*Nilikuwa na ndoto ya mkono wako Jana usiku.* Ich habe von deiner Hand geträumt und von der blauen Giraffe. Ich saß heute neben meiner Hütte und war nicht imstande wegzugehen. Immer wieder wollte ich Affen jagen, aber meine Beine wollten meinen Wünschen einfach nicht folgen. Jetzt weiß ich, warum. Gut, dass du gekommen bist. Ich bin alleine hier, die anderen Männer sind auf die Jagd gegangen. Und die Frauen und Kinder sammeln Nahrung. Du kannst bleiben, bis sie zurückkommen. Hast du deine Farben mitgebracht?«

»*Ndiyo*, ja, Sitoti.«

In jener Nacht schlief ich unter einem Tamarindenbaum, umgeben von Sitotis Schweigen. Ich träumte von heulenden roten Winden, die einen Leoparden verfolgten. Die gepeinigten Wolken wurden aufgerissen, und ein Gewitterregen ergoss sich über das Land. Der Geruch von faulendem Flusspferdfleisch hing schwer in der Traumluft. Ich hörte die Schreie von Pavianen und die Schritte der Jäger auf dem Boden des ausgetrockneten Seebeckens. Aus einem Dornbusch erhob

Sitoti

sich ein Gesicht, der Geist eines Ahnen. Er reichte mir drei sepia-braune Zweige, die aussahen wie Kräuter.

»Wozu sind diese Zweige gut?«, fragte ich ihn. Er sah zu mir auf und lächelte. »Das ist Medizin, die dich schnell laufen lässt«, sagte er. Dann verwandelte er sich in ein Zebra und galoppierte ins Savannengras davon.

Als ich in der Morgendämmerung aufwachte, saß Sitoti am Feuer, rauchte seine Steinpfeife und starrte in die Flammen. Er war immer vor mir wach, vor Sonnenaufgang, und hatte bereits einem di-dee-dee-Vogel die Federn ausgerupft, um die Enden seiner Pfeile damit zu schmücken. Ich erzählte ihm meinen Traum. Er hörte mir zu und schwieg eine Weile, ehe er antwortete. Den federlosen Vogel warf er in die heiße Glut.

»*Wewe umeota mbabu wa zamani Zamani*. Du träumst von den Ahnen. Sie haben dir Medizin gezeigt, die dich so schnell laufen lässt wie ein se-sa-may-a, ein Löwe. Ich weiß nichts über solche Träume. Aber mein Vater sagte, dass man am Morgen, nachdem man von einem Leoparden geträumt hat, ein Weißschwanzgnu erlegt. Mein Onkel träumte einmal, dass sein Freund Nakomako von einer Schlange gebissen wurde. Am Morgen befahl er Nakomako, sich nicht von der Stelle zu rühren, bis er Schlangenmedizin besorgt hätte. Als mein Onkel zu Nakomakos Camp zurückkehrte, war sein Freund an einem Schlangenbiss gestorben. Er hatte nicht auf den Traum meines Onkels gehört. Man sollte auf Träume hören. Wir werden deinen Traum den anderen erzählen, wenn sie kommen.«

Nachdem wir den gerösteten Vogel gegessen hatten, tranken wir *pombe kale*, ein schwarz gebranntes alkoholisches Getränk, das die Mbulu illegal herstellen, indem sie Zuckerwasser in riesigen Benzinfässern zum Kochen bringen. Ich nenne es das »Hadza-Verhängnis«, weil es viele der Jäger zu unheilbaren Alkoholikern gemacht hat. Wir verbrachten den Tag damit, auf Sitotis Hügel zu sitzen, zu dem Suaheli-Dorf hinunterzublicken und abwechselnd aus einer Safaribierflasche *pombe* zu trinken. Sitoti hielt die Flasche mit beiden Händen und trank in riesigen Schlucken. Das *pombe* ließ ihn zusehends lockerer werden. Immer wenn er den Fusel trank, erging er sich in maßlos übertriebenen Geschichten; ansonsten redete er nicht viel. Er erzählte mir, dass er von seinem Camp auf dem Hügel alles sehen könne. Aus diesem Grund hatte er den Ort ausgewählt. Und das Beste daran sei, dass niemand ihn sehen konnte. Seine Hütte bestand aus Dornbuschzweigen und scharfen Sisalblättern und wurde von mehreren Akazienbäumen verdeckt, die sie vor der Nachmittagssonne schützten. Von dort oben konnte er die Landschaft überblicken. Wenn jemand den Hügel heraufkam, der ihm etwas antun wollte, oder wenn sich jemand näherte, den er nicht mochte, konnte er verschwinden. Er zeigte mir den Baum, hinter dem er sich versteckte. Sitoti war ein wenig paranoid und glaubte immer, dass ihn irgendjemand töten wollte. Und er befürchtete, seine Frau habe ihn *jujued*, verhext.

»Nikaona yote. Ich habe es von hier aus genau gesehen«, sagte er lächelnd.

Sitoti hatte eine ältere Frau und drei Kinder. Einige Jäger behaupteten, Sitotis Frau sei seine Schwester.

»Er beteuert, dass er noch immer den Brautpreis an seinen Vater abbezahlt«, hatte mir Mustaffa im Jahr zuvor erklärt. Sein Vater soll gesagt haben: »Wenn du deine Schwester heiraten willst, musst du mir drei Löwen bringen, zehn Paviane, sechs Büffel, zwei junge Elefanten, ein Rhinozeros, vierzehn Hirschantilopen und sieben Zebras. Und dazu noch eine Jahresration Honig, ehe der Vollmond zurückkehrt!«

Sitoti war es nie gelungen, diesen illusorischen Brautpreis zu begleichen. Aber vielleicht war er auch gar nicht mit seiner Schwester verheiratet – obwohl sie sich wirklich sehr ähnlich sahen.

Sitotis Frau hatte schreckliche Launen. Sie schrie ihn ständig an. Im Jahr zuvor hatte sie mir eines Nachmittags, als sie gerade Affenhirn kochte, anvertraut, dass er sich oft für mehrere Wochen am Stück mit jüngeren Frauen davonmachte. *»Sitoti mbaya sana, sana!* Er ist sehr böse, sehr böse«, sagte sie und wurde immer wütender. »Er nimmt Mädchen mit, wenn er mit Mustaffa auf die Jagd geht. Mustaffa ist auch ein böser Mann. Während sie jagen, suchen die jungen Frauen nach Wurzeln und Beeren. Wenn die Männer mit Fleisch zurückkommen, tanzen und essen sie mit den jungen Frauen im Schatten der Bäume. Sobald ihre Bäuche voll sind, schlafen sie mit ihnen, während meine Kinder und ich hungern müssen. Sie verstecken sich, damit ich sie nicht finden kann. Nach drei Tagen, wenn er genug Fleisch und *jiggi*, Sex, hatte, kommt er zurück. Sitoti und Mustaffa sind böse Männer, *wabaya sana*«, fauchte sie, und die anderen Frauen im Camp stimmten ihr zu.

Über Sitoti gingen so viele Gerüchte um, dass ich nicht wusste, was ich glauben sollte. Er war die Zielscheibe des Spotts der anderen Jäger, die manchmal stundenlang über seine Wutanfälle lachten. Doch niemand war so interessant wie Sitoti, wenn er seine explosive Energie freisetzte. Diese Energie ergriff zwei bis drei Stunden pro Tag von Sitoti Besitz und war völlig unvorhersehbar. Wenn ihn ein Energieschub überkam, während er Pfeile anfertigte, fabrizierte er zehn Stück in der Stunde – eine Menge, für die jemand wie Localla drei Tage brauchte. Seine Pfeile waren äußerst kunstvoll und mit geschnitzten Symbolen versehen: mit tanzenden Geistern, die Tieren auf den Rücken sprangen, den Tieren, die er mit dem jeweiligen Pfeil zu erlegen glaubte.

Wenn die Jäger mit Sitoti während eines seiner Energieausbrüche Späße machten, konnte er ziemlich gehässig werden und ging voll und ganz in dem auf, was er sagte. Seine Worte brachten ihn buchstäblich auf die Palme, manchmal bis in den Wipfel, von wo aus er die Jäger zu seinen Füßen verfluchte. Wenn er richtig wütend wurde, rang er wie wild mit seinem Bogen, um zu demonstrieren, was er der armen Seele antun würde, die sich den Spaß erlaubt hatte.

Sitoti stopfte sorgfältig seine Steinpfeife mit Tabak und deutete auf die heimkehrenden Jäger in der Ferne, die in der flimmernden Hitze des späten Nachmittags den Hügel heraufkamen. Was ich sah, beeindruckte mich zutiefst. Es war einer dieser Momente, in denen der optische Eindruck die Wahrnehmung beeinflusst, einer der Augenblicke, in denen Erinnerungen an ein früheres Leben an die Oberfläche kommen, von deren Existenz man bis zu diesem Zeitpunkt nichts wusste.

Die Jäger kämpften sich gegen die trockenen, staubigen Windböen voran. Sie trugen die Skalpe von Pavianen als Masken und auf dem Rücken die Felle, die sie ihnen abgezogen hatten. Die toten Paviane hatten sie auf messerscharf zurechtgespitzten Stöcken aufgespießt.

Sie näherten sich singend, wie urtümliche Gottheiten aus einer anderen Welt, aus dem Jenseits. Ihr Gleichschritt verriet eine Harmonie, die sich erst nach tagelangem gemeinsamem Jagen einstellt. Alle ihre Sinne und Bewegungen waren aufeinander abgestimmt. Alles an ihnen war im Einklang.

Sitoti klatschte voller Begeisterung in die Hände, als sie bei seinem Camp ankamen. Er rief »Nyama, nyama, Fleisch, Fleisch« und sprang auf, um Sapo und Mustaffa beim Abladen zu helfen.

Die Jäger wuschen sich die Hände. Als sie mich sahen, zeichnete sich auf ihren Gesichtern ein warmes Lächeln ab.

»Itl'ik-wa ta, Jemsi, wie geht's dir?«, fragten sie auf Hadza. Sie sprachen meinen Vornamen »Jemsi« aus.

Den Jägern war die seit Urzeiten empfundene Freude darüber anzusehen, nach einer erfolgreichen Jagd mit Nahrung ans heimische Feuer zurückzukehren, was eine fantastische Nacht mit Tanz versprach. Mustaffa, Sapo, Memela und Mzee – »der alte Mann« – Mateo legten ihre Bogen ab, begrüßten mich, verteilten Tabak und erzählten ausführlich von der Jagd, während Sitoti das Fleisch säuberte und in Stücke schnitt, um es zu trocknen und zu grillen. Ich kannte diese Jäger bereits seit mehreren Jahren. Sobald sich die Männer ans Feuer gesetzt hatten, begannen wir zu essen.

Sapo bemerkte, dass ich auf seine mit Pavianöl beschmierten Hände sah. Er kaute auf einem Stück Pavianherz und streckte die rechte Hand, in der er sein Messer hielt, zum Feuer aus.

»Pavian-mafuta, Pavianöl, ist gut für jiggi-jiggi, Jemsi. Safi sana, Jemsi, es ist sehr gut und es tötet die Malaria. Möchtest du auch etwas Fleisch, um die Malaria zu töten?«, fragte er lachend.

»Ich wette, dass das Öl gut für jiggi ist, aber du benutzt es mit der Hand«, entgegnete ich.

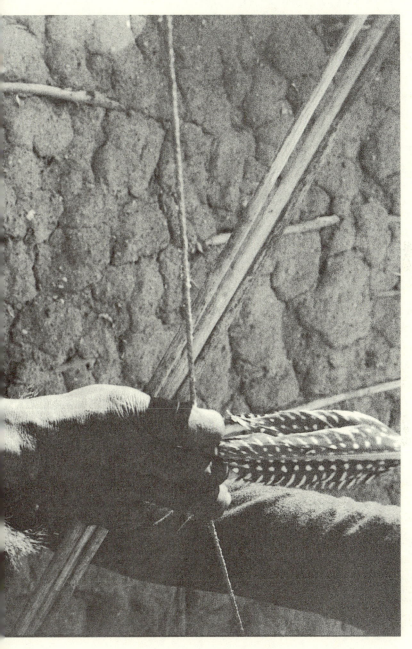
Mzee Mateo mit einer Pavianmütze

»*Siyokweli*, das stimmt nicht. Ich benutze es nicht mit der Hand, aber Sitoti tut das. Sitoti, ist Pavianöl gut für *jiggi* mit der Hand?«, fragte Sapo lachend.

»*Hapana*, nein!«, antwortete Sitoti. »Wenn man Pavianfleisch isst, bekommt man kein *ukimwi*, kein Aids.« Er hatte seine Arbeit unterbrochen und saugte genüsslich das Mark aus dem Unterschenkelknochen eines Pavians.

»*Siyokweli*, das ist nicht wahr. Wer hat dir das erzählt?«, fragte ich ihn.

»*Kweli*, es ist wahr. Der Doktor hat es mir gesagt. Ich gab einem Freund mit *ukimwi* Pavianfleisch, und er hat den dreitägigen Fußmarsch zurück zum Viktoriasee geschafft«, berichtete Sitoti und saugte mit noch größerer Begeisterung.

»*Siyokweli*, er ist *chizi*, verrückt. Hör nicht auf ihn, Jemsi! In Sitotis Brust wohnt ein *shetani*, ein Dämon. In einem Augenblick ist er völlig normal, im nächsten ist er verrückt. Er hat gestern versucht, seine Frau umzubringen«, sagte Mzee Mateo.

»Das stimmt, Jemsi. Sie hat mich *jujued*, verhext. Ich brauche Medizin, der Wahnsinn kommt«, sagte Sitoti und zerbrach den Unterschenkelknochen auf einem Stein, um an das restliche Mark zu gelangen.

»Mzee Mateo, wo hast du das *pombe* her?«, erkundigte ich mich.

»Ich habe den Suaheli erzählt, das Pavianfleisch sei *swala*-Fleisch, Impalafleisch. Also hat Mzee Juma etwas Fleisch gegen *pombe* eingetauscht«, sagte er lachend. Die Suaheli würden niemals Pavianfleisch essen; sie nennen die Hadza »Pavianfresser«.

Während wir aßen, erzählte ich ihnen meine Träume. Die Jäger hörten kauend zu. Von Zeit zu Zeit flüsterten sie sich etwas zu. Sapo behauptete, von einer Schlange zu träumen sei ein Vorzeichen dafür, dass man ein Kind bekommt. Dann erzählte er ausführlich von den dämonischen Schlangen, die in der Oase leben. »Wenn du die große Schlange siehst, musst du davonlaufen, ohne dich umzusehen, auch wenn es nur im Traum ist.«

Sitoti trägt eine Antilopenkeule

»Wie groß ist die Schlange?«, fragte ich.

»Ihr Bauch ist größer als dieser Baum.«

»Es ist gut, dass du zurückgekommen bist, Jemsi. Die Dämonen hätten dich verrückt gemacht. Du hast letztes Jahr zu viel erlebt. Wir haben Medizin. Wir helfen dir jetzt mit deinen Träumen«, sagte Sapo. »Es tut uns Leid, dass die *shetani* in deine Träume gekommen sind. *Leo usiko ngoma*, Jemsi, heute Abend sprechen wir mit unseren Ahnen. Sie werden uns sagen, warum du von roten Winden und Leoparden träumst, und uns den Grund für deine Träume verraten. Und sie werden den Alten mitteilen, welche Medizin du bei dir tragen musst, damit dich die *shetani* in Frieden lassen«, sagte Mzee Mateo und begann zu singen. Er sang eine Zeit lang mit halb geschlossenen Augen und kaute dabei auf seinem Fleisch.

»Was singst du, Mzee Mateo?«, fragte ich. Er hörte auf zu kauen, sah mich grinsend an und nahm noch einen Schluck *pombe*.

»Ich singe, dass die Sonne die Mutter ist und dass sie ihre Kinder, die Sterne, nicht finden kann. Die Mutter ist jetzt wieder glücklich«, meinte er lächelnd. Dann zeigte er auf die untergehende Sonne. »Der Tag ist heiß, und eine große Wolke ist bei der Sonne, während sie den Himmel verlässt. *Jua*, die Sonne, ist gelb. Ein Kind wurde geboren«, erklärte er und setzte sein Lied fort.

Bald sangen alle Männer und ließen dabei das *pombe* herumgehen. Die Lieder der Hadza wandern immer von einem zum nächsten, und die anderen hören dem jeweiligen Sänger entweder in sich versunken zu oder stimmen in seinen Gesang ein. Diesmal handelte es sich um ein langsames Lied, das nach dem Essen gesungen wird, es wurde jedoch schneller, wie so viele Lieder der Hadza. Sitoti fing an, schwer zu atmen, um das Lied mit einem Rhythmus zu unterlegen. Mustaffa sprang auf, tanzte zum Rhythmus von Sitotis Atem und saugte dabei das Mark aus einer Rippe. Dann warf er den Knochen zur Seite und rief: »*Tu-ta-on-gea na wa-zee, tu-ta-on-gea, tu-ta-on-gea na wazee, tu-ta-on-gea, stu, stu, stu, tu-ta-on-gea na wazee, tu-ta-on-gea stu stu.*«

Mustaffa tanzte weiter und forderte mich auf mitzumachen. »Unser Lied handelt davon, dass wir mit den Ahnen sprechen werden,

34

Jemsi. Wir werden mit den Ahnen sprechen, und sie werden die *shetani* fortjagen. Dann kannst du im Busch überallhin gehen und wirst beschützt. Keine Schlange wird dich beißen, und die Löwen werden vor deinen Schritten fliehen.«

Bald kamen die Frauen in Sitotis Camp, gefolgt von ihren Kindern, und brachten die Wurzeln und Beeren, die sie am Tag gesammelt hatten. Die Frauen hatten den Gesang gehört und wussten, dass die Männer mit Fleisch von der Jagd zurückgekehrt waren. Meine Anwesenheit überraschte sie zwar, doch sie waren glücklich über den Anblick des *pombe* und des Fleischs, lachten und riefen wild durcheinander. Sie setzten sich zu den Männern ans Feuer, bissen von dem in Streifen geschnittenen Fleisch ab und reichten ihren jüngsten Kindern vorgekaute Happen. Die Kinder lachten, schrien und tanzten. Manche Frauen verlangten nach den Messern der Männer, andere stillten schweigend ihre Babys und lächelten über den Trubel. Einige Kinder saßen bei ihren Vätern oder kletterten ihnen auf den Rücken. Kleine Jungen, die glücklich waren, ihre Väter wieder zu sehen, beobachteten, wie sie aßen, wie sie sich bewegten und wie sie sich mit ihrem Tabak Zigaretten drehten oder ihre Pfeifen stopften. Viele der Älteren waren nach und nach im Camp erschienen und hatten es sich auf getrockneten *swala*-Häuten bequem gemacht, aßen bedächtig kauend oder rauchten, während sie sich leise unterhielten. Ein kleines Mädchen kam auf mich zu und bot mir eine Hand voll zerdrückte orangefarbene un-du-she-bee-Beeren an. Sie spielte neugierig mit meinen Haaren und lutschte dabei am Daumen. Dann setzte sie sich auf meinen Schoß und schlief satt und zufrieden ein. Das Lied wurde lauter, und Mustaffa und Sitoti setzten ihren Rhythmus fort, während sie sich immer wieder einen Schluck *pombe* genehmigten. Mzee Mateo und ein paar andere zogen sich zurück, um den Tanz vorzubereiten.

Mustaffa, Sabina und Sitoti führten mich durch die Dunkelheit zu einem Feuer in der Ferne. Am Himmel war kein Mond zu sehen. »Ein guter Zeitpunkt, um mit den Ahnen zu sprechen«, erklärten sie mir im Gehen.

»Warum?«, erkundigte ich mich.

»*Leo usiku*, heute Abend, ist kein Diamant am Himmel. Die Ahnen mögen den Mond nicht.«

Wir erreichten Mzee Mateos Camp, in dem viele Hadza lebten. Es befand sich neben einem hoch aufragenden Felsen mit dem Namen *Soni*. Frühmorgens konnte man von der Felsspitze kilometerweit in alle Richtungen sehen. Als es in der Region von Mangola noch Tiere in Fülle gab, benutzten die Ahnen diesen Felsen, um Großwild zu jagen. Im flackernden Feuerschein tauchten ungefähr zwanzig Hütten auf, die aussahen wie umgedrehte Vogelnester und auf der südwestlichen Seite des *Soni* standen. Mzee Mateo lief auf uns zu, nahm mich

Sitotis Frau

bei der Hand und führte mich hastig zum größten Feuer, um das mehrere alte Männer saßen.

»Es ist gut, dass du gekommen bist, wir warten schon«, sagte er und ließ mich auf der Haut eines *tandala*, eines Kudus, Platz nehmen, die einen beißenden Uringeruch verströmte. Dann drehte er sich um und verschwand in der Nacht, und seine Stimme verlor sich zwischen denen der anderen. Ich beobachtete einen Skorpion, der versuchte, den Weg von einem brennenden Holzscheit im Feuer zu finden. Ein paar Minuten später kam Mzee Mateo mit ein paar Straußenfedern in der Hand zurück und hielt sie im Sternenlicht empor. Die Frauen verschwanden hinter einer Gruppe von Sisalagaven; sie hatten die Kinder bereits in die Hütten zum Schlafen geschickt. Mzee Mateo bespuckte die Federn, streifte mit ihnen über meine Hände, meine Füße, meine Brust und meine Taille und anschließend über seinen eigenen Körper. Er beugte sich vor, spuckte mir in die Ohren und rief die Ahnen an. Dann nahm er mir meine Zigarette aus dem Mund, zog daran und gab sie mir wieder zurück. Die Frauen begannen in ihrem Versteck zu singen. Mzee Mateo blickte in den Nachthimmel empor, bis er eine Vision hatte, die ihn von den Sternen herab im Kern seines Wesens erfasste. Nachdem er sich die Federn am Kopf festgebunden hatte, schien sich sein Gesicht in viele verschiedene Gesichter zu verwandeln. Er verharrte einen Moment lang schweigend und lauschte. Dann bückte er sich langsam, griff nach Mustaffas Decke und hängte sie sich um die Schultern. Aus seiner Schultertasche holte er Bänder mit Glöckchen, die er sich rasch um die Fesseln knotete. Als er einen Schluck *pombe* aus der Flasche nehmen wollte, fiel er hin, sprang jedoch sofort wieder auf und spuckte mir in den Schritt. Die Frauen sangen währenddessen unentwegt weiter.

»Wir sprechen heute Abend mit den Ahnen. Kein Mond ist am Himmel. Heute Abend sprechen wir mit den Ahnen«, sagte Mzee Mateo lachend und sah mir in die Augen. Dann wurde er plötzlich ernst. Er löste sich von meinem Blick, schwieg und schien einem anschwellenden Rhythmus zu lauschen, den nur er vernahm. Alle Männer verstummten und sahen ihn wie versteinert an. Mzee Mateo fing an, mit einer für einen alten Mann erstaunlichen Wucht mit den Füßen auf dem Boden aufzustampfen, als wollte er die Toten aus ihrem langen Schlaf wecken.

Der Klang der Glöckchen an seinen Fesseln stieg zu den Sternen über dem Plateau auf, und seine tanzende, gefiederte Gestalt wirkte im Sternenlicht wie eine Illusion. Dann verschwand Mzee Mateos schwebende, ätherische Erscheinung in der Nacht, und er pfiff den Frauen, die ihm antworteten. Mustaffa, Sabina und Sitoti saßen neben mir. Mustaffa beugte sich zu mir herüber und flüsterte mir ins Ohr: »Er spricht mit den Ahnen. Deine Träume werden von jetzt an friedlich sein. Die Kinder dürfen an einem solchen Tanz nicht teilnehmen. Wir tanzen zwei Nächte lang, dann kannst du überallhin gehen, ohne dass dir etwas zustoßen wird.«

Sindiko, ein Jäger, den ich auf vielen Safaris begleitet hatte, tauchte aus der Dunkelheit auf und setzte sich auf Mustaffas Schoß. Er warf einen kurzen Blick auf den tanzenden Mzee Mateo, schüttelte mir dann stürmisch die Hand und riss Mustaffa die Flasche von den Lippen. »Wir beide gehen zusammen auf Safari, die anderen Männer sind böse«, flüsterte Sindiko. Mustaffa hörte das, stieß ihn weg und befahl ihm zu verschwinden. Er sagte, das *pombe* habe sich seiner Worte bemächtigt. Mzee Mateo kehrte schwer atmend in den Feuerschein zurück. Er nahm noch einen Schluck *pombe*, zog an meiner Zigarette und lächelte, wobei er seine verfaulten Zähne bleckte. Sabina stand auf, nahm Mzee Mateo die Federn vom Kopf, setzte sie selbst auf und übernahm die Rolle des Tänzers. Sindiko packte Sabina und verlangte, als Nächster tanzen zu dürfen. Sabina stieß ihn jedoch weg und sagte: »*Badaye*, später.«

Langsam nahm der Tanz von Sabina Besitz, und alle Männer verstummten. Selbst Sindiko war von Sabinas Energie gefesselt und nicht in der Lage, die Flasche an die Lippen zu heben. Sabinas rechter Fuß traf den Boden mit voller Wucht. Er stieß einen markerschütternden Urschrei aus, der umgehend von den Frauen in ihrem Versteck beantwortet wurde. Dann senkte er den Kopf und wand sich in Zeitlupe wie eine Bogensehne, die von ihrer Spannung befreit wurde.

Er betrat die Tanzfläche, wobei er sich zunächst langsam drehte und mit jedem Aufstampfen an Schwung gewann. Laut pfeifend richtete er sich auf. Die Frauen liefen auf die Tanzfläche, umringten Sabina, der mit langsamen, kreisenden Bewegungen tanzte, und antworteten auf sein Pfeifen. Als er den Kopf hob und in die mondlose Dunkelheit zu den Ahnen blickte, schienen die Frauen seine Bewegungen anzuhalten, um seine Energie in sich aufzunehmen, ehe sie langsam in ihr Versteck zurücktanzten. Sabinas Tanz schien ein Eigenleben zu entwickeln, das unabhängig von seinem Willen war und von der urtümlichen Energie der Ahnen und des Landes beflügelt wurde. Er wiegte sich in der nächtlichen Brise wie die Gräser und Zweige. In seinen Posen spiegelte sich seine Umgebung wider, und alle, die ihm zusahen, schienen zu verstehen, was ihm die Toten mitteilten: Sie vernahmen die Botschaft der Ahnen.

Der Tanz ging langsam in einen Traum über, und als ich aufwachte, befand ich mich, vor Kälte zitternd, in sechs Metern Höhe auf einem Eukalyptusbaum. Ich versuchte herauszufinden, wo ich war, erkannte jedoch in der Dunkelheit nichts wieder, weder die Hügel noch die Bäume. Vom Fuß des Baumes hörte ich ein Geräusch: das Knurren und Schnüffeln einer *fisi*, einer Hyäne. Halluzinierte ich?

Ich halluzinierte nicht.

An meinem nackten Rücken spürte ich die kalte Rinde. Ich fasste hinunter zu einem feuchten, blutigen Schmerz und zog mir einen langen Akaziendorn aus dem Schienbein. Das verdammte *pombe*. Hatte ich einen Blackout gehabt? »Scheiße!«

Eine Zeit lang schrie ich mir die Seele aus dem Leib. Ich rief die Hadza zu Hilfe, doch sie antworteten nicht. Ich war völlig orientierungslos; einzig die Tatsache, dass ich nur Shorts trug, erinnerte mich daran, woher ich gekommen war. Das war also erst der Anfang, oder? Das war es, was ich wollte. Einen kurzen Augenblick lang hatte ich die Gelegenheit, es mir noch einmal zu überlegen und alles sein zu lassen.

Dann spürte ich wieder die Kälte und konnte jedes Geräusch klar und deutlich hören. Das Atmen der Hyäne am Fuß des Baumes war verstummt. Ich verlor immer wieder das Bewusstsein, und meine Gedanken und Träume verschmolzen miteinander.

»Bocho, komm, bocho. Bocho, bocho.«

Ich blickte von dem kalten Ast, auf dem ich saß, nach unten, leicht zitternd und noch immer nicht ganz wach. Ein alter, nur mit einem kleinen Lendenschurz bekleideter Mann winkte mich zu sich.

»Bocho«, sagte er.

»*Wapi fisi*, wo ist die Hyäne?«, fragte ich.

»Bocho!«

Als ich vom Baum steigen wollte, rutschte ich ab und fiel die letzten drei Meter in Brennnesseln. Der alte Mann stakste hysterisch lachend auf mich zu, packte mich am Handgelenk und zog mich sanft nach vorne. Die Nesseln brannten an meinem ganzen Körper.

»Bocho, bocho.«

Als ich mich nicht bewegte, wurde seine Hand zu einer Baumwurzel und zerrte mich mit einem Ruck aus den Brennnesseln. Er spuckte in die Hände und rieb mir Arme und Beine ein, um den stechenden Schmerz zu lindern. Das glaubte ich zumindest. Dann tätschelte er mir die Stirn und sagte:»Bocho.«

Während wir dahinmarschierten, sprach er unaufhörlich auf Hadza, bis eine Frauenstimme ertönte, die meinen Namen rief. Die Stimme klang wunderschön, beruhigend, sinnlich. Der Mann hielt inne und lauschte. Ich war gefesselt von der Stimme und sah mich nach ihrem Ursprung um. Der alte Mann packte mich am Handgelenk und führte mich flink wie eine Gazelle über Felsen und durch schmale, dunkle Tunnels im Dickicht in die entgegengesetzte Richtung. Diese Tunnels sind die natürlichen Wege durch den Busch, die Pfade der Impalas, Kudus, Elefanten, Weißschwanzgnus und Büffel – die Straßen der Tiere, die Energiekanäle.

Wir kamen an riesigen Felsblöcken vorbei und gingen an einem steinigen Flussbett entlang. Bald begann der alte Mann zu singen. Ich war noch immer geschwächt und etwas wacklig auf den Beinen von

dem *pombe*. Jedes Mal, wenn ich ausrutschte, zeigte er beeindru-
ckende Kraft und Reflexe. Er packte mich am Arm, sah lachend zu mir
auf und sagte:»Bocho.« Seine wässrigen Augen wirkten in der
Dunkelheit, als gehörten sie in eine andere Welt.

Wir erklommen eine Böschung und passierten eine Gruppe von
Affenbrotbäumen. Wie war ich vom Tanz so tief in den Busch gelangt?
Jenseits der Bäume saß ein einsamer Jäger in seinem kleinen Camp
am Feuer. Als wir uns langsam näherten, nickte der alte Mann und
schob mich in den Feuerschein. Der einsame Jäger am Feuer war
Localla, den ich seit über einem Jahr nicht mehr gesehen hatte. Ohne
eine Spur von Überraschung erkannte er mich wieder. Er sah mich
lächelnd an und erkundigte sich nach meinem Befinden, als wäre ich
niemals fort gewesen. Viele Hadza sehen sich monatelang nicht, weil
sie in verschiedenen Gebieten jagen oder Honig sammeln. Ich war
erleichtert, ihn zu sehen, denn er war ein guter Freund. Während ich
mich am Feuer aufwärmte, ließ Localla seinen Blick über die Umgebung des Camps schweifen. Seinem Gesichtsausdruck nach zu
schließen war ihm irgendetwas in den Sinn gekommen. Er nahm
einen Zug aus seiner Steinpfeife und reichte sie mir mit fragendem
Blick.»Warst du in Endamaghay oder bist du in deine Heimat zurückgekehrt?«, erkundigte er sich.

»Ich bin gestern aus meiner Heimat ins Land der Hadza zurückgekehrt.«

»Woher wusstest du, dass ich hier bin? Warum bist du nachts
ohne Bogen unterwegs? Die Leoparden sind in der Nacht auf Affenjagd. Du kommst hierher wie ein Blinder«, stellte Localla besorgt fest.
Dieses Verhalten war für Localla ungewöhnlich, da er sonst nie Fragen
stellte. Ich erzählte ihm, dass mich der alte Mann hergeführt hatte,
der neben dem Feuer stand. Localla blickte sich um. »Du hast einen
Geist gesehen. Ein Geist hat dich hergeführt. Neben dem Feuer steht
kein alter Mann.« In diesem Moment hörte ich den alten Mann in der
Dunkelheit außerhalb des Feuerscheins lachen.

Localla nahm seine Pfeife und füllte sie mit Tabak. Er sah mich
an und inhalierte tief. Während er den Rauch hielt, sagte er mit halb

erstickter Stimme:»Du hast mit den Ahnen gesprochen. Du bist in Sicherheit, das ist gut.«

»Was willst du damit sagen?«, fragte ich verwirrt.

»Du hast mit den Ahnen gesprochen. Wo ist dir dieser alte Mann begegnet, der angeblich neben dem Feuer steht?«

Aus Locallas Gesicht verschwanden alle Spuren, die seine Sorgen und sein Alter hinterlassen hatten, als ich ihm die Geschichte vom Tanz und meinem Erwachen im Baum erzählte. Localla war ein leidenschaftlicher Erzähler. Er liebte es, den anderen Jägern und den Kindern Geschichten zu erzählen und ihren Geschichten zu lauschen. Auch mir hörte er mit großer Aufmerksamkeit zu. Als ich fertig war, holte er behutsam ein Stück Kohle aus dem Feuer und warf es in den Himmel. Dann nahm er ein zweites Stück, legte es schnell auf den Kopf seiner Pfeife und zog an ihr. Er strahlte eine Ausgeglichenheit, eine innere Ruhe aus, zu der er nur gelangt war, weil er sein ganzes Leben in der freien Natur verbracht hatte. Er erinnerte mich an einen Asketen.

Nachdem er mir tief in die Augen geblickt hatte, nahm er bedächtig seine Halskette ab und biss in einen Samen, der daran befestigt war. Dann erhob er sich und begann zu singen, wobei er Stücke des Samens in alle Richtungen und ins Feuer spuckte, auf Baumstämme klopfte und zum Himmel sprach. Seine Frau kam aus einer kleinen Hütte aus Palmblättern, und die beiden sprachen leise miteinander. Daraufhin verschwand sie in der Hütte und kam einen Augenblick später mit einer Hand voll Wurzeln wieder heraus. Sie begrüßte mich mit einem warmen Lächeln und verteilte die länglichen Wurzeln gewissenhaft in der Glut. Dann setzte sie sich ans Feuer und fing an, leise zu singen. Localla setzte sich ebenfalls wieder hin, reichte mir seine Kette und forderte mich auf, sie anzulegen.

»Mzee Oya hat dir geholfen. Die Frauenstimme, die du in der Nähe der Oase gehört hast, war von *shetani*, dem Schlangengeist.«

»Wer ist Mzee Oya?«, erkundigte ich mich.

»*Babu, babu, babu ya zamani.* Ein Ur-Ur-Urgroßvater.«

»*Kweli*, tatsächlich?«, fragte ich.

»*Ndiyo*, ja, er wurde durch den Tanz herbeigerufen. *Shetani* hat dich in den Wald geführt, aber Mzee Oya hat dir den Baum gezeigt und die Hyäne verscheucht, die dich töten wollte. Später hat er dich hierher gebracht, um zu verhindern, dass dich der Schlangen-*shetani* verschlingt. Mzee wird dir immer helfen«, sagte Localla, nahm eine Wurzel aus der heißen Glut und entfernte sorgfältig die Asche. Er schnitt sie entzwei und reichte mir eine Hälfte. Ihr Geschmack erinnerte mich an eine Banane. Ich fragte Localla, ob er Mustaffa, Sabina und mich auf Safari nach Endamaghay begleiten wolle. Er sagte, er würde später nachkommen, da er noch die Höhlen aufsuchen musste, um Medizin von den Wänden zu kratzen und sie den Mbulu-Hirten zu verkaufen, die damit die Wunden ihrer Rinder behandelten.

Wir saßen eine Weile nebeneinander und rauchten. Locallas Frau legte sich wieder schlafen. Aus dem Busch waren Schritte zu hören, die sich dem Camp näherten.

»Ist das Mzee Oya?«, fragte ich etwas beunruhigt.

»*Hapana*, nein. Das ist Sitoti.«

Sitoti erschien leise singend zwischen einigen Akazien auf der Nordseite des Camps. Er legte sofort ka-o-wa i-cha-ko, Pfeil und Bogen, neben dem Feuer ab und holte seine Steinpfeife hervor. Ohne ein Wort zu sagen, füllte er sie mit Tabak und zündete sie an. Er nahm einen Zug und reichte die Pfeife Localla.

»Warum hast du den *ngoma*, den Tanz, verlassen?«, fragte mich Sitoti. »Wir haben nach dir gesucht.«

Als Localla Sitoti die Geschichte erzählte, lachte dieser schallend. Er war wieder einmal mächtig aufgedreht. Lachend nahm er meine Hand:»Du hast gesagt, du gehst pinkeln, und bist nicht mehr zurückgekommen. Wir haben uns Sorgen um dich gemacht. Komm, wir müssen uns noch mehr *pombe* besorgen, in meinem Camp tanzen viele junge Frauen. Nach dem Schreck, den dir die Hyäne eingejagt hat, werden wir ein Mädchen für dich suchen.« Localla schnappte sich seinen Bogen, und wir machten uns auf den Weg durch die Tunnel im nächtlichen Busch.

DER TRAUM VON DER LÖWENMUTTER

Scharen von gelben, stachellosen Bienen schwirrten im Licht der aufgehenden Sonne umher, und Bussarde zogen ihre Kreise auf der Suche nach achtlosen Nagetieren. Als ich aufwachte, starrte mich ein Junge an, der Schnecken in den Händen hielt. Zwei kleine Mädchen zogen an meinen Zehen. Andere Kinder scharten sich singend und lachend um mich. Locella und Mzee Mateo aßen das restliche Pavianfleisch, während Mustaffa damit beschäftigt war, zwei Eichhörnchen die verkohlten Felle abzuziehen. Er hatte sie dem jungen Hamisi abgeluchst, der sie am Tag zuvor erlegt hatte.

Sitoti stritt lautstark und leidenschaftlich mit einer jungen Frau namens Seno, mit der er nachts schlief. Er trug eine Hasenfelljacke – die der Gegenstand ihres Streits war –, einen purpurroten Tangaslip aus Seide, hohe Absätze und hielt seinen Bogen in der Hand. »Du kriegst weder die Unterwäsche noch die Jacke von mir. Die Schuhe kannst du haben«, sagte er, zog die hochhackigen Pumps aus und gab sie der jungen Frau, die mit dem Kuhhandel zufrieden zu sein schien. Missionare hatten den Hadza eine Woche zuvor einen riesigen Berg Kleidungsstücke gebracht. Sitoti hatte sich das ausgesucht, was er für besonders chic und bequem hielt. Die Frauen beschwerten sich, dass er sich alle seidenen Schlüpfer unter den Nagel gerissen hätte, ehe sie überhaupt Gelegenheit hatten herauszufinden, wo die Missionare die Kleidungsstücke abgeladen hatten.

Die Löwenmutter

Nachdem wir Tee getrunken und Brei aus zerstampften Affen-
brotbaumkernen gegessen hatten, teilten mir Mustaffa, Mzee Wapo,
Mzee Mateo und Localla mit, dass ein weiterer Tanz stattfinden musste. Dieser würde von Mzee Wapo angeführt werden. Mzee Oya, mein
mutmaßlicher Helfer in der Nacht zuvor, war sein Großvater.

»Wir suchen uns jetzt einen stillen Ort, weit weg von den Frauen
und Kindern, wo wir uns unterhalten können«, sagte Mzee Wapo.

Wir marschierten zu einem alten Hadza-Camp, das sich in ein
paar Kilometern Entfernung zwischen mehreren gewaltigen Felsbrocken verbarg. Localla machte ein kleines Feuer und holte etwas
getrocknetes Fleisch aus seiner Tasche.

»Ein mächtiger *shetani* will dir Schaden zufügen, und du hast die
Stimme der Schlangenfrau gehört. Ich bin Mzee Wapo und werde
heute Abend mit den Ahnen sprechen. Als ich jung war, erschien mir
ein *shetani* im Traum und brach mir mit einem großen Stein alle
Knochen. Ich dachte, ich wäre tot. Als ich aufwachte, war ich unversehrt und erzählte meinem Großvater Mzee Oya von dem Traum. Er
sagte: ›Du wirst mit den Ahnen sprechen, wenn du alt bist.‹ Jetzt bin
ich alt. Heute Abend werde ich die Ahnen bitten, dir dabei zu helfen,
dich von dem *shetani* zu befreien, damit dir im Busch nichts zustoßen
kann. Zeig mir das Papier und die Pinsel, die du zum Malen mitgebracht hast.«

Ich legte Papier und Pinsel vor die Männer. Sie begannen, alles
zu bespucken, und riefen dabei die Ahnen an. Anschließend aßen sie
schweigend weiter.

»Du bist gekommen, um zu malen, also müssen wir das, was du
dazu verwendest, weihen«, erklärte Mustaffa.

»Nube'eya, danke«, entgegnete ich auf Hadza.

Plötzlich verschwand Mzee Wapo mit dem Papier zwischen mehreren kleinen Bäumen. Wir saßen unter einem großen, überhängenden Felsen, der 20 Meter hoch aufragte. Nach etwa fünf Minuten
kehrte Mzee Wapo zurück, lächelte und gab mir vorsichtig mein
Papier wieder. »Ich habe das Papier in das Loch der Riesenschlange
gelegt, die früher in diesem Felsen gelebt hat und von Zeit zu Zeit

zurückkommt. Sie ist sehr alt und eine Freundin des Waldes. Es ist gut, dass sie weiß, warum du hierher gekommen bist. Ich habe eine Botschaft in ihrem Loch hinterlassen.«

Ein paar Stunden nach Einbruch der Dunkelheit begann der zweite Tanz. Die Sterne erschienen nach und nach am Himmel, und die Frauen sangen in ihrem Versteck. Wir saßen am Feuer, als Mzee Wapo, der den Tanz eröffnen sollte, die Halbkrone aus Straußenfedern aufsetzte. Er rief zunächst die Männer und Frauen an, anschließend den Himmel. Es herrschte völlige Stille. Dann begannen die Frauen erneut zu singen und antworteten mit ihren bezaubernden Stimmen auf Mzee Wapos Pfeifen. Ich versuchte zu verstehen, was sie sangen, und bemühte mich, selbst mit den Geistern der Ahnen in Kontakt zu treten. Aber es gelang mir nicht, und ich fand mich damit ab. Niemand sah mich an. Alle starrten ins Feuer und lauschten, als sich Mzee Wapo tanzend aus dem Feuerschein in die Dunkelheit entfernte.

Der Tanz dauerte mehrere Stunden, bis das Feuer heruntergebrannt war. Mzee Wapo bewegte sich langsam auf die Feuerstelle zu und stampfte dabei mit dem rechten Fuß leicht auf dem Boden auf. Vor der Glut blieb er stehen und warf irgendetwas in die Kohlen. Er kniete sich hin, kam auf Knien auf mich zu und nahm meinen Kopf in die Hände. Ich spürte seinen warmen Atem im Gesicht, als er mich durchdringend anblickte. Seine Augen glichen dunklen, unendlich tiefen Brunnen. Er selbst schien nicht mehr anwesend zu sein, als hätten ihn die Luft und die Sterne verschluckt. Plötzlich spuckte er in seine Hände, rieb sie aneinander und ließ sie dann mit kreisenden Bewegungen über meine Füße, meine Brust und meinen Kopf wandern. Dasselbe tat er anschließend bei Mustaffa und Sabina, die auf der anderen Seite der Feuerstelle saßen. Als er fertig war, schrie er dem Himmel entgegen. Die Frauen beantworteten seinen Schrei und liefen aus ihrem Versteck auf die Tanzfläche.

»Du kannst jetzt überallhin gehen, ohne dass dir etwas zustoßen wird«, sagte er. »Die Ahnen haben dich von dem Dämon befreit.«

Von welchem Dämon?, fragte ich mich, da ich noch immer nicht ganz verstand, was um mich herum vor sich ging.

Mzee Wapo rann der Schweiß über das Gesicht, doch in seinen Augen hatte das stundenlange Tanzen nicht die geringste Spur von Erschöpfung hinterlassen.

»Du kannst jetzt bei den Hadza leben«, sagte er und gab die Straußenfedern an einen anderen Tänzer weiter.

Am nächsten Morgen brach ich mit Sabina und Mustaffa zu einem kleinen Camp in der Oase von Endofridge am nordöstlichen Ende des Eyasisees auf. Viele Kinder hatten sich uns angeschlossen, da sie wussten, dass wir Fleisch und andere Nahrung hatten. Während wir zusammen durch einen alten Akazienwald gingen, wiederholten die Kinder immer wieder ein und dasselbe Lied. Es erzählte von einem jungen Mann und einer jungen Frau, die am Fuß eines Berges ankommen. Der junge Mann möchte den Berg erklimmen, doch die junge Frau ist dazu nicht imstande, weil sie schwanger ist. »Warum bist du schwanger?«, fragt der junge Mann. »Ich traf einen *msenge*, einen Homosexuellen«, antwortet das schwangere Mädchen. »Was hat er mit dir gemacht?«»Er gab mir etwas süßen Honig, etwas ba-la-ko. Und jetzt bekomme ich ein Kind und kann den Berg nicht erklimmen.«

Gegen Einbruch der Dunkelheit kamen wir in Endofridge an. Wir machten umgehend Feuer und legten einige Fleischstücke in die Flammen, um die sich die Kinder, die am Verhungern waren, unter Tränen stritten. Nachdem wir sie damit beruhigt hatten, dass genug für alle da sei, setzten sie sich ans Feuer und warteten geduldig, bis Mustaffa jedem *mtoto*, jedem Kind, ein großes Stück abgeschnitten hatte.

Nach unserer *nyama*-Mahlzeit bereiteten die älteren Kinder mit Mustaffa das Camp vor. Sie rissen kleine Büsche aus, warfen große Steine zur Seite, entfernten alle Dornen und sammelten Feuerholz. Sabina, die kleinen Kinder und ich kochten das Abendessen. Ich wollte kein Pavianfleisch mehr essen, weil ich mir dabei vorkam wie ein Kannibale. Deshalb briet ich mir einen Teil des Ziegenfleischs, das ich mir auf dem Weg nach Endofridge bei einem Farmer gekauft hatte, mit Zwiebeln und Knoblauchzehen, die ich aus Arusha mitgebracht hatte. Vor lauter Aufregung über die ungewohnte Umgebung und das reichhaltige Essen sangen und lachten die Kinder bis spät in die Nacht. Wir blieben ungefähr zwei Monate in Endofridge. Unser Camp war von gelben Akazien umringt, zwischen denen wir dornenbesetzte Palmenzweige stapelten, um die Hyänen davon abzuhalten, sich nachts anzuschleichen, unsere Fleischvorräte zu stehlen oder über uns herzufallen. Bis zum ausgetrockneten Becken des Eyasisees war es nur ein kurzer Fußmarsch. Da es in dieser Gegend jede Menge Tiere und frisches Trinkwasser gab, lebten dort mehrere Hadza-Clans. Mustaffa und Sitoti waren ausgezeichnete Jäger, und innerhalb kürzester Zeit verbreitete sich die Nachricht, dass es in unserem Camp immer Fleisch gab. Die Kinder blieben, viele junge Frauen besuchten uns und einige Familien schlossen sich uns an.

In Endofridge lernte ich auch Magwinda kennen, die besser als die »Löwenmutter« bekannt war. Sie lebte mit ihrem blinden Mann und mehreren verwitweten alten Damen zusammen, die sich um Dutzende von Kindern und jungen schwangeren Frauen kümmerten. Tagsüber sammelte die Löwenmutter Beeren und Wurzeln für die Kinder. Manchmal lebten 20 oder 30 Kinder bei den alten Damen. Die jungen Frauen kamen zu ihnen, um ihre Babys auf die Welt zu bringen. Die Löwenmutter betätigte sich als Hebamme und wurde deshalb auch »Geburtsmutter« genannt.

Magwinda war im Busch von einer Löwin mit zwei Jungen großgezogen worden.

»Wie lange hast du bei der Löwenmutter gelebt?«, fragte ich sie.

»Lange Zeit«, antwortete sie.

Eines Nachmittags, als Magwinda gerade damit beschäftigt war, eine Matte aus Palmenzweigen zu flechten, entschloss sie sich, ihre Geschichte zu erzählen. Sie, ihr blinder Mann und die vielen Kinder, um die sie sich kümmerte, hatten uns in der Hoffnung auf Fleisch besucht. Außerdem wollte Magwinda mit ihrem Sohn Mustaffa sprechen. Die kleinen Kinder scharten sich um sie, als sie zu erzählen begann.

»Die Zeit ist ein Schatten, der auf meiner Hand erstirbt«, begann sie. »Die Zeit hält den Schleifstein. Die Zeit, das waren die Jäger, die den Giraffen durchs hohe Gras folgten.

Als Kind ging ich auf Beerensuche und hörte einen Honiganzeiger. Ich hatte Hunger und versuchte, dem Vogel wie mein Vater zum Honig zu folgen. Es dauerte nicht lange, da hatte ich mich verlaufen. Ich irrte zwei Tage und zwei Nächte lang umher und versuchte nach Hause zu finden. Die Nächte waren kalt, und ich weinte. Ich fand nichts zu essen. Am zweiten Morgen folgte ich einem ausgetrockneten Flussbett. Ich erinnerte mich daran, wie mich meine Mutter auf Wassersuche mitgenommen hatte. Aber ich fand kein Wasser. Ich war schwach. Dann sah ich oben auf der Böschung ein totes Zebra liegen und war erleichtert, weil ich dachte, ich hätte mein Zuhause wieder gefunden, mein *nyumbani*. Mein Vater legte die Tiere, die er getötet hatte, immer auf die Felsen.

Ich kletterte die steile Böschung hinauf. Dabei hielt ich mich an Sträuchern und kleinen Bäumen fest und zog mich nach oben. Ich rief nach meiner Mutter, bekam aber keine Antwort. Niemand war da, weder meine Mutter noch mein Großvater. Bald war mir allerdings auch das egal – mein einziger Gedanke galt meinem Hunger. Ich setzte mich neben das Zebra und nahm mir vorsichtig ein Stück des zerfetzten Fleisches. Als ich den Kopf hob, sah ich eine Löwin mit ihren zwei Jungen, die schwer atmeten und mich anstarrten. Ich weiß nicht, warum ich keine Angst hatte und weiteraß. Die Löwin kam auf mich zu und stupste mich in die Seite. Dann riss sie ein Stück Fleisch aus dem Kadaver und ließ es liegen. Ich raufte mit ihren Jungen darum. Bei den Löwen muss man stark sein.

Tage, Monde vergingen. Nachts schlief ich nahe bei den Löwen, da sie mich warm hielten. Wenn die Löwenmutter mit ihren Jungen auf Nahrungssuche ging, begleitete ich sie. Sobald ich zu weit zurück-

50

fiel, setzte sie sich hin, um auf mich zu warten, oder suchte nach mir. Ich weiß nicht, wie lange ich bei der Löwenmutter war. Seitdem erschien sie mir immer wieder in meinen Träumen. Auch ich habe zwei Söhne zur Welt gebracht, wie die Löwenmutter.«

»Wie hast du schließlich wieder nach Hause gefunden?«, fragte ich.

»Die Löwenmutter führte mich nach Hause zurück. Als die Jäger hörten, dass sich die Löwin näherte, lauerten sie ihr auf, um sie zu erlegen. Doch als sie sahen, dass ich ihr folgte, blieben sie schweigend stehen, ließen sie am Leben und blickten ihr nach, als sie sich wieder entfernte. Ich lief zu meiner Mutter. An dem Abend, an dem ich heimkehrte, ließ mein Vater einen großen Tanz veranstalten, um den Ahnen dafür zu danken, dass sie mich wieder in Sicherheit gebracht

Hadza-Großmutter

hatten, und um der Löwin zu danken.« Mustaffas Mutter hielt einen Moment inne und sah mir in die Augen.»Vielleicht wirst auch du dein Zuhause wieder finden, Jemsi. Mein Mann hat geträumt, dass du kommen würdest, und ich habe von dem Ring geträumt, den du an der rechten Hand trägst. Hat dir deine Mutter diesen Ring gegeben?«, fragte sie mich. Sie saß im Schatten der Akazien. Eine kühle Brise strich durchs Gras.

»Ja«, erwiderte ich.

Neben der Löwenmutter hockte Mzee Memelan, ihr blinder Mann. In seinem Haar saß eine Heuschrecke, die mit dem Staub und der Farbe seiner Haut verschmolz. Er suchte immer die Nähe des Feuers, auf dessen Wärme er großen Wert legte, und starrte stundenlang regungslos und zufrieden in seine Welt der Blindheit.»Heute Abend kommen die Weißschwanzgnus«, prophezeite er. Im Traum hatte er ihre Silhouetten im Mondlicht gesehen.»Wenn du von einem Leoparden träumst, wirst du eine Impala oder eine Hirschantilope töten, wenn von einem Löwen träumst, wirst du ein Weißschwanzgnu erlegen, und wenn du von einem Elefanten träumst, werden dir Büffel begegnen«, erklärte Mzee Memelan, der in seinem Leben zehn Löwen und vier Leoparden erlegt hatte. Eine Hälfte seines Gesichts war mit Narben übersät.

»Woher stammen deine Narben, Mzee Memelan?«, fragte ich ihn.

»Ich wollte einen Löwen häuten, den das Gift meines Pfeils noch nicht getötet hatte«, sagte er, starrte mit leerem Blick in den Himmel und hob langsam die Hände, um den damaligen Kampf zu beschreiben.»Der Löwe erwachte wieder zum Leben und stürzte sich auf mein Gesicht. Ich rang mit ihm und tötete ihn mit meinem Messer.«

Als Mzee Memelan einmal keine Tiere finden konnte, ging er zu einem heiligen Affenbrotbaum und schlüpfte durch eine kleine Öffnung in das Innere des Stammes. Dort wurde er von Schlangen gebissen, deren Gift ihm die Geheimnisse des Baumes preisgab.»Dieser Baum weiß alles«, sagte er.»Er weiß, wann die Tiere vorüberziehen und wann die Bienen kommen, um ihre Nester zu bauen.« Nachdem Mzee Memelan von den Schlangen gebissen worden war, setzte er sich und nahm Medizin ein, um nicht an ihrem Gift zu sterben. Falls er überlebte, konnte ihm nichts zustoßen, da er nun das Wissen des Baumes und der Schlangen besaß. Kein Dämon und kein Tier konnten ihn töten. Mzee Memelan kannte auch die Medizin, die einen schnell laufen lässt, schnell wie ein Gepard.

»Hast du jemals einen Elefanten erlegt, Mzee Memelan?«

»Nein. Vor Elefanten laufe ich davon. Man kann sie nicht erlegen – sie sind zu groß. Die Elefanten sprechen in meinen Träumen zu mir. Sie sind meine Freunde.«

»Sind alle Tiere deine Freunde?«, erkundigte ich mich.

»Nein. Viele sind böse auf mich, weil ich sie jage, aber die meisten haben Verständnis dafür«, sagte er. Mustaffa hatte mir einmal erzählt, dass sich die alten Männer nicht vorstellen könnten, irgendwann nicht mehr zu jagen.

»Was wird deiner Meinung nach mit den Hadza geschehen, Mzee Memelan?«

»Wenn ich träume, kann ich die Hadza nicht finden. Da ich alt bin, bin ich traurig, dass ich die Hadza in meinen Träumen nicht finden kann. Ich habe Angst davor zu erfahren, was das bedeutet.« Ich beobachtete seinen unbeweglichen, zum Himmel gerichteten Blick, als er mir antwortete, und dachte: Wie weit ist er in den blauen Himmel vorgedrungen, in die Blätter der Bäume? Wie viele Nachmittage hat er dagesessen und die Flügel von Insekten angestarrt, die Grashalme? Welche Reflexionen seines erloschenen Augenlichts leben in seiner Blindheit weiter? Was weiß er, woran erinnert er sich?

Ich bedankte mich bei der Löwenmutter und ihrem Mann für ihre Geschichten. Als Mustaffa und ich unsere Bogen nahmen, um in der Abenddämmerung auf die Jagd zu gehen, wurde der Gesichtsausdruck seiner Mutter traurig. Ich spürte, wie sehr sie es genoss, Mustaffa, ihren einzigen lebenden Sohn, in ihrer Nähe zu haben. Sobald er sprach, erschien ein Lächeln auf ihren Lippen. Wenn Mustaffa wieder einmal zu viel getrunken hatte, zerrte sie ihn aus den *pombe*-Bars und befahl ihm, auf die Jagd zu gehen und seine Kinder zu ernähren. »Dein Vater hat nie getrunken. Warum säufst du wie ein

Idiot? Vier hungrige Kinder, und du verkaufst die Tiere, die du erlegt hast, um dir Alkohol zu kaufen.«

Als wir das Camp verließen, um die Weißschwanzgnus zu jagen, die Mzee Memelan vorhergesehen hatte, rief uns seine Mutter irgendetwas auf Hadza hinterher.

Wir betraten den Palmenwald und verschwanden bald aus der Sichtweite des Camps. Die Geräusche und Gerüche, das Grün, Gelb und Ocker des Waldes, die Bäume und Vögel und die Momente völliger Stille nahmen meine ganze Aufmerksamkeit in Anspruch. Der Wind wirbelte den Staub auf, abgestorbene Palmzweige krachten, als sie zu Boden fielen, die Schreie flüchtender Affen ertönten und dann, wenn der Wind verstummte, herrschte wieder bedrückende Stille. Ich fragte Mustaffa, was uns seine Mutter beim Verlassen des Camps nachgerufen hatte. Er sah mich an, wie so oft, wenn ich ihm eine Frage stellte, die ihm ungewöhnlich erscheinen mochte. »Du bist jetzt ihr Sohn, dir wird nichts zustoßen. Wenn du zurückkommst, wird sie dir Medizin geben. Mein Vater wird heute Abend mit den Ahnen sprechen.«

»Warum sagt sie so etwas?«

»Sie glaubt, dass alle ihre Kinder sind«, erwiderte Mustaffa.

Nach ungefähr einer halben Stunde ließen wir die Palmen hinter uns und gingen in dem ausgetrockneten Seebecken weiter. Die Farben der untergehenden Sonne legten sich über die endlose Weite, bis hin zu den Bergen im Westen. Vom Schlamm, der langsam abkühlte, stiegen Nebelschwaden auf, und pinkfarbene Flamingos suchten in den stinkenden, salzigen Pfützen, in denen sich der blutende Himmel widerspiegelte, nach Nahrung.

»*Nyama mbaya, mingi chumvi.* Das Fleisch dieses Vogels ist schlecht, es ist zu salzig«, sagte Mustaffa und deutete auf die Flamingos.

Mustaffa steuerte auf eine kleine Grasfläche zu. Sie war der letzte Fleck Vegetation und reichte etwa 400 Meter weit in das ausgetrocknete Seebecken hinein. Wir wollten dort auf die Weißschwanzgnus warten, deren Fährten Mustaffa ein paar Tage zuvor entdeckt hatte. Er verstand die Sprache der Spuren und wusste, die Weißschwanzgnus würden zwei Tage später auf demselben Weg zurückkehren. Der Traum seines Vaters bestärkte ihn in seiner Annahme.

»*Bofu atakuja usiku leo.* Die Weißschwanzgnus kommen heute Abend. Wir warten im Gras auf sie.«

Janza, Mustaffas Halbbruder väterlicherseits, war bereits da, als wir dort ankamen. Er hatte einen Teil des Grases zu einer Liegefläche flach gedrückt, die drei Personen Platz bot. Ringsherum wurde sie von einer Wand aus hohen, von den Sandstürmen, die durch das Becken fegten, salzverkrusteten Gräsern verdeckt. Mustaffa erklärte, dass uns die Büffel hinter dieser natürlichen Tarnung nicht entdecken würden. Der Wind stand günstig und verbarg unseren Geruch. Die Weißschwanzgnus würden im Schutz des Steilabbruchs zurückkehren, der den Ngorongoro-Nationalpark vom Eyasigebiet abgrenzt. Vermutlich handelte es sich um eine kleine Herde, die es gewagt hatte, aus der Massenwanderung in die Serengeti, etwa 50 Kilometer nordwestlich, auszuscheren.

Janza wischte seinen Bogen und seine Pfeile mit Wasser aus einem großen Flaschenkürbis ab. Anschließend tauchte er die Hand ein und sprenkelte Wasser nach Norden, Süden, Osten und Westen. Er erklärte, er habe früh am Morgen *dawa*, Medizin, in Form von Samen in das Wasser gelegt. Das Wasser habe die Sonnenstrahlen in sich aufgenommen und sei jetzt fertig, um für die Jagd verwendet zu werden. Er rief in die anbrechende Nacht, bat die Ahnen, uns bei der Jagd zu helfen, und wischte seinen Körper mit dem Wasser ab. Mustaffa tat es Janza gleich und wusch singend seinen Bogen und seine Pfeile.

»Das ist Medizin für unsere Pfeile und Bogen. Sie wird uns helfen, Tiere zu erbeuten. Die alten Männer haben mir dazu geraten. Viele Hadza haben Hunger und hoffen, dass wir mit Fleisch heimkehren. Auch du musst deinen Bogen und deinen Körper mit dem Wasser befeuchten«, sagte Janza.

Mustaffa und Janza

Über unsere Zufluchtsstätte im Gras brach die Nacht herein. Wir warteten, während zahllose Sterne erschienen und der orangefarbene Mond aufstieg. Es gab keinen Grund, das Schweigen zu brechen. Stunden vergingen. Mustaffa schlief zusammengerollt neben mir ein, Janza saß regungslos in der ruhigen Luft und lauschte. Über unseren Köpfen war kurz das Rauschen einer vorüberfliegenden Vogelschar zu hören, dann wurde es wieder unbeschreiblich still.

Während ich im Gras ruhte und Mustaffa betrachtete, dachte ich über seinen verstorbenen Zwillingsbruder nach. Mustaffa griff im Schlaf nach mir und zuckte mit den Beinen. Wie war sein Zwillingsbruder gestorben? Warum fühlte ich mich diesen Menschen so nahe? Warum waren Mustaffa und Janza vor drei Jahren am Tag meiner Ankunft auf mich zugekommen?

Erst jetzt begannen die Geheimnisse ihrer Lebensweise mein Weltbild von Grund auf zu erschüttern. Was hatte mich immer und immer wieder von New York hierher zurückkehren lassen? Lag es vielleicht daran, dass mir erlaubt wurde, an ihrem Leben teilzunehmen? Von all den verschiedenen Wegen, die ich hätte einschlagen können, war dieser der unwahrscheinlichste. Ich hätte mir niemals vorstellen können, mit 27 hier im Schutz des Grases zu sitzen und auf Weißschwanzgnus zu warten, mit dem Schlaf zu ringen und dabei zu versuchen, die Moskitos zu ignorieren. War ich Mustaffas Zwillingsbruder, der gestorben war? Hatte sein Geist fünf Jahre zuvor von mir Besitz ergriffen, als ich auf einer Insel im Süden Tansanias die Winde anrief und mit den Bäumen sprach? Erinnerungen, die nicht meine eigenen waren, strömten in mein Bewusstsein, als hätte erst der Gedanke an den Geist des Bruders die Möglichkeit ins Leben gerufen, dass er in mir wohnte. In meinem Traum war es später Nachmittag. Ich lief mit Mustaffa lachend durch ein Getreidefeld, das T-Shirt voller Maiskolben. Ein Mbulu-Farmer schrie uns von weitem hinterher.

War das eine Erinnerung seines Bruders? Ich wachte kurz auf, blickte in den nächtlichen Sternenhimmel und wischte mir die Moskitos aus dem Gesicht. Dann schlief ich wieder ein und erlebte den Anblick der Sternenwelt noch einmal. Aus der Leere zwischen den Sternen tauchte das Ebenbild von Mustaffas Mutter auf, die mit Löwenaugen auf uns herabsah. Langsam breitete sie die Arme aus.

Als ich die Augen öffnete, sah ich Janzas ruhige Silhouette vor der unendlichen Weite des Himmelszelts. Er kniete auf seinem Bogen und spannte die Bogensehne, indem er sie um das obere Ende wickelte. Die Spannung des gekrümmten Bogens hielt die Sehne straff. Er sah mich an und flüsterte:»*Atakuja*, die Weißschwanzgnus kommen.« Ich weckte Mustaffa. Er lehnte sich nach vorne zwischen die Gräser, lauschte und flüsterte:»*Atakuja*, sie kommen.«

Die Weißschwanzgnus näherten sich, als wären sie einem Traum entsprungen: Langsam und gewaltig tauchten sie aus der Nacht auf.

»*Bofu, bofu*, Weißschwanzgnus, Weißschwanzgnus«, flüsterte Janza.

»Lass dir Zeit und schieß erst, wenn sie ganz in der Nähe sind«, mahnte Mustaffa.

Noch einmal war das Rauschen der Vögel zu hören, die knapp über unseren Köpfen über den Nachthimmel flogen. Dann ertönte das Geräusch von Hufen auf berstendem getrocknetem Schlamm. Die Weißschwanzgnus kamen, von üblem Gestank begleitet, auf uns zu, als wollten sie uns in Grund und Boden trampeln. Mustaffa und Janza suchten sorgsam Pfeile aus und legten sie anschließend in ihre Bogen ein. Sie kauerten sich wie Katzen auf der Lauer hin und spannten langsam die Bogensehnen. Die Gnus blieben stehen und witterten. In ihren Augen spiegelte sich das Mondlicht. Dann gaben die Jäger ihre Pfeile frei.

Die Weißschwanzgnus brüllten, setzten sich in wilder Panik in Bewegung und flüchteten vor den tödlichen Pfeilen. Mustaffa und Janza sprangen aus dem Gras, folgten der aufgebrachten Herde und schickten ihr weitere Pfeile hinterher. Sie rannten und rannten, bis von den Gnus und Jägern nichts mehr zu sehen und zu hören war. Ich versuchte ihnen zu folgen, konnte jedoch bald vor Staub und Anstrengung nicht mehr atmen. Die Nacht hatte sie verschluckt. Ich war allein. Ich kauerte mich hin und hielt meinen Bogen fest umklam-

59

mert. Als ich den Geräuschen der Nacht lauschte und die Erde roch, schweiften meine Gedanken weder in die Vergangenheit noch in die Zukunft – sie waren in dem ursprünglichen, unverfälschten Hochgefühl des Augenblicks gefangen.

Einige Zeit später tauchten Mustaffa und Janza wieder im Sternenlicht im flachen Seebecken auf. Sie waren staubbedeckt, und ihre Augen leuchteten vor Begeisterung über die Jagd. Erschöpft setzten sie sich und füllten ihre Steinpfeifen mit Tabak.

»Die Weißschwanzgnus, die wir getroffen haben, sind jetzt tot«, sagte Mustaffa und zündete seine Pfeife an. »Das Gift hat ihnen das Leben genommen, aber sie sind weit, weit weg. Wir müssen sie noch heute Nacht finden, sonst kommen uns die *fisi*, die Hyänen, zuvor.«

Im Mondlicht folgten wir den Fährten. Stunden schienen zu vergehen.

»Sie sind weit gelaufen. War das Gift nicht stark genug?«, fragte ich.

»*Bofu wkubwa*, die Weißschwanzgnus sind groß«, entgegnete Janza.

Die beiden Jäger blieben kurz stehen, um anhand der Fährten zu entschlüsseln, welchen Weg die verwundeten Tiere eingeschlagen hatten. Sie deuteten auf verschiedene Spuren im getrockneten Schlamm. Janza bückte sich und sagte: »*Damu*, Blut – eines ist in diese Richtung gelaufen.«

Wir drehten nach Osten ab und sahen bald in der Ferne die Silhouette eines Kadavers. Der Schrei einer Hyäne zerriss die Stille. Janza blieb stehen, blickte sich um und wählte einen der vielen Pfeile aus, die er in der Hand hielt. »Die Hyäne wartet auf uns. Sobald sie sich nähert, töte ich sie«, sagte er.

Das Weißschwanzgnu lag reglos da. In seinem Kopf und seiner Flanke steckten je ein Pfeil, und auf seinem Körper glänzte der Schweiß. Mustaffa vergewisserte sich, dass das Tier tot war, entfernte die Pfeile und schnitt das Fleisch im Umkreis von acht bis zehn Zentimetern um die Wunde heraus. »Dieses Fleisch ist schlecht, vergiftet«, erklärte er und warf es weg. Die Hadza stellen ihr Gift aus Strychnos-Beeren oder aus dem Saft der Wüstenrose her. Sie mischen die Beeren oder den Saft mit Wasser und kochen das giftige Gemisch über dem Feuer, bis es sich in eine dickflüssige, graue Masse verwandelt, und lassen es dann abkühlen, bis es klebrig wird. Während es kocht, achten sie darauf, keinen der unter Umständen tödlichen Dämpfe einzuatmen. Mit Hilfe von Stöcken drücken sie die Masse vorsichtig auf den Schaft ihrer Pfeilspitzen und lassen sie aushärten. Das Gift reagiert mit dem Blut und führt zum Herzstillstand, muss dazu allerdings in den Blutkreislauf gelangen. Ein Mensch, der von einem Giftpfeil verwundet wird, so behaupten die Hadza, stirbt innerhalb von fünf Minuten.

Giftpfeil

Während Mustaffa das Gnu häutete, verschwand Janza in der Nacht.

»Wohin geht Janza?«, erkundigte ich mich.

»Er sucht nach dem anderen Gnu«, sagte Mustaffa und reichte mir die zwei blutigen Pfeile, die er entfernt hatte.

»Das sind Mzee Wapos Pfeile. Wir müssen sie zurückbringen und ihm diese Keule geben«, sagte er.

»Warum musst du ihm Fleisch geben?«, fragte ich.

»Wenn ein alter Mann einem Jäger einen Pfeil leiht und der Pfeil bei der Jagd erfolgreich ist, ist es die Pflicht des Jägers, dem Besitzer des Pfeils Fleisch zu geben.«

Mustaffa widmete sich wieder dem Häuten des übel riechenden Tiers und führte saubere Schnitte entlang der Brust, der Beine und des Halses aus. Als Janza zurückkehrte, sagte er, dass er kein zweites Weißschwanzgnu finden könne, obwohl er sich sicher sei, es getroffen zu haben. »Ich suche am Morgen danach, aber die Hyänen werden es dann wahrscheinlich schon gefunden haben.« Janza half Mustaffa beim Abziehen der Haut. Dazu waren drei starke Rucke und zusätzlich zu den großen Schnitten mehrere kleine nötig. Anschließend entfernte Janza mit seinem Messer das fette Gewebe von der Haut, während Mustaffa das Fleisch in Stücke schnitt und für den Rücktransport zum Camp herrichtete. Sie arbeiteten flink und lachten und sangen dabei.

Weitere Hyänenschreie waren zu hören. Janza sammelte ein paar sonnengetrocknete, nach vielen Jahren im Seebecken salzverkrustete Äste und machte Feuer. »Das Feuer wird die Hyänen fern halten«, sagte er und warf einen Teil der Eingeweide zum Rösten ins Feuer. Mustaffa reichte mir ein großes Stück Fleisch und zeigte mir, wie ich es auf die brennenden Stöcke im Feuer legen sollte. »*Nyama safi*, Jemsi, das Fleisch schmeckt gut.«

Bald darauf setzte sich Janza, holte die Eingeweide aus dem Feuer und begann mit Heißhunger zu essen. Er sah auf, lächelte und erkundigte sich, wie Sex mit weißen Frauen sei.

»Sehr gefährlich. Du musst genau wissen, was du tust«, sagte ich.

»Muss man ihnen Geld dafür geben?«, erkundigte sich Mustaffa.

»Nein. Wenn sie dich mögen, ist alles ganz einfach. Aber wenn sie dich nicht mögen, hast du keine Chance«, erklärte ich und schob mein Stück Fleisch weiter in die Flammen. »Warum küssen Hadza-Frauen nicht?«, fragte ich.

»Manche tun es. Sie haben es von den Suaheli«, sagte Janza.

»Weshalb prostituieren sie sich für die Suaheli?«, erkundigte ich mich. Die Hadza verwenden den Begriff »Suaheli« generell als Bezeichnung für die Menschen, die in den Ortschaften leben.

»Das tun nur diejenigen, die in der Nähe der Stadt leben. Sie möchten dieselben Kleider tragen wie die Suaheli-Frauen in Mangola. Einige junge Frauen sind zur Schule gegangen und möchten nicht mehr wie die Hadza leben, also leben sie von dem Geld, das ihnen die Suaheli geben«, erklärte Janza.

Plötzlich sahen wir nicht weit vom Feuer entfernt die Augen einer Hyäne. Janza griff vorsichtig nach einem Pfeil, legte ihn in seinen Bogen, beugte sich nach vorn und schoss dem Tier in den Kopf. Die Hyäne schrie auf, schüttelte sich und rannte in die Nacht davon.

Janza widmete sich wieder dem Essen. »Mein Bruder wurde von Hyänen gefressen, als er eines Abends, vom Honigwein betrunken, zum Camp zurückging«, sagte er. »Wenn du nicht im Vollbesitz deiner Kräfte bist, töten dich die Hyänen.«

»Wir sollten uns jetzt auf den Weg machen«, meinte Mustaffa, als er mit dem Zerstückeln des Fleischs fertig war.

Wir waren vom Tragen des schweren Gnufleischs blut- und schweißüberströmt, doch mein einziger Gedanke galt jetzt meinem Durst. Ich trug zwei Hinterbeine auf den Schultern. Mustaffa trug den Kopf, die Brust und die Vorderbeine – doppelt so viel wie ich. Janza trug den Rumpf und die Haut. Das Weißschwanzgnu roch schrecklich. Was wir nicht tragen konnten, hatte Mustaffa den Hyänen zurückgelassen.

Nachdem wir den kühlen nächtlichen Wald betreten hatten, vernahmen wir das verlockende Plätschern von Wasser. Wir ließen unsere

Last zu Boden fallen, tauchten im Mondschein Köpfe und Hände in das erfrischende, kühle Nass und tranken aus einer kleinen Quelle, die aus dem Boden sprudelte. Ich fragte die Männer, woher der warme Lufthauch gekommen war, der am Waldrand zu spüren gewesen war. »Die Elefanten kommen aus dem Bergwald hierher, um zu trinken. Sie lassen warme Luft zurück. Heute Abend müssen es viele Elefanten gewesen sein. Hast du ihre Spuren nicht bemerkt?«, stellte Janza verwundert fest und wischte sich das Wasser aus den Augen.

Nachdem wir uns eine Weile ausgeruht hatten, schulterten wir unsere Last erneut und setzten den Heimweg fort. Mustaffa begann zu singen, als in der Ferne ein Feuer zu sehen war. Aus dem Camp hörten wir Rufe und Lachen. Kurz darauf liefen vier oder fünf junge Männer und Frauen auf uns zu, um uns tragen zu helfen. Sie stimmten in Mustaffas Lied ein.

»Kommt«, sang er. »Kommt und helft uns, Brüder und Schwestern, wir haben Fleisch für eure Mägen.«

Die Hadza im Camp versammelten sich am Feuer, schnitten das Fleisch in Stücke und legten sie in die Flammen. Alle waren glücklich, sangen, tanzten und aßen. Wortlos nahm Mzee Wapo seine Gnukeule entgegen. Er führte uns zu einem Feuer fernab der Frauen und Kinder, an einen Ort, wo die Männer beim Essen ungestört über die Jagd sprechen konnten. Zwei junge Männer eilten herbei und breiteten *swala*-Häute auf dem Boden aus, auf denen wir Platz nahmen. Das Essen und Geschichtenerzählen konnte beginnen. Es dauerte die ganze Nacht an.

»Kommt, Kinder, es gibt was zu essen, und Mama hat euch eine Hütte gebaut«, sangen die schwangeren Frauen, als wir am nächsten Morgen das Camp der Löwenmutter betraten. Die orangegelbe Sonne ging gerade auf. Mustaffa überreichte den Müttern und Kindern den Kopf und eine Keule des Weißschwanzgnus. Mzee Memelan lächelte, als sein Sohn von der Jagd berichtete.

Hadza beim Tanz

Ich erzählte der Löwenmutter meinen Traum. »Du hast mich mit Löwenaugen aus der Leere zwischen den Sternen angestarrt«, sagte ich.

»Du träumst gut«, erwiderte sie und warf einem hübschen kleinen Mädchen ein Stück Fleisch zu. »Du wirst Zwillinge bekommen, wie ich und die Löwenmutter. Deshalb hast du von mir geträumt.«

»Ich werde Zwillinge bekommen?«

»Ja«, sagte sie und maßregelte ein paar Kinder, die sich um ein Stück Fleisch stritten. Daraufhin scharten sich die Kinder um sie und warteten geduldig, bis sie und die anderen Mütter ihnen etwas abschnitten.

Ungefähr eine Woche später machten Mustaffa und ich uns auf den Weg zu einer Höhle.

»Ich werde an den Wänden der Höhle Medizin für dich finden. Meine Mutter braucht Medizin, um dich zu beschützen«, sagte Mustaffa. Er konnte es kaum erwarten, im Morgengrauen aufzubrechen.

»Um mich wovor zu beschützen?«, fragte ich. »Ich dachte, der Tanz würde mich vor den *shetani* beschützen.«

»Diese Medizin wird dir Kraft geben – Kraft, um gut zu reden und um den Hadza zu helfen. Und sie wird dich vor denjenigen beschützen, die den Hadza nicht helfen wollen. Wir werden den Geburtsstein sehen, den Ort, an dem meine Mutter zur Welt kam, und die Höhle

Pavianfährte

der Löwin, auf die sie stieß, nachdem sie sich verlaufen hatte. Wir werden Paviane jagen. Lass uns gehen«, sagte Mustaffa und nahm seinen Bogen und seine Pfeile.

Den ganzen Vormittag marschierten wir durch die bergige Landschaft am Rand des Ngorongoro-Nationalparks, begleitet vom orakelhaften Zwitschern roter Singvögel. Der Boden war hier trocken, spröde und geschwärzt, als wäre ein Feuer darüber hinweggefegt. Unsere schwierige Route führte durch viele steile Schluchten. Jede Schlucht beherbergte ihre ganz eigene Pflanzen- und Tierwelt. In einer Schlucht mit dem Namen Win-pon-tini erblickten wir eine riesige halbkreisförmige Höhle, die sich 200 Meter oberhalb des Flussbetts in den Felsen befand. Es dauerte etwa 40 Minuten, den steilen Hang hinaufzuklettern. Als wir bei der Höhle ankamen, konnten wir die Landschaft zu unseren Füßen überblicken und sahen, dass das Flussbett in weitere Schluchten hinabführte.

»Niemand außer mir kennt diese Höhle«, sagte Mustaffa. »Meine Mutter und mein Vater sind zu schwach, um hierher zu kommen. In diesem Teil des Waldes leben keine Hadza mehr, weil es hier nicht mehr viele Tiere und zu viele Mbulu-Herden gibt. In dieser Schlucht grasen jedoch keine Rinder. Ich gehe hier auf Pavianjagd. Das ist eine Höhle der Ahnen. Die Ahnen leben in der Win-pon-tini-Schlucht friedlich weiter, als hätte sich die Welt überhaupt nicht verändert. Du darfst diesen Ort niemandem zeigen. Ich will nicht, dass die anderen kommen und Paviane jagen. Die Ahnen begreifen nicht, was Gier ist, und verabscheuen sie. Die jüngeren Hadza sehen zu viele Dinge in der Stadt und wollen wie die Suaheli leben. Ich werde meine Kinder niemals auf eine Suaheli-Schule schicken und ihnen niemals erlauben, die Lebensweise der Hadza aufzugeben. In diesen Schulen lernt man, sich dafür zu schämen, ein Hadza zu sein. Wenn es so weit kommt, sollte man die Ahnen für immer in Ruhe weiterleben lassen, wie sie es von jeher tun«, sagte er.

Mustaffa deutete auf einen Leoparden, der auf der anderen Seite der Schlucht auf einem Baum rastete.

»Er wartet auf den Einbruch der Nacht, wenn die Paviane zurückkommen. Sie leben oberhalb der Höhle.« Er sprach leise, als er mir den Paviankot zeigte; der Höhlenboden war übersät davon. Auf einem Absatz über der Höhle stand eine große Akazie, in der Paviane lebten.

»Wie viele Paviane erlegst du, wenn du herkommst?«, erkundigte ich mich.

»Zwei oder drei.«

Der Geburtsstein

»Gehen wir heute Nachmittag auf Pavianjagd?«

»Die Paviane kommen erst zurück, wenn die Sonne vom Himmel geht. Wir sollten die Höhle aber nicht verlassen, um nach den Pavianen zu suchen, da der Leopard ebenfalls hierher kommen wird. Wir jagen die ne-a-yako nur dann, wenn wir aus dem Schutz der Höhle auf sie schießen können.«

Mustaffa deutete auf eine wunderschöne verwaschene Steinplatte. Sie war etwa 1 Meter lang und 60 Zentimeter breit und ruhte auf vier 15 Zentimeter hohen Steinen. »Das ist der Geburtsstein«, sagte er und demonstrierte, wie sich die Frauen auf den Stein setzten, um zu gebären.

Der Stein war von den Gesäßen der Frauen abgenutzt. Wie viele Tausend Frauen hatten wohl auf diesem Stein ihre Kinder zur Welt gebracht? Über wie viele Generationen hinweg?

»Wenn ein Baby auf die Welt kommt, sind niemals Männer anwesend, aber ich sah als Kind die Schwester meiner Mutter auf diesem Stein gebären. Die alten Frauen helfen den jungen. Nachdem das von Gott gesandte Kind geboren wurde, geht der Vater mit einem engen Freund auf die Jagd. Wenn sie rasch ein Tier finden, ist das ein gutes Vorzeichen. Dann kommen sie mit dem Fleisch zurück und hängen es zum Trocknen auf. Sie laden viele Leute ein, zu ihnen zu kommen und für das Neugeborene zu beten. Zu dem Baby sagen sie: ›Wir freuen uns, dass du auf unsere Welt gekommen bist.‹ Während gebetet wird, rührt niemand das Fleisch an. Manchmal beten wir eine Woche lang, und wenn das Fleisch, das für das Kind bestimmt ist, nicht verdirbt, ist das ebenfalls ein gutes Zeichen. Es bedeutet, das Kind hat akzeptiert, dass es auf unsere Welt gekommen ist. Dann bereitet seine Großmutter das Fleisch auf dem Feuer zu. Jeder bekommt ein Stück davon und segnet das Kind. Anschließend gibt der Großvater dem Kind einen Namen. Wenn es keinen Großvater hat, tauft es der älteste Bruder oder die älteste Schwester. Ist niemand von ihnen am Leben, tauft die Mutter das Kind«, sagte Mustaffa.

»Was passiert, wenn der Vater kein Tier für das Kind erlegt?«, fragte ich.

»Dann kehren der Vater und sein Freund zurück, und alle Männer versammeln sich zum Gebet. Frauen und Kinder dürfen nicht dabei sein. Einer der Ältesten überreicht dem Vater einen geweihten Pfeil, der von den Ahnen ausgewählt wurde. Wenn das Kind dazu bestimmt ist weiterzuleben, wird der Pfeil Fleisch finden«, erklärte Mustaffa. Er saß regungslos da und blickte in die Schlucht hinab. »Nachdem das Kind getauft wurde, wartet der Vater ab, ob das Kind krank wird oder weint. Dann ist es mit dem Namen nicht einverstanden. Der Vater nimmt sich der Sache an, betet zu den Ahnen und trifft die richtige Entscheidung. Falls er ein Löwenfell besitzt, sollte er das Kind darin einwickeln. So wird es beschützt, während der Vater über einen Namen nachdenkt.«

Wir saßen den ganzen Nachmittag im Schatten der Höhle und sprachen über die Unterschiede zwischen unseren Welten. Mustaffa sagte, er mache sich Sorgen um seine Zukunft. Das war das erste Mal, dass er mir gegenüber die Zukunft erwähnte.

»Ich habe fünf Kinder, und es wird immer schwieriger, Tiere zu finden«, meinte er.»Die Hadza haben nur ihr Land. Ohne unser Land sind wir nichts. Ich will nicht, dass meine Kinder Sklaven der Mbulu-Farmer oder der Regierung werden.«

Mustaffa hatte eine Begabung, Träume oder Vorahnungen zu verstehen, doch wenn er sich in den Dörfern aufhielt, betrank er sich immer mit dem schwarz gebrannten Schnaps der Mbulu. Er hätte die Voraussetzungen dazu gehabt, ein großer Anführer zu werden, falls es ihm gelang, dem Alkohol zu entsagen. Das war jedoch unwahrscheinlich – einer seiner Halbbrüder hatte sich bereits zu Tode getrunken.

Mustaffa war groß und möglicherweise zur Hälfte Masai oder Mangati; vielleicht war die Löwenmutter einmal hungrig gewesen und war fremdgegangen. Er war auch kräftiger als die meisten anderen Jäger. Seine Schnelligkeit war beeindruckend. Er war ein hervorragen-

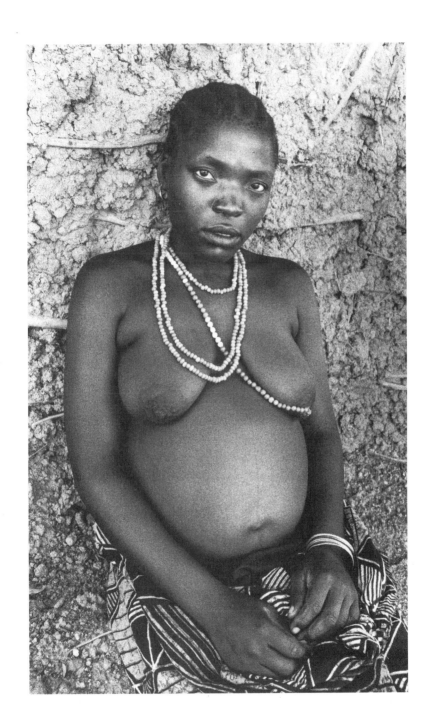

der Fährtenleser und mit allen Eigenheiten seiner Umgebung vertraut. Mustaffas Vater, Mzee Memelan, war ein berühmter Jäger gewesen und hatte ihm alles beigebracht, was er wusste. Wenn sie früher zusammen auf Leopardenjagd gingen, hängte er Mustaffa als Köder in den Bäumen auf, um seine Beute in die Schusslinie zu locken.

Ich erzählte Mustaffa, dass ich in der Nacht zuvor von einer Frau geträumt hatte, die ihren zwei Babys am Feuer die Köpfe abschnitt. »Es war schrecklich, Mustaffa. Ich konnte spüren, wie die Frau weinte.«

»Du träumst gut«, sagte er.

Als Kind war er Zeuge geworden, wie die Ältesten eine junge Frau in den Busch verbannten. Er hatte sie nie wieder gesehen. Sie hatte ihre beiden Kinder getötet, ihnen die Köpfe abgetrennt und in die Felsen geworfen. Den Hadza war ihre Tat unbegreiflich, und sie vermuteten *shetani*. Die junge Frau führte zu ihrer Verteidigung an, dass sie ihre Kinder nicht ernähren könne, doch die Ältesten waren mit ihrer Begründung nicht einverstanden.

»Warum habe ich das geträumt, Mustaffa?«, fragte ich.

»Ich weiß es nicht, aber vielleicht versteht meine Mutter deinen Traum«, sagte er, während er einen Haufen Stachelschweinkot untersuchte.

Am Spätnachmittag hörten wir die Schreie der Paviane, die in ihren Baum zurückkehrten. Der Leopard kletterte langsam von seinem Baum und verschwand neben dem Flussbett im Dickicht.

»Der Leopard kommt. Wir machen uns jetzt besser auf den Rückweg«, sagte Mustaffa.

Als ich die Löwenmutter einige Tage nach unserer Rückkehr von der Geburtshöhle in ihrem Camp besuchte, erzählte ich ihr den Traum von der jungen Frau, die ihre Babys getötet hatte. Sie war gerade dabei, Affenbrotbaumsamen zu zerstampfen. Eine Weile schwieg sie, dann erhob sie sich und sagte:»Du wirst deinen Traum irgendwann verstehen.« Sie nahm ein Kind auf den Arm, das an ihrem Rock zog, und ging davon.

✳

Die Zeit verging und ich kehrte zurück. In Arusha, ein Jahr nachdem ich in der Geburtshöhle gewesen war, wurde mir plötzlich klar, warum ich von einer jungen Frau geträumt hatte, die ihren Kindern die Köpfe abgeschnitten hatte. Eine andere junge Frau saß mir weinend gegenüber. Wahrscheinlich ist mir auch heute noch nicht das ganze Ausmaß des Schmerzes bewusst, den ich empfand, als ich erfuhr, dass sich die Vorahnung der Löwenmutter bewahrheitet hatte, während ich in Amerika war.

»Du wirst Zwillinge bekommen«, hatte sie gesagt.

AUF DER FÄHRTE DER LÖWEN

Eine kühle Brise strich sanft über die Gesichter der Frühaufsteher, die schon vor Sonnenaufgang auf den Beinen waren. Ich lag neben dem Feuer, blickte in die Dunkelheit und lauschte Pauolas Atem, ihren Liedern, ihrer Melodie, die sich unter das Husten der Männer mischte. Sobald mehr als einer der Männer anfing, *bangi*, Marihuana, zu rauchen, war es unmöglich zu schlafen. Die Jäger waren nicht in der Lage, ihre gereizten Lungen zu kontrollieren, und ihr keuchender Husten klang wie Trommelschläge unter Wasser. Pauola sang immer um diese Zeit. Ihre Stimme verschmolz mit den Stimmen der erwachenden Vögel. Sie roch nach warmem Gras, und wenn sie schlief, schmiegte sie sich zusammengerollt an mich.

Mustaffa kam von einem anderen Feuer zu uns. Er saugte an einem Antilopenhuf und erkundigte sich, ob ich wach sei. »Es wird Zeit, dass wir aufbrechen. Wir müssen die Medizin finden«, sagte er.

»Medizin wofür?«, fragte ich. »Ich bin müde, Mustaffa.«

»Wir müssen zu der Höhle gehen, in der ich als Kind gelebt habe. Komm, der Weg ist weit.«

Wenn Mustaffa ausweichende Antworten gab, wusste ich nie, was ich zu erwarten hatte. Ich fand mich jedes Mal damit ab und folgte ihm, auch wenn unsere Ausflüge manchmal mehrere Tage und Nächte in Anspruch nahmen und in Volltrunkenheit, Abenteuern mit wütenden Büffeln oder mit Frauen oder bei Mama Ramadan endeten,

Mustaffa beobachtet die Umgebung

einer Busch-Bar, in der Safaribier ausgeschenkt wurde. Mustaffa war eine Mischung aus traditionellem Jäger und modernem Hadza und hatte sich seiner veränderten Umgebung angepasst. Er lebte noch immer im Busch mit seiner Familie, ging jedoch auch in die Ortschaften, um seine Giftpfeile gegen Kleidungsstücke oder *pombe* einzutauschen. In Mangola überredete er manchmal Touristen, ihm Geld zu geben. Wenn er wusste, dass ich kein Geld hatte, bestand darin sein Zeitvertreib. Er sagte dann jedes Mal: »Ich muss versuchen, von den Touristen Geld zu bekommen«, und verschwand für ein paar Tage.

Mustaffa hieß nicht wirklich Mustaffa – er hatte seinen Namen geändert. Sein ursprünglicher Name auf Hadza lautete Cle cwa, »Stein«. Aufgrund gutturaler Nuancen hatte jeder, der kein Hadza war, fürchterliche Schwierigkeiten, ihn auszusprechen. Er erklärte mir, dass ihn ein Suaheli eines Nachmittags, als er in Mangola herumlungerte, nach seinem Namen gefragt habe und er geantwortet habe: »Mustaffa«. Es störte ihn nicht im Geringsten, dass der Name, den er angenommen hatte, im Islam sehr gebräuchlich ist.

»Bist du ein Moslem?«, fragte ich ihn.

»Was ist ein Moslem?«, erwiderte er.

Mustaffa wirkte besorgt, als er sich zum Aufbruch fertig machte. Er brauchte Medizin für sein ungeborenes Kind. Die Geburtshöhle war unser erstes Ziel auf der Suche nach Medizin gewesen; jetzt brachen wir zum zweiten auf. Dass seine Frau ein Kind erwartete, hatte er mir, ein paar Tage nachdem wir von der Geburtshöhle zurückgekehrt waren, erzählt.

Mustaffas Frau spürte, dass wir uns auf den Weg machen wollten, wachte auf und rief nach ihm. Da er nicht antwortete, stemmte sie ihren schwangeren Körper hoch und ging zu ihm. Sie war sehr hübsch, vor allem im Feuerschein. Inzwischen war sie das siebte Mal schwanger, allerdings waren zwei ihrer Kinder bei der Geburt gestorben. Sie war ungefähr vierundzwanzig – obwohl man ihr Alter schwer schätzen konnte – und trug einen billig verarbeiteten *kanga*, einen

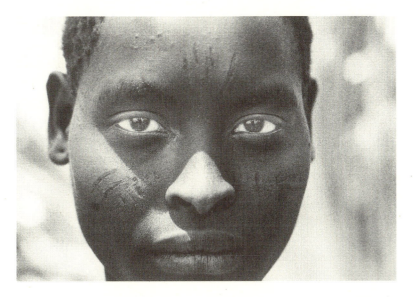

Pauola

Sarong. Vermutlich hatte sie ihn in einem der *dukas*, einem der kleinen Geschäfte der Suaheli, von dem Geld gekauft, das sie durch den Verkauf von Matten aus Palmzweigen verdiente, die sie untertags anfertigte. Sie flüsterte Mustaffa einige Minuten lang ins Ohr. Er hörte wortlos zu und sah dabei zu Boden. Als sie fertig war, drehten sich beide zu mir. Sie blickte mir direkt in die Augen. Das war der Moment, in dem mir klar wurde, dass ich in irgendeiner Weise mit der Zukunft des ungeborenen Kindes in Verbindung stand. Mustaffa gab mir das Zeichen zum Aufbruch.

Ich sagte »*kwaheri*, auf Wiedersehen«, zu Pauola, die ebenfalls aufgestanden war, um Tee zu kochen. Sie überredete uns, noch etwas zu trinken, ehe wir aufbrachen. Kennen gelernt hatte ich sie, als ich auf einem kleinen Felsvorsprung saß, von dem man ein schmales Tal überblicken konnte, und einen Affenbrotbaumwald malte. Aus einiger Entfernung betrachtet, bildeten die Bäume ungewöhnliche Kreismuster. Die großen Affenbrotbäume ragten deutlich aus dem niedrigen Dickicht heraus, das die Lücken zwischen ihnen ausfüllte. Beim Malen im Busch verspürte ich einen inneren Frieden und nahm deshalb auf alle unsere langen Safaris Leinwände, Farben und Ölkreiden mit. Die Röhre aus Karton, in der ich die zusammengerollten Leinwände und Papierbogen aufbewahrte, bot uns oft Schutz, wenn wir im Busch unterwegs waren, da Angehörige anderer Stämme glaubten, dass wir ein Gewehr bei uns trugen. Wenn sich uns jemand in den Weg stellte, brauchten wir nur die Kartonröhre auf ihn zu richten, und er suchte augenblicklich das Weite. Pauola erschreckte mich damals, indem sie plötzlich fragte, was ich tat. Ich hatte überhaupt nicht bemerkt, dass sie hinter mir stand. Sie hatte Beeren gesammelt und sich mir leise genähert. »Wonach suchst du? Bist du auf der Jagd? Warum malst du die Farben des Himmels und der Bäume auf Papier? Woher kommst du? Warum bist du gekommen und lebst mit den Hadza?«, fragte sie.

Ehe ich antworten konnte, setzte sie sich und zeichnete eine Blume über meine Bäume. Dann malte sie eine rote Giraffe und vier grüne Paviane, die sie am Tag zuvor in der Nähe des großen Baumes beim Camp von Endofridge gesehen hatte. Das erzählte sie mir, als wüsste ich, von welchem Baum sie sprach. Plötzlich sprang sie auf, klatschte in die Hände, um ihre Zeichnung zu bejubeln, und sagte, dass sie jetzt einen Iu-ta-to-Vogel malen müsse. Während sie sprach, untersuchte sie neugierig meine Ölkreiden.

»Was ist ein Iu-ta-to-Vogel?«, fragte ich neugierig.

»Das ist ein Vogel, der in meinen Träumen singt.«

Ein Vogel, der in ihren Träumen sang; mein Suaheli reichte nicht aus, um dieser Antwort auf den Grund zu gehen.

Wir verbrachten den ganzen Tag damit, zusammen zu malen, und am Spätnachmittag zeigte sie mir, wie man Wurzeln findet. Eine Sorte findet man, indem man nach den zarten, gelben Blumen sucht, die sich von diesen Wurzeln ernähren, die andere, die so groß ist wie eine Kartoffel, spürte Pauola mit Hilfe ihres Grabstocks auf. Ich war allerdings nicht in der Lage, die geringfügigen Unebenheiten auf dem Boden zu erkennen, die verrieten, wo sich die Wurzeln befanden.

78

»Du wirst es schon noch lernen«, sagte sie lächelnd.

Ich hatte Pauola bereits ein paar Monate zuvor gesehen, als Sabina und ich von einer zweitägigen Safari heimkehrten. Zufällig waren wir auf das kleine Camp von Pauolas Großvater gestoßen, wo sie mit ihren Großeltern lebte. Ihr Großvater war ein sehr angesehener Jäger und verbrachte nicht viel Zeit mit anderen Hadza-Clans. Er war ein ruhiger Mann. Man wusste, dass er einen mochte, wenn er einem etwas von seinem Fleisch abgab. Sabina und ich schliefen in dieser Nacht am Feuer. Ich wachte vor Sabina im Morgengrauen auf. Der alte Jäger war bereits auf den Beinen. Als ich aufblickte, stand Pauola am Feuer. Sie lächelte mich an, zog ihren *kanga* aus und blickte an ihrem entblößten Körper hinunter. Einen Moment lang blieb sie so stehen, dann hüllte sie sich wieder in den abgetragenen blauen *kanga*.

Später am Morgen bedankten Sabina und ich uns bei ihren Großeltern und brachen auf. Nachdem wir das Camp verlassen hatten, erzählte ich Sabina, dass Pauola vor meinen Augen ihren *kanga* ausgezogen hatte.

»Sie muss dich mögen. Wir werden sie irgendwann einmal nachts mit in unser Camp nehmen«, sagte er.

Mustaffa und ich tranken rasch den Tee aus, füllten unsere Wasserflaschen und machten uns auf den Weg. Wir marschierten den ganzen Vormittag und bis in die frühen Nachmittagsstunden an der Waldgrenze des Vulkans San-sa-ko entlang. Die Hadza betreten den Bergwald nicht. Sie behaupten, er werde von Geistern heimgesucht. Vom Seebecken aus betrachtet wirkt der Wald wie ein grüner Teppich, der den Bereich unterhalb des Vulkankraters bedeckt.

»Warum geht ihr nicht in den Wald?«, fragte ich oft, wenn ich die Hadza hungern sah. »Im Wald gibt es Tiere. Ihr könntet dort Fleisch in Hülle und Fülle finden.« Aber sie wollten einfach keinen Fuß zwischen die alten Bäume setzen.

»Wer den Wald betritt, kommt nicht mehr zurück«, erklärte Mustaffa.

Viele Male war er auf der Suche nach Honig am Waldrand ent-
langgegangen, wo der Boden mit Elefanten-, Büffel- und Löwenkot
übersät war. Er erklärte, er sei dort häufig Geistern begegnet, die ihn
aufforderten, den Wald zu betreten. »Komm, wir zeigen dir, wo du
Nahrung findest«, sagten sie. Mustaffa konnte stets verhindern, dass
die Geister von ihm Besitz ergriffen und ihn überlisteten.

Der Bergwald beherbergt einen großen Teil der letzten Elefanten
und Löwen dieser Region. Den Löwen im Wald wird nachgesagt, sie
seien kleiner, aber gefährlicher als ihre Artgenossen in der Savanne.
Ihr Fell, das mit den Farben der Blätter und Bäume verschmilzt, ist
eine natürliche Tarnung und macht sie nahezu unsichtbar.

»Die se-sa-may-a, die Löwen, im Wald können ihre Farbe verän-
dern wie die a-gey-reta, die Eidechsen«, erklärte Mustaffa.

Auf den Hängen des San-sa-ko kommen die Stürme völlig unvermittelt auf. Die Regenwolken, hinter denen der Vulkan jeden Tag verschwindet, bleiben in den Bäumen hängen. Wenn in den Steppen
Trockenheit herrscht, so sagen die Hadza, versorgen sich die Geister
in den Bergwäldern mit Wasser und lachen über die Durst leidenden
Menschen mit ihren verdörrten Farmen im Flachland. In den Wäldern
spielen sie den Elefanten Streiche, was ihnen jedoch bald langweilig
wird. Dann kehren sie in die vertrockneten Täler zurück, bringen den
Regen vom Berg mit und führen die Menschen an der Nase herum.
In den Bergwäldern droht stets die Gefahr der Unterkühlung; die
stürmischen, kalten Winde können einen Menschen innerhalb einer
Nacht töten, denn es herrscht ein Mangel an trockenem Feuerholz.
Außerdem ist es beinahe unmöglich, im üppigen Dickicht Tierfährten
aufzuspüren. »Die Büffel greifen dich dort ohne Vorwarnung an«,
erklärte Mustaffa. Im Lauf der Jahre hatten sich etliche Hadza in den
Wald gewagt und waren nicht mehr zurückgekehrt.

Unsere Route führte parallel zum Wald auf den riesigen Steilabbruch
zu. Durch einen kleinen Buschtunnel, den *tandala*, Kudus, ausge-
trampelt hatten, stiegen wir in eine steile Schlucht hinab. Wenn man
sich in einen solchen Tunnel begibt, spürt man die Energie der

tandala, die sich auf diesem Weg in Richtung Wasser bewegen. Die Tunnel sind ein Grund dafür, weshalb so viele glauben, die Hadza könnten sich unsichtbar machen; sie kennen alle diese natürlichen Kanäle und finden sie auch dann, wenn der Busch undurchdringlich erscheint.

»Geh langsam«, sagte Mustaffa.

Seine Warnung kam zu spät. Ein Zweig schlug mir ins Gesicht. Mir blieb keine Zeit mehr, die Augen zu schließen. Ich erschrak so sehr über den Schlag, dass ich hinfiel. Mustaffa machte einen Satz nach vorn, packte mich am Hemd und verhinderte, dass ich den steilen Abhang hinunterstürzte. Ich konnte nichts mehr sehen und merkte, dass etwas Feuchtes meine Wange hinunter rann.

Mustaffa nahm meinen Kopf in die Hände und untersuchte mein zuckendes Auge.

»Dein Auge blutet«, stellte er besorgt fest. Er wischte das Blut mit der Hand weg und forderte mich auf, mich hinzusetzen. Dann beugte er sich zu mir herunter, hielt mein linkes Auge mit dem Daumen und Zeigefinger seiner verstaubten Hand weit auf und blies hinein. Ich zog schnell den Kopf zurück. Er ließ sich jedoch nicht abbringen und meinte, er sehe eine Menge Dornen in meinem Auge. Er blies ein zweites Mal hinein, tupfte mir mit dem Hemdzipfel behutsam den Augenwinkel ab und zeigte mir dann stolz einige Dornen, die er entfernt hatte. Daraufhin griff er in seinen Lederbeutel und holte eine blutverkrustete Pfeilspitze hervor.

»Dieser Pfeil ist gut für dein Auge. Ich habe ihn in Weißschwanzgnublut getränkt«, sagte er und band die Pfeilspitze mit einem Streifen Rinde, den er mit seinem Messer von einem Baum schälte, über mein verletztes Auge.

»*Siyo baya sana.* Das mit deinem Auge ist nicht allzu schlimm. Morgen oder übermorgen ist es wieder in Ordnung«, urteilte Mustaffa mit der Autorität eines Arztes. Er half mir auf und klopfte mir den Rücken ab. »Das passiert mir oft. Die Zweige sind gefährlich für die Augen. Vielleicht waren das *shetani.* Wir müssen weiter; die Höhle ist ganz in der Nähe. Es ist nicht gut, zu lange an einem Ort zu bleiben.

Hier sind viele Dämonen. Sie wissen, dass wir kommen«, sagte er und setzte den Abstieg über den steinigen Pfad fort.

Nach einem etwa vierstündigen, zügigen und anstrengenden Fußmarsch kamen wir bei einem Felsvorsprung an, von dem zwei mächtige Affenbrotbäume emporragten. Wir rasteten in ihrem Schatten. Eine Brise kämpfte sich den Berg hinauf und kühlte den Schweiß, der uns aus allen Poren strömte. Die Fliegen verschlangen die salzigen Tränenspuren auf meiner linken Wange, und nachdem ich mich hingesetzt hatte, war auch jeder Kratzer und jede Schürfwunde mit den flinken schwarzen Fliegen bedeckt. Normalerweise klebte ich mit Speichel Blätter auf die Wunden, wenn ich mich verletzt hatte, um die Fliegen fern zu halten. Die Jäger ließen die Fliegen die Wunden säubern und schenkten ihnen dabei meistens gar keine Beachtung.

Mit meinem unversehrten Auge folgte ich einem schmalen Tierpfad. Er schlängelte sich von dem Felsvorsprung in die gewaltige Schlucht am Fuß des Berges hinunter, die sich in viele andere Schluchten und Felsspalten öffnete. Während der Regenzeit bahnten sich durch diese stillen Schluchten tosende Wassermassen den Weg nach unten, um den Durst des Salzsees zu löschen.

Mustaffa sah mich ernst an und sagte: »Se-say-may-a yupo, in dieser Schlucht gibt es Löwen, Jemsi.«

»Willst du etwa dort hinunter, Mustaffa?«, erkundigte ich mich und zweifelte im Stillen an meinen Kräften.

»Ja, die Höhle befindet sich dort«, sagte er und deutete auf die Stelle, wo er zwei große Löwen im Dickicht hatte verschwinden sehen.

»Sind Löwen denn nicht gefährlich, Mustaffa?«, erinnerte ich ihn. »Bist du sicher, dass es eine gute Idee ist, dort hinunterzugehen?«

»Jeder Masai, der sich mit seinen Rindern dort hinbegibt, bezahlt dafür mit dem Leben, und die meisten Jäger fürchten sich. Aber du bist mit mir unterwegs, und ich habe keine Angst.«

»Vielleicht fressen die Löwen mich, weil ich aus New York komme und sie mich nicht kennen«, gab ich zu bedenken. Ich war nicht in der Lage, meine Furcht zu verbergen.

»Se-say-may-a ma-na-ko. Löwen kann man essen, warum sollte ich also vor ihnen Angst haben, wenn ich auf der Jagd bin? Außerdem tragen wir Medizin bei uns, die Löwen fern hält. Folge mir und tu, was ich tue.«

Mustaffa holte eine Halskette unter seinem Hemd hervor und biss in einen großen, dunkelbraunen Samen in Form einer stacheligen Kugel. Er spuckte das Samen-Speichel-Gemisch in die Hände, verteilte es leise singend auf seinen Armen und Beinen. Anschließend nahm er die Kette, die ich um den Hals trug, biss in einen zweiten Samen, zerkaute ihn und rieb mir Arme und Beine ein. Dann hielt er einen Moment inne und blickte in die Schlucht hinab. Er drehte sich wieder zu mir um, sah mir in die Augen und gab mir ohne Worte zu verstehen, dass ich mir keine Gedanken machen solle. Dann sagte er: »*Dawa ya simba, hamna shida, twende*, das ist Medizin für die Löwen, kein Grund zur Sorge. Komm, gehen wir.« Er nahm seinen riesigen Bogen und seine langen Pfeile und gab mir ein Zeichen, ihm zu folgen.

Wir entfernten uns von unserem sicheren Aussichtspunkt unter den Affenbrotbäumen und wurden bald von der Schlucht verschluckt. Die Luft im Dickicht entlang des Flussbetts war voller Vogelgezwitscher. Von oben war nicht zu erkennen gewesen, welch dichte, fruchtbare Vegetation wir hier unten antreffen würden. 20 Minuten lang wanderten wir im Schatten eines Baldachins aus Akazienzweigen. Jede der Schluchten verfügte über ihr eigenes Ökosystem. Manche von ihnen waren völlig isolierte Lebensräume, sicher vor den Herden der Mbulu und Mangati. Es wimmelte von wild lebenden Tieren, und kein Mensch verirrte sich hierher. Kein Wunder, dass es Löwen gab. Auf dem Weg nach unten sahen wir zwei ziemlich große bo-po-a-ko, Impala-Männchen mit Hörnern, und mehrere gay-we-da-ko, Dik-Dik-Antilopen. Mustaffa machte mich auf die Spuren von Pavianen und Büffeln aufmerksam. »Hier sind viele Paviane vorbeigekommen. Sie waren auf der Flucht vor Büffeln. In der Nähe dieses Baums bin ich einmal vor einer schwarzen Mamba davongelaufen«, sagte Mustaffa und deutete auf eine große Akazie. »Ich hatte eine Impala geschossen, und als ich sie suchen wollte, verfolgte mich die Schlange. *Mimi nili kimbia sana.* Ich rannte eine ganze Weile, um der großen Schlange zu entkommen. Gott hat mir an jenem Tag geholfen«, sagte er und beobachtete im Gehen aufmerksam die Umgebung.

Mustaffa fand den Weg zum ausgetrockneten Flussbett, in dem glatte blaue Steine lagen. Das Dickicht reichte bis unmittelbar ans Ufer. Im Flussbett kam man am besten voran, da es nicht bewachsen war. In den Wänden der Schlucht waren zahlreiche Höhlen von Löwen zu sehen, deren eckige Öffnungen gut einen Meter breit und ebenso hoch waren und drohend auf uns herabzublicken schienen. Über dem Flussbett war die Luft deutlich kühler. Eine Zeit lang marschierten wir schweigend dahin. Ich folgte Mustaffas Schritten und betrachtete dabei seine Hände und seinen Körper. Er war kräftig gebaut. Sein Bogen war so dick und die Sehne so straff, dass sie kein Jäger von normaler

Flussbett

Statur hätte spannen können; auch ich konnte sie kaum bewegen. Alle paar Minuten ließ er seinen Blick forschend über den Busch vor uns wandern. Am Himmel, der in den Lücken zwischen den Ästen der Bäume durchschimmerte, zogen Bussarde langsam ihre Kreise und suchten die ausgedörrten Ebenen zwischen den Schluchten nach Beute ab.

Mit einem Mal wurde die Natur merkwürdig still, als lauschte sie. Mustaffa blieb stehen und horchte ebenfalls auf. Sein Gesichtsausdruck wurde finster. Er schien auf ein Zeichen zu warten; irgendetwas beunruhigte ihn. Die Stimmung, die in der Luft lag, erinnerte mich an ein Erlebnis vor der Küste von Mosambik, wo ich tauchte, um Fischnetze zu überprüfen. Ich war allein im Wasser und kontrollierte gerade das letzte Netz. Mein Freund Gitu, ein Fischer, war bereits zu der vor Anker liegenden Dhau zurückgeschwommen. Beim Hinabtauchen überkam mich ein ungutes Gefühl. Die kleinen Rifffische, die normalerweise Abstand zu Tauchern halten, schwärmten so nah um mich, dass ich nur die Hand auszustrecken brauchte, um sie zu berühren. Sie spürten die Gefahr, die mir nicht bewusst war, und waren mit einem Mal verschwunden. Am Riff wurde es damals ebenso still wie in diesem Moment. Plötzlich tauchte aus den dunklen Tiefen des Meeres, von dort, wo das Riff in die Tiefe abfällt, ein riesiger Hammerhai auf. Wie ein Raubvogel in einem Himmel aus Wasser schwamm das Ungetüm langsam ungefähr sieben Meter über mir vorbei.

Ich dachte gerade über den Hai nach, als wir von beiden Seiten des Flussbetts das Fauchen von Löwen hörten. Mustaffa kniete sich hin. Ich ging schnell noch ein paar Schritte, bis ich neben ihm war. Mustaffa spürte meine Furcht und warf mir einen derart kühnen Blick zu, dass ich wusste, er hatte keine Angst. Ich allerdings schon. Die Vorstellung, dass Löwen in der Schlucht lebten, hatte mich bis dahin nicht weiter beschäftigt. Jetzt holte mich die bittere Realität jedoch gnadenlos ein, und blankes Entsetzen lähmte meinen ganzen Körper. Dann wurde das Fauchen der Löwen von einem sanften Windstoß fortgetragen, der sich durch die stille Schlucht schlängelte. Mustaffa vergewisserte sich, aus welcher Richtung der Wind kam, setzte sich wieder in Bewegung und marschierte mit gleichmäßigem Schritt zwischen den großen Felsblöcken im Flussbett weiter. Plötzlich war wieder das Fauchen der Löwen zu hören, die uns ungefähr eine Stunde lang folgten. Sie waren nirgends zu sehen, doch ihr leises Knurren war allgegenwärtig. Ich hatte die ganze Zeit über das Bild vor Augen, wie einer der Löwen in geduckter Haltung aus dem Busch herausschoss. Meine Gedanken kreisten um die Geschichte eines professionellen Jägers. Dieser hatte einen Auftraggeber an einen Löwen verloren, in dessen Körper bereits drei Kugeln steckten. »Nichts ist so schnell wie ein Löwe, der in geduckter Haltung angreift wie ein Ungeheuer aus der Hölle«, hatte der Jäger gesagt und sich einen Schluck Whisky genehmigt. Er mochte übertrieben haben, doch die Geschichte wollte mir nicht aus dem Kopf gehen.

Was konnte ein Giftpfeil schon ausrichten? Und falls Mustaffa angegriffen wurde und ich aus irgendeinem Grund überlebte, hatte ich nicht die geringste Chance, wieder zurückzufinden. Mir würde vermutlich nichts anderes übrig bleiben, als dem Flussbett immer weiter zu folgen und zu hoffen, dass es mich irgendwann zum Eyasisee bringen würde. Wenn uns ein Löwe angriff, würde er sich jedoch vermutlich auf mich stürzen, da ich ganz offensichtlich der Schwächere von uns beiden war. Die Löwen sind auf der Hut vor den Hadza. Ich muss Vertrauen in ihre Medizin haben, dachte ich.

Mustaffa blieb stehen und nahm drei Giftpfeile aus dem Bündel, das er in der rechten Hand hielt. Behutsam entfernte er das schützende Leder, das um die giftigen Pfeilspitzen gewickelt war, und reichte mir zwei von ihnen. »Wenn die Löwen angreifen, dann ruf, was ich rufe. Schieß, wenn ich schieße. Halt dich still, wenn ich mich still halte«, sagte er, und sein Gesichtsausdruck wurde grimmiger, als ich es jemals bei irgendjemandem gesehen hatte.

Als wir an eine Krümmung kamen, wo das Flussbett nach rechts abbog, blieb Mustaffa erneut stehen und legte den tödlichen Pfeil in seinen Bogen ein. Ich tat dasselbe. Am Rand des Flussbetts befand sich eine Löwenhöhle.

Eine Löwin

»*Simba yupo*, da ist ein Löwe«, sagte er.
»Scheiße!«, flüsterte ich.
Mustaffa sah mich nicht an. Seine gesamte Aufmerksamkeit war auf die Löwenhöhle gerichtet, und seine Stimme hob zu einem donnernden, rhythmischen Gesang an. Er setzte sich in Bewegung und ging langsam an der Höhle vorbei, die Sehne seines Bogens in Schussbereitschaft gespannt. Aus der Höhle war ein Knurren zu hören, und Staub schien aus ihr aufzusteigen. Mustaffas Stimme wurde auf unheimliche Weise lauter und lauter, sein Gesichtsausdruck härter und härter. Der erdige Geruch des Löwen stieg mir in die Nase, während mein Blick über die Knochen zahlloser Tiere wanderte, die vor dem Loch verstreut waren. Dann wurde mir bewusst, dass ich an der Reihe war, an der Höhle vorbeizugehen. Ich wäre am liebsten umgekehrt. Während meiner Safaris mit den Jägern hatte ich mehrmals den Wunsch umzukehren. Doch immer wenn ich kehrt machen wollte, war es unmöglich. Ich sah Mustaffa an, in der Hoffnung, dass er mir Kraft geben könnte. Sein Gesicht wirkte jetzt unendlich alt, seine Wangenknochen stachen unter der Haut hervor und seine

Augen glichen glühenden Kohlen. Und doch strahlte er nach wie vor Furchtlosigkeit aus. Er hörte nicht auf zu rufen und gab mir zu verstehen, dass ich dasselbe tun sollte. Die Vision der Jäger erreichte mich genau in dem Moment, als ich sie am dringendsten brauchte. Ein Jahr zuvor hatte ich mit Sabina tief im Busch auf einem Felsen gestanden und den Sonnenuntergang betrachtet. Ich hörte eine Hyäne, deren hungriges Heulen in meinen Gedanken immer und immer wieder nachhallte, bis mich schließlich Furcht ergriff. Also richtete ich den Blick auf Sabinas Hinterkopf, um meine Angst zu vergessen, und machte eine einzigartige Erfahrung: Ich hatte den Eindruck, durch seine Augen zu blicken, und alles was ich um mich sah, stand mit einem Mal in unmittelbarer Verbindung mit meinem Hunger. Ich sah mich in Sabinas Körper den Wald durchqueren, fürchtete kein Tier und keinen Menschen. Meine Hände durchschnitten das Dickicht wie Messer, und mein Körper wurde von einer ungeheuren Kraft durchflutet. Immer wenn mich danach Nervosität befiel, erinnerte ich mich an dieses Erlebnis, an das Gefühl, in Sabina hineinzusehen, und meine Angst verging.

Diese Vision erreichte mich auch jetzt: Ich rief, was Mustaffa rief, und passierte die Höhle, ohne dabei die Worte wahrzunehmen, die uralte Botschaft, die ich dem Löwen überbrachte. Mustaffa kauerte sich hin und hörte nicht auf zu rufen. Seine Bogensehne war gespannt, der Pfeil auf die Höhle gerichtet. Als ich bei ihm war, packte er mich am Arm, schob mich nach vorn und befahl mir weiterzugehen. Er blieb noch einen Moment zurück, holte mich dann aber ein und wich nicht mehr von meiner Seite. »Wir gehen jetzt zusammen. Ich habe den Löwen gesagt, dass sie uns nicht folgen und uns nicht angreifen sollen, da wir in friedlicher Absicht kommen. Sie könnten uns töten, habe ich ihnen gesagt, aber sie werden selbst dabei sterben, da unsere Pfeile ihren Tod bedeuten. Die Löwen werden uns in Ruhe lassen«, sagte er. Die gewaltige Anspannung in ihm war gewichen. An seinem veränderten Gesichtsausdruck erkannte ich, dass die Gefahr vorüber war; das tatsächliche Ausmaß dieser Gefahr werde ich jedoch nie erfahren.

Als wir weitergingen, beobachtete ich mit meinem unversehrten Auge den Buschrand. Die Böschung wurde immer steiler und erhob sich 20 Meter über das Flussbett. Von den Löwen war nichts mehr zu hören. Je länger wir unterwegs waren, desto größer wurden die bläulichen Steine im ausgetrockneten Flussbett. Wir sprangen von einem zum nächsten. Das Blau der Steine war so kräftig, als hätten sie die Farben des Himmels in sich aufgesaugt.

»Wenn wir Masai wären, hätten uns die Löwen angegriffen und wir wären jetzt tot. Die Löwen hassen die Masai. Sie wissen, dass sie sich vor den Hadza in Acht nehmen müssen, und fürchten unsere Medizin. Als ich jung war, griff ein Rudel Löwen im Ngorongoro-Nationalpark eine *mboma* der Masai an«, erzählte Mustaffa und deutete auf die steilen Hänge auf der Ostseite des Berges, wo sich die kleine Siedlung der Masai befunden hatte. »Die Löwen lauerten jede Nacht vor der *mboma* und brachten die Masai um ihren Schlaf. Als sie von der Medizin meines Vaters erfuhren, suchten sie ihn tagelang und boten ihm eine Kuh an, wenn er ihnen half, die Löwen loszuwerden. Mein Vater begleitete die Masai nach Hause und legte um ihre *mboma* Medizin aus. In der nächsten Nacht waren die Löwen verschwunden. Sie fürchteten die Medizin meines Vaters«, sagte Mustaffa.

Das Flussbett endete schließlich im Nichts und fiel in eine weitere, hundert Meter tiefer gelegene Schlucht ab. In der Ferne erstreckte sich der Eyasisee, dessen salzige Pfützen in der späten Nachmittagssonne schimmerten. Wir waren an unserem Ziel angelangt. Einige Zeit standen wir auf einem Felsvorsprung in der Nähe der »Löwenhöhle« und genossen die Aussicht.

»Als die Jäger noch in dieser Höhle lebten, konnten sie von hier jede Bewegung der Tiere im Tal beobachten«, sagte Mustaffa.

Die Höhle wurde von zwei riesigen Felsbrocken eingerahmt und befand sich auf einer Anhöhe oberhalb des letzten Abschnitts des Flussbetts. Mustaffa führte mich durch den etwa 30 Meter hohen Eingang. Die Höhle reichte gut 20 Meter tief in den Fels. Er hatte als Kind hier gelebt, als die Wassermassen der Regenfälle durch das

Flussbett strömten und sich über den Felsvorsprung in die tiefer gelegenen Täler ergossen. Die Höhle bot Schutz vor dem Regen, und die Berge lieferten ausgezeichnetes Trinkwasser. »Mein Vater hat am Eingang dieser Höhle zwei Löwen erlegt. Die *simba* waren gekommen, um uns zu töten«, sagte Mustaffa. Er war damit beschäftigt, ein kleines Feuer zu machen. »Komm, Jemsi, viele Ahnen sind jetzt bei uns. Ich habe Medizin von meinem Vater. Sein Großvater ist ihm im Traum erschienen und hat ihm gezeigt, welche Medizin uns vor allen Gefahren schützen wird. Der Großvater meines Vaters starb in dieser Höhle. Er ist jetzt bei uns«, erklärte Mustaffa und stimmte einen kehligen Gesang an, um die Ahnen zu rufen. Aus seiner Schultertasche holte er eine Perlenkette hervor, an der zwei kleine Hörner befestigt waren.

»Sind das Dik-Dik-Hörner?«, fragte ich ihn.

»Das sind die Hörner eines seltenen Bruders des Dik-Dik, der nicht mehr in diesen Wäldern lebt. Ich habe in meinem ganzen Leben nur ein solches Tier gesehen. Diese Hörner hat mein Großvater an mich weitergegeben. Sie enthalten eine kraftvolle Medizin. Die Ranger dürfen diese Hörner auf keinen Fall sehen«, sagte er und zeigte mir die Medizin, mit der die Hörner gefüllt waren. »Die Medizin in diesem Horn stammt von meiner Mutter. Du musst sie immer bei dir tragen. Kein Tier, kein Geist und kein Dämon kann dir etwas antun, solange du die Hörner bei dir trägst.« Mustaffa erhob sich, klopfte an die Wand der Höhle und flüsterte den Felsen zu. Der Boden der Höhle war mit Vogelmist und vertrockneten Knochen übersät.

»Woher wusste deine Mutter, womit sie die Medizin zubereiten muss?«, fragte ich.

»Sie träumt solche Dinge. Die Ahnen erscheinen ihr im Traum und sagen ihr, welche Art von Medizin sie verwenden soll. Falls sie einen Traum nicht versteht, wendet sie sich an die alten Frauen, die mit den Geheimnissen der Träume und den verschiedenen Arten von Medizin vertraut sind. Die Mutter meiner Mutter starb ebenfalls in dieser Höhle«, sagte er. »Das zweite Horn ist mit einer Medizin meines Vaters gefüllt. Diese Medizin gibt dir die Kraft, mit der Regierung, der Polizei und all denen zu sprechen, die dir Gehör schenken müssen, damit du den Hadza helfen kannst«, sagte er, spuckte in die Hörner und nahm sie hinter seinem Rücken von einer Hand in die andere. Plötzlich hielt er mitten in der Bewegung inne, als lauschte er irgendeinem Geräusch aus den Tiefen der Höhle. Ohne seine Haltung zu ändern, stimmte er einen Sprechgesang an, um den Ahnen zu antworten. Zwei oder drei Minuten lang kommunizierte er mit ihnen, wobei sich nur seine Lippen bewegten, sein Körper jedoch völlig regungslos blieb. Als Nächstes kam Bewegung in seine Hände; er schüttelte die Hörner, lehnte sich nach vorn und spuckte erneut in sie hinein. Dann verharrte er und drehte den Kopf den lautlosen Stimmen zu, die aus der Wand der Höhle an sein Ohr zu dringen schienen. Er erhob sich und ging zur Wand, klopfte gegen den Fels und rief dabei einzelne Sätze aus. In Meditation versunken, ließ er die Hörner um die Füße kreisen, um die Hüften, die Brust und den Kopf und rieb sie schließlich an seinen Armen und Beinen, wie jemand, der sich mit einem Handtuch abtrocknet. Dann spuckte er nochmals in die Hörner und ließ sie um meinen Körper kreisen. Er setzte seinen rhythmischen Sprechgesang fort, fasste mich an den Schultern und sprach flüsternd zu meinem Hals und zu meinem Bauch. Dann hob er meine Füße an, sprach zu ihnen und forderte sie auf, seinen Befehlen zu gehorchen. Nachdem er meine Füße wieder abgesetzt hatte, bat er mich um meine Wasserflasche und schüttete vorsichtig eine kleine Menge Wasser in jedes Horn. »Wir trinken jetzt«, sagte er und trank das Wasser-Medizin-Gemisch aus dem Horn seines Vaters. Vornübergebeugt ließ er es einen Moment lang auf sich wirken. Dann griff er zur Wasserflasche, schenkte vorsichtig meine Ration ein, hielt das Horn mit dem Daumen zu und schüttelte es, um seinen Inhalt zu vermischen. Er reichte es mir mit beiden Händen und forderte mich auf zu trinken.

Als Nächstes war das Horn seiner Mutter an der Reihe. Er sprenkelte ein wenig von dem Medizin-Wasser-Gemisch auf meine und auf seine Füße, lächelte und sagte: »Diese Medizin wird deine Schritte vom Pfad des Verderbens lenken.« Wir tranken beide aus.

Die Höhle der Medizinhörner

»Ich erzähle dir jetzt viele Geheimnisse über meine Familie und die Höhle, Dinge, die du niemals irgendjemandem weitererzählen darfst, der nicht unserem Stamm angehört. Du musst diese Geheimnisse kennen, damit die Medizin wirkt. Wenn du irgendjemandem davon erzählst, wirst du deine erste Frau verlieren und schließlich dem Wahnsinn verfallen. *Shetani* werden dich heimsuchen.«

Mustaffa erzählte mir, was es mit den Träumen und dem Erreichen des Mannesalters auf sich hatte, weihte mich in die Beziehung der Hadza zu ihren Ahnen ein und erklärte mir, warum ich an diesen Ort kommen und die Medizin trinken musste.

Als er fertig war, hängte er mir die Hörner um den Hals und sagte, dass wir nun Brüder seien, die von den Hörnern und dem Wissen der Ahnen zusammengeführt worden waren. Dann zeigte er mir Abbildungen von Elefantenstoßzähnen und Rhinozeroshörnern, die seine Ahnen vor langer Zeit in die Wände der Höhle gemeißelt hatten. »Sie stammen aus einer Zeit, als das Gras noch so hoch war wie die Bäume und nur Hadza in diesem Land lebten. Wie du den Hadza helfen wirst, weiß ich nicht. Bald wird der Wald zerstört sein, und alle Tiere werden fortgehen. Von meinen fünf Kindern habe ich dir bereits erzählt. Mir gehen Fragen durch den Kopf, die sich die Hadza erst jetzt stellen«, sagte Mustaffa. Er ließ den Blick auf die Brust sinken und begann zu singen.

»Was bedeutet dieses Lied?«, fragte ich.

»Das ist ein Lied der Jäger, ein Lied, das schon mein Vater als Kind in dieser Höhle gesungen hat«, sagte er und setzte das Lied fort, das in seiner Erinnerung nach und nach aufzuleben schien.

Ich lauschte dem Gesang und war gefesselt von seinen langsamen Harmonien. Das Lied schien die Erschöpfung und die Zufriedenheit nach der Rückkehr von einer einträglichen Jagd zu beschreiben und war wohl einst von denen gesungen worden, die bei der Jagd ihr Leben riskiert hatten.

Mustaffa erhob sich langsam und ging zum Ende der Höhle, wo die Decke zum Boden hin abfiel. Er legte sich auf den Rücken, holte eine kleine Flasche aus seiner Schultertasche und schabte irgendeine

Substanz von der Höhlenwand, vermutlich Schimmel, die er in die Flasche füllte. Er verschloss die Flasche mit einem kleinen Tuch und wickelte eine Schnur um den Flaschenhals. Dann stand er auf und verließ die Höhle. »*Twende*, Jemsi, lass uns gehen. Wir müssen fort von hier, ehe die Nacht anbricht. Es gibt keinen anderen Weg zurück, also müssen wir wieder an den Löwen vorbei. Sie sind jetzt noch gefährlicher, weil die Sonne den Himmel verlässt und sie bald auf Beutezug gehen werden. Ich hatte nicht damit gerechnet, dass in dieser Schlucht noch immer Löwen leben.«

»Was hast du von der Wand gekratzt, Mustaffa?«, fragte ich, als wir aus der steilen Schlucht hinauskletterten.

»Medizin für mein ungeborenes Kind. Ich habe geträumt, dass es tot geboren wird, wenn ich nicht Medizin von dem Ort hole, an dem die Mutter meiner Mutter starb. Halt dich an den kleinen Bäumen fest und zieh dich an ihnen hoch. Und achte auf Schlangen, wenn wir zu den Felsen kommen«, sagte Mustaffa und ging voraus.

EINE NACHT IN MANGOLA

Am späten Abend erreichten Mustaffa und ich ein Hadza-Camp außerhalb von Mangola. Der Schein mehrerer Feuer durchschnitt die Finsternis und war bereits zu sehen, bevor wir das entfernte Lachen und Singen hörten. Wir marschierten steile, mit kleinen Akazien bewachsene Hänge hinunter, die stufenweise in weitläufigen Savannen ausliefen, den letzten Hochebenen vor dem Eyasisee und den Oasen. Zwischen den Bäumen tauchte immer wieder das Flackern der Feuer in der Ferne auf. Mit den etwa acht Zentimeter langen Hörnern um den Hals fühlte ich mich sicherer. Die anstrengende und gefährliche Safari hatte mir Selbstvertrauen gegeben. Mustaffa und mich überkam ein Hochgefühl; vermutlich lag das daran, dass wir das Camp sahen und wussten, dass wir uns bald am Feuer ausruhen konnten. Voller Vorfreude begann Mustaffa laut zu lachen und erzählte mir eine Geschichte.

»Als ich einmal durch den Wald in der Nähe von Endamaghay ging, stieß ich auf eine Gruppe Suaheli, die Bananenwein tranken. Sie luden mich ein, mich zu ihnen zu setzen, und sagten: ›Wenn du uns etwas von deinem Honig abgibst, kannst du mit uns trinken.‹ Da ich ein großes Gefäß mit Honig bei mir hatte, war ich einverstanden. Wir tranken eine ganze Weile, bis die Männer aufbrachen. Ich hätte mich ebenfalls auf den Weg gemacht, wäre da nicht diese Frau gewesen, die mir gegenübersaß. Sie sah mich unentwegt an, rieb dabei ihre Hüften

Die Oase beim Camp am »Großen Baum«

an dem Baumstamm, auf dem sie saß, und sang ein Lied auf Sukuma, ihrer Muttersprache. Plötzlich stand sie auf, wirbelte herum, stützte sich mit den Händen auf den Stamm, auf dem sie gesessen hatte, und streckte mir ihre wackelnden Pobacken ins Gesicht. Sie hob ihren *kanga* hoch und sagte: ›*Haraka, haraka!* Schnell, schnell, besorg es mir, ehe mein Mann zurückkommt.‹ Also besorgte ich es ihr. Ich war fast fertig, da hörte ich die Männer zurückkommen. Ich wollte nicht aufhören, doch als sie die Lichtung betraten, wo wir getrunken hatten, blieb mir nichts anderes übrig. Also schnappte ich mir Bogen und Honig und verschwand im Wald. Ich hörte, wie sich die Männer und die Frau anschrien. Da ich die Sache noch zu Ende bringen wollte, schlich ich mich zurück und versteckte mich zwischen ein paar Büschen in der Nähe der Suaheli. Ich gab der Frau, die bei den Männern saß, ein Zeichen. Sie sah mich, sagte, dass sie kurz hinaus müsse, und kam zu mir in mein Versteck. Ich begann aufs Neue, doch sie fing an zu stöhnen: ›*Nataka asali yako, nataka asali yako*, ich will deinen Honig, ich will deinen Honig.‹ Sie war so laut, dass die Männer sie hörten und mir hinterherrannten. Ich entkam nur knapp und beschloss, dass es das Beste sei, zu meinem *nyumbani* zurückzukehren, nach Hause. Auf dem Heimweg sah ich eine junge Mangati beim Wasserholen. Ich rief sie zu mir und zeigte ihr meinen Honig. Sie war bereit, mir dabei zu helfen, die Sache zu Ende zu bringen, wenn ich ihr etwas von meinem ba-la-ko, meinem Honig, gab«, sagte Mustaffa mit einem Lächeln.

»Wusste die Mangati, wie man guten *jiggi* macht?«, fragte ich.

»*Ndiyo*, ja.«

Kurz bevor wir im Camp in den Feuerschein traten, warf Mustaffa einen Blick auf meine Halskette. »Andere Hadza werden diese Medizin spüren. Wenn sie böse Hadza sind und uns etwas antun wollen, wird es ihnen nicht gelingen, da uns die Medizin in den Hörnern beschützen wird«, sagte er und steckte mir die Halskette ins Hemd.

In Mzee Mateos Camp waren viele Hadza versammelt. Sabina nahm uns zur Begrüßung bei der Hand und führte uns zum Feuer. An einem der Bäume hing ein Büffelfell. Die Menschen im Camp feierten, schnitten Fleisch in Stücke und brieten sie in der Glut am Rand des großen, lodernden Feuers. Ein paar Jäger hatten einen Büffel erlegt und sein Fell und sein Fleisch ihren kleinen Kindern gebracht, die bei Mzee Mateos kräftiger Frau Segwita lebten. Viele der Kinder saßen auf dem Schoß ihrer Väter und spielten mit den vorgekauten Bissen. Adawan, der Jäger, der den Büffel getötet hatte, saß stolz neben Mzee Mateo. Er war ein großer Mann, dessen Bogen fast so groß war wie Mustaffas Bogen. Um meine Aufmerksamkeit auf sich zu lenken, rief er: »*Karibu*, willkommen!«, und warf mir ein Stück Fleisch zu. Seine Frau war im Jahr zuvor während der Regenzeit gestorben, nachdem sie über Magenschmerzen geklagt hatte. Seine Kinder lebten jetzt bei Segwita. Als Jäger war Adawan ständig unterwegs, er kam jedoch ein- bis zweimal im Monat hierher, um seine Kinder zu besuchen.

»Wo hast du den Büffel erlegt, Adawan?«, fragte ich ihn.

»In der Nähe von Endofridge. Ich sah ein Weißschwanzgnu, das am Rand des Seebeckens im Schlamm stecken geblieben war. Als ich mich ihm näherte, um es zu töten, entdeckte ich den Büffel an einem Wasserloch. Er hatte mich ebenfalls bemerkt, und so wie er dreinblickte, blieb mir nicht viel Zeit, um auf die nächstbeste Akazie zu klettern. Der na-ko-ma-ko rammte seine Hörner in den Stamm und verfehlte dabei nur knapp meinen Knöchel. Als er mich anstarrte, schoss ich ihm vom Baum aus einen Pfeil ins Auge. Er rannte brüllend vor Wut davon. Dann kam er wieder zurück, um mich zu töten, und ich schoss ihm einen zweiten Pfeil ins andere Auge und einen dritten ins Herz. Ich hätte sterben können, wenn das Gift nicht stark genug gewesen wäre. Noch zwei weitere Attacken des Büffels, und der Baum wäre umgefallen«, berichtete Adawan. Alle waren gefesselt von seiner Geschichte und starrten ihn an. Keiner der Männer am Feuer sagte auch nur ein Wort.

Nachdem Adawan fertig war, kam Sabina, der ebenfalls am Feuer saß, zu mir und flüsterte mir ins Ohr: »*Wengi wa Hadza, wengi kina dada*, Jemsi, es sind viele Hadza aus Sanola hier, viele Frauen. Lass

99

uns an den Feuern nach Frauen suchen. Wir könnten *pombe* kaufen und zum Camp am ›Großen Baum‹ gehen. Ich sage den Frauen, dass sie zu dir kommen sollen. Hier sind heute Abend zu viele Menschen. Okay?«

»*Hamna shida*, Sabina, von mir aus«, entgegnete ich.

Sabina lief davon. Fünf Minuten später kam er zurück und meinte: »*Twende*, lass uns gehen.«

Mustaffa rief Sabina auf Hadza zu, dass wir müde seien. Sie diskutierten eine Zeit lang, dann begann Mustaffa zu lachen. »Komm, Jemsi«, sagte er, »es ist besser, wenn wir zum Camp am ›Großen Baum‹ gehen. Wir können uns dort ausruhen.«

Kurz darauf marschierten etwa 20 Männer, Frauen und Kinder hinter Mustaffa, Sabina und mir her. Wir gingen zu einem Camp unter einer großen Akazie in der Oase, in dem ich mich normalerweise aufhielt, wenn ich in die Region von Mangola kam.

»*Mti mkubwa, Mti mkubwa, Mti mkubwa,* das Camp am ›Großen Baum‹«, sangen sie.

Das Camp am »Großen Baum« war eine alte Lagerstätte der Hadza und wurde später zu ihrem ersten Markt. In den Sechzigerjahren wurde der Markt jedoch an einen anderen Ort verlegt, und das Camp geriet schnell in Vergessenheit. Es befand sich auf einer Anhöhe in einem Sumpfgebiet und wurde von zahlreichen Fächerpalmen vom stetig wachsenden Ort Mangola abgeschirmt. Im Lauf der Zeit und unter dem Einfluss der Landwirtschaft hatte sich die Form der Oase verändert. Die Suaheli, Datoga und Mbulu, die in die Oase kamen, um Wasser zu holen, wussten nicht, dass wir uns dort aufhielten. Diese Privatsphäre war wichtig, sonst wären wir jeden Tag von Besucherscharen belästigt worden, die sich aufgrund meiner Hautfarbe Essen und Geld erhofften. Die Wege der Suaheli führten zu dem neuen Marktplatz. Sie wussten nichts von der Existenz unseres Camps und glaubten, die Bewässerungskanäle hätten den alten Marktplatz längst überflutet.

Ein junger Jäger

Die riesige Akazie, die auf der kleinen Insel im Sumpf stand, spendete uns reichlich Schatten. Sie vermittelte ein beruhigendes Gefühl von Schutz, und manchmal lebten Affen in ihren Ästen. Die Affen konnten ihr Interesse an Neuankömmlingen nicht verbergen, doch sobald sie bemerkten, dass Hadza unter ihnen waren, schrien sie in Panik auf, suchten von Ast zu Ast springend das Weite und entkamen nur knapp den Pfeilen. Vor mir hatten die Affen überhaupt keine Angst. Wenn ich mich alleine im Camp aufhielt, fraßen sie mir beinahe aus der Hand. Durch die Palmen wehte immer eine kräftige Brise und hielt die Moskitos fern. Nicht weit von der Akazie entsprang ein kleiner Bach mit Trinkwasser. Er war weder von den Kühen noch von den Eseln verseucht, die von den Hirten zum Trinken in die Oase getrieben wurden. Den ganzen Tag lang konnte man die irrsinnigen Schreie der Ziegen und Esel hören, wenn sie nach stundenlangem Grasen in der Hitze der Halbwüste, von der die Oase umgeben war, zum Wasser liefen.

Wenn ich in der vorzeitlich anmutenden Oase unter der Akazie saß, stellte ich mir oft vor, welche Scharen von wild lebenden Tieren es dort gegeben haben musste, ehe die Suaheli kamen und die Ortschaft Mangola gründeten. Die älteren Hadza kannten alle Legenden über die Oase: Geschichten von Flusspferdjagden und Rhinozerosangriffen, von Schlangen, die Frauen vertilgten, von Krokodilen und Löwenattacken. Stundenlang erzählten sie sich diese Geschichten am Feuer. Jetzt lebten nur noch wenige Leoparden in der Oase und stellten, abgesehen von den Giftschlangen, die einzige Gefahr dar. Alle anderen Tiere waren erlegt oder von dem wachsenden Ort auf der Westseite der Oase vertrieben worden.

Die Oase wurde Gor-o-fan genannt. Wir kamen alle paar Monate dorthin, je nachdem, auf welcher Route wir uns im Busch bewegten. Die Jäger wollten immer am Tag vor dem Markt dorthin zurückkehren. Dann kauften sie von dem Geld, das sie während unserer Safaris verdient hatten, Schuhe, *kangas*, Messer, Metall für Pfeilspitzen und Sonstiges, das ihren Familien nutzte, und natürlich auch *pombe*.

Ihre Ehefrauen, Freundinnen, Kinder und die alten Männer und Frauen blieben gewöhnlich während der wenigen Tage, die wir im Camp verbrachten, bei uns. Es gab immer Fleisch, und meistens gab es auch *pombe*, was jeder Hadza wusste. Also kamen alle Hadza aus der Gegend ins »*Mti mkubwa*«, ins Camp am »Großen Baum«, um zu tanzen, zu trinken, zu essen und von ihren Abenteuern im Busch zu berichten. Wenn wir aus dem Westen zurückkehrten, übermittelte Sitoti Botschaften von anderen Hadza, denen er begegnet war – von Hadza aus Sukuma und Matala, die sich nur selten in den Osten wagten. Viele kamen nur nach Mangola, um Neuigkeiten von ihren entfernten Verwandten zu erfahren, blieben jedoch, um an den Feierlichkeiten teilzunehmen.

Die Hadza aus der Gegend freuten sich, wenn wir nach Mangola zurückkehrten. Manch einer nahm den Tagesmarsch von Endamaghay und Sponga in Kauf, um unseren Tänzen beizuwohnen, die mit der Zeit legendär wurden, niemals geplant waren und so unvermittelt einsetzten wie ein jäher Windstoß. Je nachdem, wer anwesend war und welche Dynamik das Zusammenwirken entwickelte, dauerte ein Tanz eine halbe Stunde oder aber auch eine ganze Nacht. Sabina, Mustaffa, Gela, Localla, Sapo, Sitoti und Sindiko – die Jäger, die mich auf die langen Safaris mitnahmen – waren Anführer, Heiler, geschätzte Jäger und Sänger und konnten mit den Ahnen sprechen. Da sie manchmal monatelang von ihren Familien und Freunden getrennt waren, bereitete es ihnen große Freude, mit Geschichten im Gepäck und den Taschen voller Geld zurückzukehren. Wenn die staubigen, sonnengegerbten Jäger in der Oase bei Mangola eintrafen, verströmten sie eine explosive Energie – die Vorfreude auf die Ankunft hatte sich schon tagelang in ihnen aufgebaut.

Die letzte Nacht einer Safari verbrachten wir oft damit, uns auszumalen, was wir nach unserer Ankunft in Mangola tun würden: mit wie vielen Frauen wir *jiggi* haben würden und wie viel *pombe* wir trinken würden. Doch nach drei Tagen in Mangola legte sich die Aufregung und machte völliger Erschöpfung Platz. Alle beklagten sich, dass sie kein Geld mehr hätten, und die Frauen schimpften ihre Männer, weil sie sich wie Kinder benahmen. Somit wurde es wieder Zeit, sich auf die Suche nach dem inneren Frieden zu machen, den man nur im Busch findet. »Hier lebt ein *shetani mkubwa*, ein großer Dämon. Wir verfallen dem Wahnsinn und trinken uns zu Tode. Ich will nie wieder nach Mangola«, sagte Mustaffa jedes Mal. Ein oder zwei Monate später zog uns Mangola dann doch wieder in seinen Bann.

Der große Markt unter freiem Himmel fand am Fünften eines jeden Monats statt. Mbulu, Datoga, Sukuma, Chagga, Isanzu, Jita, Iramba, Langi und Suaheli sowie einige Masai-Frauen, die keine Angst vor den Datoga hatten – wenn die Männer ihres Stammes kamen, konnte es zu Handgreiflichkeiten kommen –, besuchten den Markt, um mit Kühen, Ziegen, Schafen, Eseln, Bullen, Messern, Pfeilen, Gift, Buschmedizin, Schlangenhäuten, wild lebenden Tieren, Nahrungsmitteln, Getränken, Tabak, Perlen, Radios, Pfannen und Schuhen aus Autoreifen zu handeln. Auf dem Markt wurde alles unter die Leute gebracht, was sich verkaufen ließ. Hadza aus der gesamten Region um den Eyasisee tauchten mit ihren Bogen aus dem Busch auf und handelten mit allem, was sie besaßen. Manche kamen jedoch nur, um zu trinken oder herumzusitzen und Geschichten zum Besten zu geben. Viele Hadza fanden sich erst in der Nacht nach Ende des Markts ein, wenn sich die Wildschweine aus der Oase wagten, um die vergessenen Überreste der geschlachteten Schafe und Kühe zu fressen. Die Wildschweine waren leichte Beute für die Jäger. Also kamen wir immer in etwa zur Marktzeit nach Mangola, entweder ein paar Tage vorher oder nachher.

Wenn wir erst nach Ende des Marktes nach Mangola kamen, warteten manchmal junge, unverheiratete Jäger auf uns. Sie hatten dann bereits Holz gesammelt, Feuer gemacht, im Camp aufgeräumt und alle Vorbereitungen zum Aufbruch getroffen, sich aber vor lauter Stolz auf ihre Arbeit schließlich doch dazu entschieden zu bleiben. Sobald wir aus dem Dickicht auftauchten und die Lichtung des Camps betraten, sprangen die jungen Jäger auf, um uns beim Abladen zu helfen. Einige liefen los, um Trinkwasser zu holen, während die anderen kichernd sitzen blieben und uns in gespannter Erwartung mit weit aufgerissenen Augen anstarrten. Das Trinkwasser, mit dem die jungen Männer kurz darauf von den Quellen zurückkehrten, war mit nichts zu vergleichen, vor allem nachdem man das meist schmutzige und mit Insekten verseuchte Wasser im Busch getrunken hatte. Meistens badeten wir als Erstes in dem kühlen, erfrischenden Bach in der Oase, der in ein paar hundert Metern Entfernung am Camp vorbeifloss. Die Strömung wusch den Staub mehrerer Wochen im Handumdrehen von unseren Körpern. Nach der Hitze der Halbwüste erschien der anfängliche Schock des kalten Wassers beinahe unerträglich, aber seine verjüngenden Kräfte waren unbeschreiblich und brachten einen zum Lächeln und zum Singen. Die Jäger konnten ihre Freude nicht verbergen – sie wuschen sich, plantschten und schnitten sich gegenseitig mit gebrauchten Rasierklingen, die sie in der Stadt gefunden hatten, oder mit ihren Messern die Haare.

Sitoti sprang oft nackt aus dem Bach und lief jungen Suaheli-Mädchen hinterher, die mit ihren Wasserkrügen vorbeikamen. Sie schrien in blankem Entsetzen auf, ließen alles fallen und rannten davon. Die Jäger fanden daran solchen Gefallen, dass sie Sitoti dazu anstachelten, wie ein Krokodil langsam auf die Datoga-Frauen zuzuwaten, die ihre Kleider wuschen, und dann aus dem Wasser zu schnellen. Im Schutz der Papyruszweige gingen wir vorsichtig flussaufwärts, bis wir die müden, alten Frauen und die jungen, hübschen Mädchen erspähten, die im Bach Kleider wuschen und ihre Wasserkrüge füllten. Wir schoben Sitoti vor, der noch einmal tief Luft holte, geschmeidig wie ein Fisch ins Wasser glitt und so weit wie möglich schwamm oder sich treiben ließ, ohne gesehen zu werden. Dann verschwand er unter der Wasseroberfläche. Ich erfuhr nie, wie er so gut schwimmen gelernt hatte.

Kurz darauf schnellte er inmitten der Frauen wie der Blitz aus dem Wasser, ruderte mit den Armen, bewegte heftig die Hüften und wackelte mit seinem Penis. Die Frauen brachen in Panik aus, rempelten sich gegenseitig um, fielen ins Wasser und schrien vor Verzweiflung und Entsetzen: »Der Wasserdämon!« Sitoti kreischte wie ein Pavian, und wenn er richtig in Fahrt war, sprang er die Frauen an, zerrte sie ins Wasser, besprang sie wie ein liebestoller Rüde und imitierte dabei naturgetreu die Laute wild gewordener Löwen. Das versetzte die Frauen in Angst und Schrecken, doch ehe sie die Möglichkeit hatten, sich zu wehren oder zumindest herauszufinden, mit wem sie es zu tun hatten, sprang Sitoti zurück ins tiefere Wasser und verschwand spurlos unter der Oberfläche. Die Frauen wagten es nicht mehr, ihre Kleider dort zu waschen, wo er sie angegriffen hatte. Innerhalb kürzester Zeit machte in Mangola das Gerücht vom »Wasserdämon« die Runde.

Auf dem Rückweg vom Baden jagten wir uns dann gegenseitig über geheime Pfade, die nur die Hadza kannten. Gewöhnlich war der Tee oder Kaffee bereits fertig, wenn wir ins Camp zurückkehrten. Ich hatte den jungen Männern zuvor beigebracht, wie man beides zubereitet.

Locallas Söhne

Eines Tages trafen einige ältere Hadza im Camp ein, während wir badeten. Die Männer und Frauen verbrachten ihre Zeit im Camp damit, Geschichten auszutauschen, zu essen und *pombe* zu trinken. Die alten Männer waren ausgezeichnete *askaris*, Bewacher des Camps, weil sie sich während der fünf Tage, die wir dort verbrachten, niemals entfernten. Sie schossen ein bis zwei Vögel am Tag, sammelten Feuerholz, fertigten Pfeile an, bauten Hütten oder spielten mit den Kindern. Häufig erhoben sie sich auch einzig zu dem Anlass, einen Tanz zu eröffnen, nachdem sie sich den lieben langen Tag ausgeruht hatten.

Im Lauf des Tages besuchten uns immer wieder Kinder im Camp. Ihre Mütter schickten sie zu uns, auch wenn sie selbst keine Lust mehr hatten zu kommen, weil sie wussten, dass die Kinder hier genug zu essen bekamen und sich immer jemand um sie kümmerte. Zusätzlich tauchten regelmäßig Sapos und Locallas Söhne auf, elf an der Zahl, im Alter zwischen zwei und vierzehn Jahren. Diese Jungen waren ziemlich wild, trieben immer ihre Späße mit den alten Männern und erlegten die verschiedensten Vögel und Affen. Den älteren Jungen gelang es immer wieder, Localla seinen frischen Vorrat an *bangi*, Marihuana, zu stehlen, was ihn fuchsteufelswild machte. Er versuchte jedes Mal, den Dieb ausfindig zu machen, und verfolgte die Jungen, die vor Freude schrien, da sie wussten, dass der gutmütige alte Localla keine echte Gefahr darstellte. Jeder Junge, den er erwischte, beteuerte seine Unschuld und machte einen anderen dafür verantwortlich. Localla glaubte ihnen immer und machte sich auf die Suche nach dem Beschuldigten. Die Jungen genossen es, Localla wütend zu machen, weil sie damit alle zum Lachen brachten. Wenn Localla den dritten Jungen geschnappt hatte, war sein Ärger meistens schon verflogen. Er hielt den Jungen dann einfach fest und begann ebenfalls zu lachen. Localla liebte seine Söhne über alles und legte großen Wert darauf, dass uns die älteren von Zeit zu Zeit auf den langen Safaris begleiteten. Er wusste, wie wichtig es war, dass die Jungen die Geschichten hörten und in die Geheimnisse der Jagd eingeweiht wurden. Ungefähr eine Stunde nach der Nervenprobe fand Localla sein *bangi* meistens wieder in seinem Lederbeutel, in den es auf mysteriöse Weise zurückgekehrt war, nachdem die Jungen genug davon geraucht hatten.

Wenn der Abend anbrach und die anderen abgelenkt waren, stahl ich mich manchmal mit zwei oder drei Jägern nach Mangola davon. Wir mussten uns heimlich entfernen, sonst wären uns alle gefolgt. Es vergingen mehrere Stunden, bis die anderen unser Fehlen bemerkten. Am liebsten ging ich zu Mama Ramadan. Sie wohnte in einer kleinen Bretterbude, die aus einem Schlafzimmer und einem L-förmigen Raum mit einem wackeligen Tisch bestand, in dem sich die Bar befand. In ihrer »Kneipe« verkaufte Mama Safaribier, das mit Lastwagen aus Karatu kam. Mama war eine groß gewachsene, grobknochige Mbulu-Lady und hatte vier Kinder. Sie liebte die Hadza und hegte ihnen gegenüber keinerlei Vorurteile. Jedes Mal, wenn wir aus der dunklen Nacht dort auftauchten und eintraten, verschlug es ihr bei meinem Anblick den Atem.

»Mein Gott, Jemsi, du hast schon wieder abgenommen«, lautete eine typische Begrüßung.

Sie war äußerst streng mit den Hadza und befahl ihnen immer, Pfeil und Bogen vor der Tür abzulegen. Die Mbulu, die drinnen tranken, standen meistens auf und gingen, aus Furcht vor dem ziemlich wild aussehenden hellhäutigen Kerl mit seinen zehn bis fünfzehn Halsketten und seinem Bogen. Noch mehr Angst machten ihnen allerdings die kräftigen Jäger an meiner Seite, die sie nicht oft aus nächster Nähe zu sehen bekamen. Auf den »modernen« Tansanier wirken die Hadza exotisch, fremd und unergründlich. Oft saßen Kartoffelverkäufer bei Mama Ramadan und tranken warmes Safaribier, um sich von den Strapazen ihrer langen Touren über schreckliche Straßen zu erholen. Sie waren in den Straßen von Arusha aufgewachsen und fuhren jetzt die Lastwagen der indischen Kaufleute, mit denen sie in Mangola Tonnen von Kartoffeln und Zwiebeln abholten. Wenn die Jäger und ich den Raum betraten, schienen sie völlig verwirrt – fasziniert von den Jägern und schockiert über meinen Anblick. Manchmal brachen sie in Gelächter aus, ein anderes Mal wurden sie völlig still. Nachdem sie uns eine halbe Stunde lang beobachtet hatten, luden sie die Jäger und mich meistens auf Getränke ein, lernten die Lieder der Hadza und erkundigten sich nach Tieren, Geistern und dem Busch. Wenn sie mir Fragen stellten, erzählte ich ihnen einfach, dass ich ein Hadza-Albino war und einen deutschen Vater hatte. Die Hadza bestätigten das, und damit war die Sache erledigt.

Den Männern aus Arusha fehlte bereits seit zwei oder drei Generationen die Beziehung zu ihrem Volk und ihrer Kultur. Sie schienen sich nach etwas zu sehnen, das sie sich nicht erklären konnten, nach der Nähe zu ihrem Land. Mit den Hadza zu sprechen ermöglichte ihnen, dieser Sehnsucht Ausdruck zu verleihen. Andere Barbesucher dagegen hassten die Hadza gerade aus diesem Grund: Durch die Jäger wurden sie an etwas erinnert, das sie nicht verstanden, an etwas, das sie in der Seele schmerzte, an eine Leere, die es zu füllen galt. Sie fühlten sich unwohl und gingen unmittelbar zum Angriff gegen die Hadza über, nannten sie Paviane und verschwanden dann schnell durch Mama Ramadans niedrige Eingangstür in der Nacht.

Am ersten Abend nach unserer Rückkehr von der Löwenhöhle verbrachten wir ein paar Stunden im Camp am »Großen Baum«, aßen Büffelfleisch und tanzten. Mustaffa, Sabina, Sitoti und ich entschlossen uns, Mama Ramadan heimlich einen Besuch abzustatten. Sitoti überredete uns aufzubrechen, indem er behauptete, er sei davon überzeugt, dass die große Akazie in dieser Nacht umstürzen werde. Viele der größeren Akazien waren in diesem Jahr umgestürzt, nachdem sie von irgendeiner Insektenart befallen worden waren, aber es war höchst unwahrscheinlich, dass der »Große Baum« umfallen würde. Sitotis Argumente waren dennoch überzeugend. »Wir werden alle im Schlaf zerquetscht. Wir könnten zu Mama Ramadan gehen und dort schlafen.«

»*Siyo kweli, Sitoti antaka kumtia Mama*, das ist nicht wahr, Sitoti will es Mama besorgen«, sagte Sabina.

»Nicht der Baum wird fallen, Sitoti, sondern Mama. Du magst Mama Ramadan, Sitoti, stimmt's?«, fragte ich ihn.

»*Ndiyo*, ja. *Ndiyo, ndiyo, ndiyo, ninapenda mkubwa*, ich mag die große Mama«, sagte Sitoti und kicherte. Er war wirklich ein kleiner

Teufel. Dann verfiel er in einen wilden, urtümlichen Vogeltanz. Er rief: »*Ndiyo nataka*, ja, ich will!«, und holte dabei tief und rhythmisch Luft.

»*Ndiyo nataka, ndiyo nataka stu-stu, ndiyo nataka stu-stu.*« Sofort begannen Mustaffa und Sabina die Schultern zu bewegen, ergriffen von der Intensität von Sitotis unvermitteltem Energieschub. Etwa 30 Sekunden lang befanden sie sich in einem Zustand, der weit mehr war, als nur ein plötzlicher Impuls, und gaben sich einem natürlichen, fließenden Tanz hin, mit dem sie die Macht ihrer Libido feierten und ihrer Dankbarkeit für die Kraft, die diese ihnen gab, Ausdruck verliehen. Als sie fertig waren, brachen wir alle in Gelächter aus und liefen den Pfad zu Mamas Hütte entlang.

Wieder einmal war Mama schockiert zu sehen, wie dünn ich geworden war, und forderte uns sofort auf, uns zu setzen. Sie wirbelte rasch ihren massigen Körper herum und verschwand summend in ihrer Kombination aus Schlafzimmer und Küche, wo sie ihre Töchter herumkommandierte. Die »Schlafküche« verbarg sich hinter einem pinkfarbenen Tuch, das die nicht vorhandene Tür ersetzte. Bald darauf kam Mama schwungvoll mit fünf großen Tellern mit Bohnen in Lammbrühe zurück. Als sie unter dem Tuch hindurchstürmte, blieben die Teller völlig ruhig auf ihren dicken Unterarmen stehen, die denselben Umfang hatten wie ihr Hals. Sie stellte die Teller auf den wackeligen Tisch und befahl uns zu essen. Plötzlich schrie sie auf und verabreichte Sitoti mit einer blitzschnellen Armbewegung einen Schlag. Er fiel wie eine Stoffpuppe von der Bank und krachte gegen die Wand. Dann richtete er sich langsam wieder auf, rannte zur Tür hinaus und verschwand, ohne einen Ton zu sagen, in der Nacht. Mustaffa und Sabina schenkten der Angelegenheit wenig Beachtung, da sie zu sehr mit dem Essen beschäftigt waren.

»Was hat er denn getan, Mama?«, erkundigte ich mich.

»*Sitoti mbwa ndogo*, er ist ein mieser, kleiner Köter«, erwiderte sie. »Sei still und iss. Wenigstens bist du ein guter Junge.«

»Warum ist Sitoti so schnell davongelaufen, Sabina?«, fragte ich.

»Er weint.«

»Was?«

»Er weint. Jedes Mal, wenn ihn jemand schlägt, weint er und schämt sich vor den anderen. Er kommt schon wieder zurück. Heute Abend wird er bestimmt nicht mehr versuchen, Mama zwischen die Beine zu fassen.«

Da ich bereits vom Büffelfleisch satt war, verzichtete ich auf die Bohnen. Mama Ramadan öffnete drei Flaschen Safaribier und stellte jedem von uns eine hin. Dann setzte sie sich und trug einer ihrer Töchter auf, ihr eine Flasche *konyagi*, süßen Likör, zu bringen.

»Willst du heute Abend noch so richtig einen draufmachen, Mama?«, fragte ich.

»*Hapana*, nein, ich habe Halsschmerzen. Der *konyagi* ist gut gegen Halsschmerzen«, erklärte sie und warf mir einen beleidigten Blick zu. »Warum isst du nichts, Jemsi?«

»Ich habe vorher Büffelfleisch gegessen und bin *nimeshiba sana*, völlig satt«, sagte ich und kostete ein paar Bohnen. »Die sind aber lecker! Mein Gott, hätte ich bloß kein Büffelfleisch gegessen.«

Mama Ramadan lächelte verlegen, griff nach meinem Teller und zog ihn zu sich. Dann lächelte sie abermals und schlang die Bohnen in ein paar Sekunden hinunter. Den leeren Teller drückte sie ihrer dürren, zerbrechlichen Tochter in die Hand, die hinter ihr im Kerzenschein stand.

Wir saßen eine Weile beisammen und unterhielten uns auf Hadza und Suaheli über die Safari, ehe der Alkohol seine Wirkung zeigte. Die anderen Hadza waren noch nicht eingetroffen; sie wussten, dass ich nach ein paar Stunden bei Mama Ramadan spendabler wurde.

Mama stand immer wieder auf, sah zum Fenster hinaus und verscheuchte die Trunkenbolde aus der Stadt, die sich an ihre Fenstergitter klammerten, um etwas zu trinken bettelten und dabei wie irrsinnig vor sich hin murmelten. Wenn sie nicht gehen wollten, holte sie ihren großen Stock und lief nach draußen, um sie davonzuprügeln. Sie versteckten sich dann so lange in irgendwelchen dunklen Ecken, bis sie glaubten, es wieder riskieren zu können zurückzukommen. Es war wirklich schauerlich, aufzublicken und zu sehen, wie einen diese gespenstischen, harmlosen Irren anstarrten und mit ihren Blicken bettelten.

Wenn Mama *konyagi* trank, stellte sie alle möglichen Fragen, meist jedoch immer dieselben über Amerika. Irgendwie hatte Mama Ramadan eine amerikanische Modezeitschrift für »stattliche Frauen« in die Finger bekommen. Sie holte die Zeitschrift oft hervor, um mir die Models zu zeigen, die mit texanischen Cowboystiefeln und Cowboyhüten über den Laufsteg marschierten. Die Hadza scharten sich dann immer um sie, machten Bemerkungen über die Hüte der Frauen und fragten mich, ob ich ihnen nicht allen welche besorgen konnte. In dem Bericht zu den Fotos ging es um ein berühmtes afroamerikanisches Cowgirl, das Rodeochampion war und den Weltrekord im Bullenreiten innehatte. Die Bilder von den Models auf dem Laufsteg und der Rodeoreiterin brachten Mamas Fantasie heftig in Wallung. Selbstverständlich stieg ich voll darauf ein und erfand exotische Abenteuergeschichten über weltberühmte Cowgirls, die in Raumschiffen umherflogen und über Tausende von Liebessklaven verfügten. Die Hadza bestätigten meine Geschichten und nickten, um deren Glaubwürdigkeit zu untermalen. Manchmal fügten sie ihre eigene Interpretation hinzu; angeblich beruhten diese auf anderen Geschichten, die ich ihnen im Busch erzählt hatte. Manch einer behauptete sogar, das Cowgirl sei seine Freundin gewesen, als er mich in Amerika besucht hatte. Das glaubte Mama Ramadan allerdings nicht.

Nachdem ich das erste Mal bei Mama Ramadan meine Geschichten zum Besten gegeben hatte, waren die Hadza völlig fasziniert und stellten mir anschließend im Camp unzählige Fragen. Ich erzählte ihnen, dass ich alles erfunden hatte; ein Körnchen Wahrheit stecke zwar darin, allerdings nicht viel. Von diesem Abend an beteiligten sie sich an dem Spiel mit der Übertreibung. Wir alle erfanden Geschichten, knüpften daran an, was der andere gesagt hatte, und ließen Mama Ramadan schließlich in ekstatischer Begeisterung über Amerika zurück. Wenn Mama Ramadan von den Geschichten völlig überwältigt war, gab sie uns Bier aus oder vergaß, das Essen zu berechnen. Unsere Übertreibungen zeigten ebenfalls Wirkung, wenn die Männer aus Arusha den Hadza Fragen stellten. Ich spielte stets eine wichtige Rolle in ihren Lügengeschichten. »Ist das tatsächlich wahr?«, fragten mich die Männer aus Arusha oft. Sie wollten die Geschichten glauben und flüsterten sich zu, dass der *mzungu*, der weiße Mann, die Wahrheit sagen würde. »*Kweli*, natürlich ist es wahr«, erwiderte ich dann. »Die Hadza sagen euch immer die Wahrheit. Ihr müsst Pavianscheiße essen und euch Petroleum auf die Eier schmieren, wenn ihr wollt, dass euer Schwanz so groß wird wie der eines Elefanten.«

Nach dem dritten oder vierten Bier begannen die Jäger immer zu singen und zu tanzen. Weitere Hadza kamen aus der Nacht herein, und innerhalb von ein oder zwei Stunden waren ihr Gesang und ihr Tanz in ganz Mangola zu hören. Die Lieder schwebten zum Fenster in die nächtliche Stille hinaus. Mama Ramadans Kneipe kam einem vor wie ein Schiff in einem großen Meer aus Nacht und Sternen. Manchmal flehte sie uns nach vier oder fünf Stunden an zu gehen: Es sei an der Zeit, sagte sie, dass sie sich schlafen legte. Wenn ihr jedoch nach Feiern zumute war, ging die Party weiter, bis das Bier ausging und ich mein ganzes Geld ausgegeben hatte. Dann stürmten wir nach draußen und machten uns unter den Palmen, die im Mondlicht ihre Schatten warfen, singend und tanzend auf den Rückweg ins Camp am »Großen Baum« in der Oase.

Eines Abends, als wir Mama Ramadan von den Abenteuern des Cowgirls erzählten, kam ein großer, hagerer Datoga herein, gefolgt von zwei anderen, die Speere mit langen Spitzen bei sich trugen. Um die Augen hatte er kreisförmige Narben. »Lasst eure Speere draußen!«, schrie Mama. Der große Mann sah aus, als hätte er Aids. Er befolgte Mamas Anweisung und reichte seinen Speer den jüngeren Männern, die durch die Tür nach draußen verschwanden. Dann starrte er mich an.

»Was gibt's denn da zu glotzen?«, fragte ihn Sabina.

»Nichts, Sir, *humna shida, bwana*«, entgegnete der große Mann mit erstaunlich sanfter Stimme, die seiner fürchterlichen Erscheinung in jeder Hinsicht widersprach. Er wandte sich ab und suchte sich ein paar freie Plätze auf der anderen Seite des Raums. Die beiden Datoga-Krieger kamen wieder herein. Sie hatten sich herausgeputzt und trugen ihre traditionelle Tracht. In ihr Haar waren Perlen und silberfarbene Metallteile geflochten, ihre mageren Körper steckten in roten Roben, und an ihren Hüften baumelten lange Dolche. Mama Ramadan ging zu ihnen und servierte ihnen Safaribier. Die beiden jüngeren Männer hatten ebenfalls kreisförmige Narben um die Augen. Der große, hagere Mann war deutlich älter, und die Art und Weise, wie er die beiden jüngeren herumkommandierte, ließ darauf schließen, dass er eine wichtige Position innehatte. In diesem Moment kamen Sapo, Localla, Mzee Mateo, Mzee Wapo, Adawan, Mama Segwita und ungefähr zehn andere Hadza aus dem Camp und drängten sich in den kleinen Raum. Wir bemühten uns, ihnen an dem langen Tisch Platz zu machen. Mzee Mateo spürte, dass Mama Ramadan gereizt war, und schickte die jüngeren Jäger und die Frauen hinaus. Der Raum war bereits zum Bersten voll. Mzee Mateo hatte sein eigenes *pombe* mitgebracht. Kaum hatte er die Flaschen unter seinem Hemd hervorgeholt, schon begann das Singen und Tanzen. Bald darauf hüpften alle singend umher. Mama Ramadan wollte die ausgelassene Stimmung nicht stören und versteckte die Pfeile und Bogen, die von den Jägern versehentlich mit hereingebracht worden waren, in ihrem Schlafzimmer – man wusste schließlich nie, was passieren würde, wenn Hadza und Datoga aufeinander trafen. Die Datoga waren von der Energie des Tanzes so überwältigt, dass sie sich anschlossen und zu den Liedern der Hadza ihren traditionellen Hüpftanz vollführten. Sitoti stürzte aus der Dunkelheit in den Raum und führte seinen Vogeltanz vor. In dem ganzen Durcheinander spürte ich den sanften Druck einer schmalen Hand auf meiner Schulter. Ich blickte auf und sah, dass mich der schlanke Datoga anlächelte. »Komm mit mir nach draußen«, forderte er mich auf und ging zur Tür hinaus.

»Sabina, *twende*, lass uns gehen. Dieser Mann möchte sich mit mir unterhalten.«

Sabina nahm seinen Bogen, den er vor Mama Ramadans wachsamen Augen unter dem Tisch versteckt hatte. Er war immer in der Nähe seines Bogens und mochte nicht, dass ihn irgendjemand anfasste, vor allem keine Frau. Die Enden seines Bogens waren mit Löwenfell umwickelt.

Die Nacht verschluckte uns, und die Sterne schienen vom riesigen Himmelszelt zu fallen. Es war so dunkel, dass man nur drei oder vier Schritte weit sehen konnte. Plötzlich spürte ich eine kalte, gespenstische Hand am Ellbogen. Etwas verängstigt drehte ich mich um.

»Was willst du von mir?«, fragte ich forsch, da ich dachte, dass der dürre Datoga nur Geld haben wollte, um sich etwas zu trinken kaufen zu können. Ich hatte schon so oft ähnliche Situationen erlebt. Die Leute waren freundlich zu mir, riefen mich zu sich nach draußen oder in eine stille Ecke und machten dabei ein Gesicht, als bedeutete es den Weltuntergang, wenn ich ihrem Anliegen kein Gehör schenkte. Meistens baten sie mich höflich – es sei denn, sie waren offensichtlich Alkoholiker oder Bettler – und erfanden irgendeine lange Geschichte, warum sie unbedingt ein Bier brauchten, ein Auto, neue, knöchelhohe Tennisschuhe oder einen Fotoapparat. Nur wenige wollten etwas tauschen oder verkaufen, wogegen wirklich nichts einzuwenden ist. Eines Abends zog mich eine Frau beiseite und knöpfte ihre Bluse auf. Sie hatte sich den Stoßzahn eines Elefanten an den Körper gebunden, der ihr von den Brüsten bis in den Schritt reichte. Der Anblick war unglaublich erotisch. Sie bat mich, den Stoßzahn zu kaufen, weil ihre Kinder krank seien. Ich glaubte ihr, wies sie jedoch darauf hin, dass sie der Verkauf des Stoßzahns ins Gefängnis bringen konnte. Sie sagte, ihr Mann habe den Stoßzahn von einem Elefanten, der im Busch auf natürliche Weise verendet war. Ihr Mann war mittlerweile tot.

»Kauf mir ein Bier«, sagte ein anderes Mal ein Mann zu mir.

»Das würde ich gerne, aber ich habe heute noch nichts gegessen und seit Wochen kein Bier mehr getrunken. Ich habe kein Geld«, erwiderte ich.

Der Mann bot mir an, bei ihm zu wohnen. Ich nahm sein Angebot an und half ihm, seine Farm im Süden Tansanias zu bestellen. Er wurde einer meiner besten Freunde. Vermutlich überstieg die Großzügigkeit derer, die mich um etwas baten, die meine in den meisten Fällen, gesetzt den Fall, die Situation wäre umgekehrt gewesen.

Der große Mangati überredete uns, ihm durch die Nacht zu folgen, indem er erklärte, dass mich jemand zu sprechen wünschte. Sabina riet mir davon ab zu gehen, doch der Mangati hatte mich neugierig gemacht. (Mangati ist der Name, den die Masai den Datoga gegeben haben, und bedeutet so viel wie »geschätzter Feind«. Vor ungefähr 150 Jahren fand im Ngorongoro-Krater eine Schlacht statt, aus der die Masai als Sieger hervorgingen. Anschließend vertrieben sie die Datoga in die tiefer gelegenen Gebiete.)

Nach einem zwanzigminütigen Fußmarsch kamen wir bei einem großen Affenbrotbaum außerhalb des Ortes an. Neben dem Baum saßen drei Männer am Feuer. Als wir in den Feuerschein traten, stieß der große Mangati einen seltsamen Schrei in seiner Muttersprache aus. Ein riesiger Mann am Feuer sagte auf Suaheli: »*Karibu*, willkommen.«

Der große, hagere Mangati ging zu ihm und half ihm aufzustehen. Anschließend kam der Koloss auf uns zu, um uns zu begrüßen. Er war ein Ungetüm von einem Mann, über zwei Meter groß und schätzungsweise vier Zentner schwer. Seinen Körper hatte er in ein kompliziert gemustertes Tuch gehüllt. Er stützte sich auf einen dicken, elfenbeinernen Gehstock und hatte weißes Haar. Im Feuerschein wirkte er ziemlich furchteinflößend. Als er mich mit den Augen grüßte, schlängelte sich sein rechter Arm unter dem Tuch hervor. Er schüttelte mir jedoch nicht die Hand, sondern tätschelte sie mir wie einem Kind und gab mir ein Zeichen, Platz zu nehmen.

Sabina und ich setzten uns sofort hin. Der riesige Mann flößte uns Respekt und auch ein wenig Angst ein. Am Feuer saßen noch zwei andere ältere Mangati, die uns keines Blickes würdigten. Sie hatten beide eine Flasche *pombe* auf dem Schoß. Sabina beugte sich zu mir herüber und flüsterte: »*Wachawi*, Zauberer.«

Die Stimme des Kolosses klang wie ein Bellen und hallte in seinem ganzen Köper wider. Er drehte sich um und sagte etwas in seiner Muttersprache zu den anderen. Einen Moment lang herrschte Stille. Dann reichte uns einer der Alten eine Flasche *pombe*. Sabina nahm sie und bedankte sich auf Mangati. Der andere holte ein kleines Glasgefäß hervor, aus dem er irgendeine pulverförmige Substanz auf die Oberseite seines Daumens schüttete. Er saugte sie durch die Nase ein und fuhr zusammen. Dann fasste er sich wieder, schüttete noch mehr von dem Pulver auf seine Hand, beugte sich zu mir herüber und hielt sie mir hin. Ich warf Sabina einen Blick zu.

»Tum-bac-tay-o, Tabak für die Nase. Das ist schon in Ordnung, Jemsi«, meinte Sabina.

Der Koloss stand die ganze Zeit über regungslos da und sah mit einem Lächeln in seinem gewaltigen Kürbisgesicht auf mich herab. Als ich das Pulver schnupfte, wurde ich beinahe ohnmächtig. Ich zuckte zusammen und musste heftig husten. Der Schnupftabak brannte in meiner Nase.

Der riesige Mangati brüllte vor Lachen. Sein großer, hagerer Sprecher lief auf mich zu, klopfte mir auf den Rücken und nahm meinen Kopf in beide Hände. »Es tut uns Leid. Es tut uns Leid, dass deine Nase jungfräulich ist«, sagte er.

Der riesige Mann gab irgendwelche Anweisungen, worauf der Sprecher meinen Kopf losließ und dem Mann half, sich hinzusetzen. Der Koloss rutschte hin und her, bis er eine bequeme Sitzposition auf seinem Kuhfell gefunden hatte, und eröffnete die Versammlung.

Er befahl dem Sprecher, sich zwischen uns zu setzen und seine Fragen, die er in seiner Muttersprache stellte, für mich ins Suaheli zu übersetzen. Ehe er zu sprechen begann, holte er ein kleines Glas hervor, goss etwas Korn-*pombe* hinein und stürzte es hinunter. Anschließend füllte er das Glas erneut und reichte es mir. Er ließ mich nicht aus den Augen und betrachtete mich, als wollte er mein Wesen bis ins letzte Detail ergründen. In der Dunkelheit nahm ich seine

Präsenz und seine Aufmerksamkeit deutlicher wahr als seinen Blick. Ich war froh, dass es dunkel war und ich seine beunruhigenden Augen nicht sehen musste. Als er mit dem Sprecher redete, gestikulierte er wild mit seinen riesigen fleischigen Händen. Während der Sprecher die Fragen anschließend übersetzte, fuhren die Hände und Finger mit ihrem Tanz fort. Der Koloss wirkte auf mich wie ein wahnsinniger Dirigent eines Symphonieorchesters.

»Hast du ein Gewehr?«, wollte der Sprecher von mir wissen.

»Nein, ich habe kein Gewehr.«

»Hattest du jemals ein kleines Gewehr?«

»Ja«, entgegnete ich. Der Sprecher übersetzte meine Auskunft für den riesigen Mann und wartete geduldig auf dessen Antwort, ehe er sich wieder zu mir umdrehte. »Er hat geträumt, dass du dein Gewehr verloren und nach ihm gesucht hast.«

»Ich habe das Gewehr nicht verloren.«

Das Lächeln des Sprechers verschwand. Er übermittelte auch diese Nachricht. Die beiden alten Mangati lehnten sich vor, um mithören zu können. Der riesige Mann rückte seinen gewaltigen Leib auf dem Kuhfell zurecht und fuchtelte wild mit den Händen. Sein pfeifender Atem verlangsamte sich. Er nahm die Flasche, füllte das Glas und stürzte den Inhalt in einem Zug hinunter. Dann füllte er es erneut und reichte es mir. Ich benötigte ungefähr vier Anläufe, um es zu leeren. Anschließend füllte er das Glas noch einmal und reichte es Sabina, der es ebenso schnell wie der riesige Mann austrank. Daraufhin schnappte sich der hagere Sprecher das Glas und wollte es ebenfalls gefüllt haben. Der riesige Mann sagte irgendetwas auf Mangati. Der Sprecher schien ihn anzuflehen, konnte ihn jedoch nicht erweichen. Als der hagere Mann die beiden Alten um einen Schluck *pombe* bat, verabreichte ihm der riesige Mann blitzschnell einen Schlag auf den Kopf, der ihn zu Boden warf. »Mein Sohn hat den Körper einer Frau, er trinkt zu viel«, sagte der Zauberer in gebrochenem Suaheli. Er meinte den Sprecher.

Dann wollte er noch etwas hinzufügen, hielt jedoch mitten im Satz inne. Er lehnte sich zurück, beugte sich wieder vor und stieß einen monströsen Rülpser aus, der beinahe das Feuer löschte. Sabina und ich mussten lachen. Das schien dem riesigen Mann nicht zu gefallen. Sein Gesicht sah verzerrt aus, nachdem er gerülpst hatte. Ich entschuldigte mich rasch, dass wir gelacht hatten, sagte, dass sein Rülpser die Kraft einer Lastwagenhupe gehabt hätte und dass nur die stärksten Männer so rülpsen könnten. Der Koloss kicherte. Ich fügte hinzu, dass solche Kraft die Frauen beglücken musste. Plötzlich half der riesige Mann dem Sprecher auf und schenkte ihm ein halbes Glas *pombe* ein. Der hagere Mann nahm das Glas mit zitternder Hand und leerte es in einem Zug. Daraufhin kam wieder Leben in ihn. Der riesige Mann flüsterte ihm etwas in der seltsam klingenden Sprache Mangati ins Ohr.

»Hast du eine Frau?«, fragte mich der Sprecher.

»Nein«, antwortete ich.

»Möchtest du eine Frau?«

»Nein.«

»Warum hast du keine Frau?«

»Ich bin jung, und mein Leben verläuft nicht in geregelten Bahnen. Ich habe weder Zeit noch Geld für eine Frau. Ich bevorzuge viele Frauen.«

»Der alte Mann hat geträumt, dass das Gewehr unter deinem Bett versteckt ist. Wenn du ihm ein Auto gibst, gibt er dir seine Tochter.«

»Sag ihm, dass ich für ein Auto vier Töchter brauche. Mein *mboo*, mein Penis, ist sehr hungrig und wäre mit einer Tochter nicht zufrieden«, sagte ich.

Als der Sprecher übersetzte, schüttelte sich der riesige Mann vor Lachen. Je lauter er lachte, desto heftiger wurde das Schwindelgefühl, das ich mit einem Mal empfand. Irgendwann konnte ich mich nicht mehr zurückhalten und musste mich ins Feuer übergeben. Ich hatte das Bedürfnis, mich hinzulegen. Auf den Gesichtern der Alten zeichnete sich Entsetzen ab, nur der riesige Mann lachte weiter.

»Er hat eine jungfräuliche Nase, und Tabak macht ihn krank. Wenn er vier meiner Töchter haben will, muss er mehr Tabak schnupfen«, sagte er und lachte noch lauter.

»Komm, du kannst bei mir schlafen, aber zuerst müssen wir noch *pombe* besorgen.«

»Das geht nicht, trotzdem vielen Dank«, sagte ich und übergab mich abermals heftig.

»Jungfräuliche Nase«, gluckste der riesige Mann.

Sabina schien meine Unruhe zu spüren, half mir auf und erklärte dem Mangati-Zauberer höflich, dass ich von einer langen Safari mit einem Insekt im Magen zurückgekehrt war. »Es ist das Beste, wenn Jemsi ein Stück zu Fuß geht«, sagte er.

Die Alten stimmten zu, doch der riesige Mann rief: »Halt!« Er befahl dem Sprecher, ihm aufzuhelfen, klopfte sich ab und sah mich an, während er wieder wild gestikulierte. Seine Stimme klang leise, geheimnisvoll poetisch und weich, als er in einem sanften Tonfall zu sprechen begann. »Ich habe etwas für dich«, sagte er und griff unter sein Tuch. Er bewegte seinen mächtigen Leib auf mich zu. Seine Hand schoss unter dem Tuch hervor und umschloss die meine. Er sah mich mit seinen wässrigen Augen an. »Ich werde dir die Geheimnisse des Regens verraten. Bitte besuche mich in einer Woche in meiner *mboma*.« Dann steckte er mir vorsichtig einen Ring an den Mittelfinger und lächelte. Ich blickte nach unten und sah zu meinem größten Erstaunen den Ring, den mir meine Schwester gegeben hatte. Ich hatte ihn zwei Jahre zuvor im Busch verloren. Verblüfft starrte ich den riesigen Mann an.

»Du hast zu viel Mangati-Tabak genommen. Ich werde dich lehren, die richtige Menge zu nehmen. Der Tabak wird dich für die Frauen stark machen.«

Sabina packte mich am Arm und schob mich in die Nacht.

»*Kwaheri*, auf Wiedersehen«, sagte ich.

»Er ist ein *mchawi*, ein Zauberer, und ein *mganga*, ein Heiler. Ein *mchawi* belegt andere mit Flüchen, um sie zu verletzen oder zu töten. Ein *mganga* ist jemand, der die Menschen von diesen bösen Flüchen befreit. Der Riese ist beides zugleich. Er ist ein mächtiger Zauberer und kann den Regen beeinflussen«, flüsterte Sabina, als wir uns auf den Rückweg nach Mangola machten.

Nach unserer ersten Unterhaltung traf ich den *mganga* noch einige Male. Einmal aßen Mustaffa, Sabina und ich in seiner *mboma* zu Abend. Als wir ankamen, lag er auf einem riesigen Kuhfell und forderte uns auf, ebenfalls Platz zu nehmen. Eine Stunde lang lagen wir einfach nur da und starrten die Sterne an; er schwieg, also schwiegen auch wir. Schließlich schnitten einige seiner zahlreichen jungen Söhne mehreren Hühnern die Köpfe ab, und er forderte uns auf, uns zum Essen zu erheben. An jenem Abend unterhielten wir uns darüber, warum die Bäume gefällt wurden und das Wasser in der Oase von Zwiebelpestiziden verseucht war. Das Thema lag ihm sehr am Herzen, und er glaubte, dass mit den Bäumen auch alles andere ein Ende finden würde. Er wollte eine große Versammlung aller Mangati einberufen und sie davor warnen, weitere Bäume zu fällen. Er sagte, er hätte alles unternommen, was in seiner Macht stünde, um es regnen zu lassen, da seit drei Jahren Dürre herrschte und die Viehherden seines Volkes verhungerten. »Der Regen wird kommen, aber meine Bemühungen haben mich müde gemacht, weil bereits so viele Bäume gefällt wurden. Bäume helfen mir dabei, Regen zu machen.«

Eines Morgens, als ich mit mehreren Jägern auf Safari gehen wollte, kam der Sprecher des Heilers in unser Camp und wollte mich sprechen.

»Ihr dürft nicht in den Busch gehen, ohne Benzin zum Feuermachen mitzunehmen. Der Regen wird bald kommen«, sagte der Sprecher und setzte sich, um Tee zu trinken.

Der alte Mann sollte Recht behalten. El Niño schlug mit voller Wucht zu, und ohne Feuer wäre das Leben äußerst unkomfortabel gewesen. Während wir auf Safari waren, stellte Benzin die einzige Möglichkeit dar, ein Feuer zu entfachen, da das Holz völlig durchnässt war.

Man erzählte sich, dass der *mganga* nachts oft mit den Bäumen sprach. Viele glaubten auch, dass er sich unsichtbar machen, seine Hände in Schlangen verwandeln oder in die Gestalt eines Falken schlüpfen konnte, um dafür zu sorgen, dass sein Vieh gut bewacht wurde. Wenn man die Absicht hatte, jemanden zu verletzen oder zu töten,»sollte man lieber einen guten Grund dafür haben«, sonst verwandelte er einen in Kuhmist, den er trocknen ließ und zum Wärmen seines Abendessens verheizte. Wenn man mit ihm sprach, schien eine Klinge in seinen Augen zu flackern – ein Zeichen der Zuneigung für diejenigen, die sie verdienten, ein Todesurteil für alle anderen. In der Stadt war er bei Regierungsvertretern und Dieben gleichermaßen gefürchtet.

»Wenn ich mir die Kinder in den Schulen ansehe, stelle ich fest, dass sie unglücklich sind. Die Regierung ist so nutzlos wie ein Kropf«, sagte der Heiler an dem Abend, als wir in seiner *mboma* aßen, zu mir und den anderen Jägern.»Die Welt fällt Regierungen zum Opfer, die alles zerstören und die Menschen glauben machen wollen, sie seien auch mit leeren Händen glücklich.«

Als ich ein Jahr später zurückkehrte, war der Heiler gestorben. Noch bevor ich von seinem Tod erfuhr, hatte ich das Gefühl, dass dem Land irgendetwas fehlte. Veränderung lag in der Luft, in den Bäumen – eine Stimmung, die sich nur schwer erklären lässt. Wenn diese ursprünglichen Menschen sterben, die nichts von der westlichen Welt wussten, nehmen sie ihre Auffassung von Raum und Zeit mit ins Grab und ihre ureigene Ausdrucksform geht unwiederbringlich verloren.

Wenn man die Menschen in dieser Region heute fragt, wann der Regen kommt, antworten sie:»Wir wissen es nicht. Der Heiler wusste es immer, aber er ist zu Mungu, zu Gott, gegangen.«

Als Sabina und ich nach unserem ersten Treffen mit dem Heiler nach Mangola zurückgingen, hörten wir eine Viertelstunde, nachdem wir uns vom Feuer erhoben hatten, plötzlich seine Stimme. Wir blieben regungslos stehen und lauschten. Nichts.

»*Samahani*, Entschuldigung«, sagte der riesige Mann. Er stand unmittelbar hinter uns. Sabina und ich fielen vor Schreck zu Boden.

Er sah auf uns herab und sagte:»Die Zeit wird kommen, da ihr allein auf Safari gehen müsst. *Sawa*, verstanden? Habt ihr verstanden?

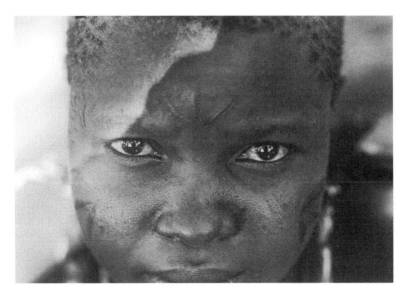

Eine junge Hadza-Frau

Nehmt niemanden mit. Ich werde euch Bescheid geben, wenn es so weit ist.« Er drehte sich langsam um, ging den Pfad zurück und verschwand in der Nacht.

»Woher kam er?«, fragte ich Sabina.

»*Mganga mkubwa*, er ist ein großer Heiler«, flüsterte Sabina, und wir mussten beide lachen.

Als wir schließlich nach unserer Unterredung mit dem *mganga* im Camp am »Großen Baum« in der Oase Go-ro-fan ankamen, saßen die alten Männer bereits singend an einem lodernden Feuer. Sapo, Sitoti und Mustaffa lagen neben jungen Hadza-Frauen, die mit Mbulu aus Mangola verheiratet waren. Alle diese Frauen hatten an jenem Abend ihrem Zuhause den Rücken gekehrt, einem Zuhause, das ihnen vermutlich nicht mehr viel bedeutete. Wenn sie erfuhren, dass wir von einer langen Safari heimkehrten, warteten sie meistens im Camp auf uns. Sie nisteten sich für einige Tage bei zwei oder drei Jägern ein, schliefen, lachten und tanzten mit ihnen und stellten dabei fest, wie sehr sie ihren Stamm vermissten. Ihre Mbulu-Ehemänner suchten nie nach ihnen – sie hatten Angst vor den Giftpfeilen. Wenn die Frauen wieder zu ihren Männern zurückkehrten, erzählten sie ihnen, sie hätten einige Zeit bei ihren Familien verbracht. Die Mbulu blicken auf die Hadza herab. Ehen zwischen Hadza-Frauen und Mbulu-Farmern funktionieren oft deshalb nicht, weil die Frauen nichts von der Landwirtschaft verstehen und auch nie einen Haushalt geführt haben. Darum werden sie von ihren Männern meistens nicht besonders gut behandelt. Oft kehren diese Frauen nie wieder zu ihren Ehemännern zurück. Wenn sie mit uns auf Safari gingen, wurden sie für zwei oder drei Wochen zu Ersatzehefrauen für die Jäger und legten nach und nach ihre Mbulu-Suaheli-Kleidung ab. Eines Morgens verabschiedeten sie sich dann plötzlich von uns und verschwanden, um mit einem anderen Hadza-Clan irgendwo tief im Busch zu leben.

Mustaffa kam zum Feuer und erzählte uns aufgeregt, dass einige Touristen nach Mangola gekommen seien, während wir bei der Löwenhöhle waren, und Mzee Wapo Geld dafür gegeben hätten, seine Hadza-Hütte auf einem Plateau oberhalb der Oase fotografieren zu dürfen.

»Wir haben einen großen Eimer *pombe*!«, rief Mustaffa.»Mzee war so betrunken, dass er heute Abend mit dem Geld in den Händen bewusstlos wurde. Ich habe sein Geld für ihn verwahrt.«

»Was du nicht sagst, Mustaffa«, stellte ich fest.

Das Geld, das die Hadza von den Touristen bekommen, stürzt sie ins Verderben. Sie geben es ausschließlich für *pombe* aus. Spezialisierte Safari-Veranstalter bringen die Touristen inzwischen auch in entlegene Gebiete, in denen die Kultur der Hadza noch weitgehend intakt ist. Dafür geben sie den Hadza Geld, was die Jäger einmal mehr dazu verleitet, die nächstgelegene Ortschaft aufzusuchen und sich bis zur Besinnungslosigkeit zu betrinken.

Anfangs hatte ich große Bedenken, mit den Hadza zu trinken, obwohl sie schon lange bevor ich kam, dem Alkoholgenuss frönten; bereits ihre Vorfahren hatten sich mit Honigwein betrunken. Ich ging den ganzen Weg mit ihnen, selbst wenn ich mich auch an einer der vielen Gepflogenheiten beteiligte, die ihre Kultur zerstören. Die Trinkerei war ein Glied in der Kette. Zur Verteidigung des *pombe*-Trinkens sagte Mustaffa einmal zu mir:»Es ist gut, dass die Männer trinken. So lassen sie sich nicht von der Regierung dazu verleiten, ihre Kinder zur Schule zu schicken.«

Ich verstand Mustaffas Bemerkung erst im Nachhinein, als wir Hadza-Clans besuchten, die von Außenstehenden völlig aus dem Gleichgewicht gebracht worden waren. Man hatte ihnen eine Lebensweise aufoktroyiert, die sie nicht begriffen. Viele der älteren Männer, die sich selbst zu Anführern erwählt hatten, ahmten die Bewegungen und Gesten derer nach, die sie davon überzeugen wollten, ihre Kinder zur Schule zu schicken. Die Trinker wollten davon nichts wissen. Eines Nachmittags erschien ein Hadza, der zum Christentum bekehrt worden war, in einem großen Camp und predigte leidenschaftlich vor seinen Stammesangehörigen. Letzten Endes fesselten ihn die Trinker, verkauften seine Bibeln und investierten den Erlös in *pombe*.

Während wir beisammen saßen und *pombe* tranken, stand Mustaffa plötzlich auf und ging fort.»Ich komme bald wieder«, sagte er.

Der junge Juhano kam zu mir und zeigte mir ein Leopardenfell. Er und sein Freund waren in der Nacht zuvor auf der Jagd gewesen und hatten auf einem Baum einen Leoparden entdeckt. Nachdem sein Freund auf das Tier geschossen hatte, war es ihnen gefolgt und schließlich vor den Füßen seines Freundes tot zusammengebrochen. Ich ermahnte Juhano zur Vorsicht. Er setzte sich wieder hin und stopfte seine Pfeife mit *bangi*.»Ich habe meinem Freund gesagt, dass er nicht auf ihn schießen soll. Aber er war hungrig und kannte keine Furcht«, sagte er.

»Zeig das Fell keinem von den *wazungu*, den weißen Männern, die hier leben. Sie könnten dich bei der Polizei anzeigen.«

Ich merkte, dass jemand an meinem Hemd zog. Als ich mich umdrehte, sah ich zwei äußerst hübsche junge Frauen neben Sabina stehen. Er lächelte.

»*Twende*, Jemsi, *kina dada wanataka pombe*, die Mädchen möchten *pombe*. Lass uns in den Ort zurückgehen.«

»*Swana*, in Ordnung«, entgegnete ich etwas müde.

Also machten wir uns wieder auf den Weg nach Mangola, das ein trauriges Beispiel für Nyereres *Ujamaa*-Siedlungen ist, den so genannten »Siedlungen der Brüderlichkeit«. Mit der Verwirklichung der Idee von der *Ujamaa*-Siedlung rottete die Regierung in den Sechziger- und Siebzigerjahren das Stammesleben weitgehend aus. Die Bevölkerung wurde aus dem Norden und Osten in den Süden umgesiedelt und umgekehrt und wurde gezwungen, in diesen kleinen Städten zusammenzuleben und sich zum Patriotismus zu bekennen. Das führte dazu, dass die nachfolgende Generation nach und nach den Bezug zu ihren Stammestraditionen verlor und die Menschen zu Schachfiguren im aufstrebenden Wirtschaftssystem wurden.

Wir erreichten singend die Stadt, gingen vorbei an den *waboma* der Datoga, den Lehmhütten der Mbulu und den gemauerten, mit Blechdächern versehenen Häusern der Suaheli. Am Himmel zeigte sich der sichelförmige Mond, in dessen Licht die erloschenen Vulkane in der Ferne Form annahmen. Die kleine Stadt am Rand des Buschs wirkte völlig deplatziert. Schließlich gelangten wir zur Kneipe von Mzee Rhapheala. Seine Kombination aus *pombe*-Bar und Wohnstätte war noch provisorischer als die von Mama Ramadan. Letztere hatte sich bereits schlafen gelegt und Mustaffa und die anderen hinausgeworfen. Als wir die schummerig beleuchtete Mbulu-Behausung betraten, in der alte, betrunkene Farmer auf Baumstämmen saßen, sahen alle auf. In der Luft hing der beißende Geruch von Ziegen und Rindern, da Mzee sein lebendes Inventar in dem Raum neben der Bar untergebracht hatte. Wir suchten uns ein paar freie Stühle in einer Ecke. Unsere jungen Begleiterinnen waren von der Umgebung sichtlich eingeschüchtert und schmiegten sich eng an uns. Sabina schenkte mir ein wissendes Lächeln und bestellte eine Flasche *pombe*. Mzee Rhapheala war ein ehemaliger Makonde-Fischer vom Rovuma, einem Fluss, der an der Küste im Süden Tansanias die natürliche Grenze zu Mosambik bildet. Rhapheala liebte es, vom Meer zu erzählen, wenn er zu viel getrunken hatte. In jungen Jahren war er ein mosambikanischer Bandit gewesen und hatte gegen die Portugiesen gekämpft. Er sagte, er habe das Kämpfen irgendwann satt gehabt, sei eines frühen Morgens über den Fluss geschwommen und habe sich in einem kleinen Palmenwald niedergelassen. Seine Geschichten von der Haifischjagd in einem *mtumbwi*, einem Kanu aus einem ausgehöhlten Baumstamm, vermochten mich und die anderen Jäger stundenlang zu fesseln. In den Siebzigerjahren war er nach Arusha gezogen, um als Lastwagenfahrer zu arbeiten, und war dann einer Mbulu-Lady, die er dort kennen gelernt hatte, nach Mangola gefolgt, wo er sie heiratete und sich häuslich niederließ. Er behauptete, er habe ungefähr zehn Kinder am Rovuma, vier in Arusha, fünf in Mangola mit seiner ersten Mbulu-Ehefrau und zwei mit einer Hadza mittleren Alters, mit der er inzwischen zusammenlebte. Seine Mbulu-Ehefrau war nach Karatu gezogen.

Mzee hatte nichts gegen die Hadza und war sehr großzügig, konnte jedoch äußerst unangenehm werden, wenn er das Gefühl hatte, ausgenutzt zu werden. Er war mittlerweile ein alter Mann und störte sich überhaupt nicht daran, dass seine Hadza-Freundin nur dann bei ihm wohnte, wenn ihr gerade danach war. Sie kehrte immer wieder zu ihren Hadza-Liebhabern in den Busch zurück oder verbrachte die Nacht mit jedem beliebigen Mann, der sie angemessen dafür bezahlte.

In der Vergangenheit hatte ich den Frauen der Jäger meistens etwas zu essen gegeben oder den Lohn ihrer Männer ausgehändigt, wenn wir von einer langen Safari zurückkamen. Die Frauen zogen mich immer beiseite und bettelten um das Geld, da sie genau wussten, dass die Männer alles für *pombe* verprassen würden. Je länger ich jedoch im Busch war, desto ähnlicher wurde ich den Jägern. Ich spürte denselben Hunger wie sie, dieselbe urwüchsige Energie, dieselbe Libido. Der Zeitpunkt kam, als mir die Frauen nicht mehr trauten.

Mzee Rhapheala lächelte, als er Sabina und mich in der Ecke seiner *pombe*-Bar sitzen sah. »Ihr wart viel zu lange nicht mehr hier. Hier ist eine Flasche für euch aufs Haus.«

Wir tranken langsam. Ich konnte niemals lange in dieser *pombe*-Bar bleiben, da spätestens nach einer halben Stunde Scharen von

Hadza auf der Suche nach Freigetränken hereinströmten; es war noch schlimmer als bei Mama Ramadan. Alle begannen dann zu tanzen und zu singen, und wenn Mzee Rhapheala gute Laune hatte, gab er ähnlich wie Mama Ramadan lachend eine Flasche nach der anderen aus. Viele der älteren Hadza waren gut mit ihm befreundet. Er kannte etliche ihrer Lieder und war einer der wenigen in der Stadt, die sie wie Gleichberechtigte behandelten. Meistens begann auch er bald zu singen, zu tanzen und zu trinken. Die alten Farmer in der Bar, denen der Lärm missfiel, gingen murrend nach Hause. Alle Hadza aus der Gegend tauchten mit ihren Bogen und ihren Pfeilen aus der Dunkelheit auf und begrüßten ihre Freunde, die ihnen einen Schluck einschenkten. Sie griffen vorsichtig und leicht zitternd nach den kleinen Gläsern oder Flaschen, hoben sie ehrfürchtig an die Lippen und ließen den Blick über die Gesichter der Anwesenden wandern. Dann lehnten sie sich lächelnd zurück.

Mangola kam mir wie ein winziges Bruchstück der modernen Zivilisation vor, das dazu bestimmt war, wie ein Pilz zu wachsen. Noch hält sich die Versuchung jedoch in Grenzen, der die Stammesangehörigen auf der Durchreise in der Stadt ausgesetzt sind.

Sabina und ich hatten ungefähr eine halbe Stunde mit den hübschen jungen Frauen in Mzee Rhaphealas Bar gesessen. Wir schwiegen, und ich dachte über die Worte des Heilers nach.

»Warum verlangt der Heiler von uns, dass wir allein auf Safari gehen?«, fragte ich Sabina.

»Es ist gefährlich, nicht auf den *mganga* zu hören. Er weiß Dinge, die wir nicht wissen. Wir müssen ohne die anderen auf Safari gehen.«

»Wann? Ich dachte, wir machen uns in den nächsten Wochen auf den Weg zum Berg von Nudulungu?«

»Ich kann nicht zum Nudulungu gehen.«

»Warum?«

»Ich will nicht gehen«, sagte er und nippte am *pombe*.

»Meinst du, es ist gefährlich, wenn ich gehe?«, fragte ich besorgt. »Der Heiler hat doch gesagt, dass wir alleine auf Safari gehen müssen.«

»Die Zeit dafür ist noch nicht gekommen. Der *mganga* wird uns wissen lassen, wenn es so weit ist. Mach dir keine Sorgen und geh mit den anderen zum Nudulungu«, sagte Sabina, der mit schläfrigem Blick in der dunklen Ecke der *pombe*-Bar saß.

»In Ordnung«, entgegnete ich und stellte fest, dass die Sonne bereits aufging und ich kurz davor war einzuschlafen.

DIE SUCHE NACH NUDULUNGU

Am Morgen gingen wir durch das ausgetrocknete Seebecken und folgten den Straußenfährten, die durch vertrocknete Sumpfblumen führten. Das kristallisierte Salz bildete Muster und knirschte unter unseren Schritten. In dem riesigen toten Seebecken waren die Spuren aller Tierwanderungen der letzten drei Jahre verewigt, als wären sie in einer ausgestorbenen Sprache geschrieben und dann vergessen worden. Spuren aller Art – von Hyänen, Gnus, Geiern, Leoparden, Antilopen, Löwen, Elefanten, Flusspferden und Gazellen – führten auf die Berge zu, die auf der Nordseite des Eyasisees die Grenze zur Serengeti bilden, und gaben uns die Richtung vor. Falls im März der Regen kam, würden sie alle verschwinden, und das über 100 Kilometer lange Seebecken würde sich mit Wasser füllen. Falls der Regen kam.

Wir waren auf dem Weg zu einem Berg, der nach Nudulungu benannt worden war, einer Christus-ähnlichen Figur der Hadza. Nudulungu war vor sehr langer Zeit zu den Hadza gekommen. Er war ein großer Mann, der ein Gnu auf den Schultern tragen konnte und mit dem Speer jagte. Er vermochte Kranke durch seine Berührung zu heilen und hatte die Menschen viele Dinge gelehrt. Vor Urzeiten hatte er den Hadza aufgetragen, sich am Nudulungu zu versammeln, dem Berg, der seinen Namen trug. »Hier ist das Zuhause der Hadza«, sagte er und verschwand vor den Augen der Anwesenden. Es hieß, Nudulungu habe das Wasser des Eyasisees geteilt, um einer Familie die

Der Eyasisee

Flucht aus großer Gefahr zu ermöglichen. Er konnte über das Wasser gehen, und die Dämonen fürchteten ihn. Einige der alten Männer hatten Nudulungu noch mit eigenen Augen gesehen. Er war ihnen aus der Welt der Geister erschienen, als sie sich allein, Hunger und Durst leidend im Busch aufhielten, und hatte ihnen Tabak, frisches Fleisch und Wasser gebracht.

»Er lebte zu einer Zeit bei den Hadza, als die Jäger noch die Felswände bemalten«, sagte Segawazi. »An den Felswänden seines Berges befinden sich solche Markierungen«, erklärte der alte Mann und ritzte Kreise und Kreuze in den Schlamm.

Die alten Männer hatten uns vor den Gefahren gewarnt, die eine Safari zum Nudulungu zu dieser Jahreszeit aufgrund der Wasserknappheit in sich bergen konnte. Es herrschte Dürre, und die Trockenheit dauerte bereits drei Jahre an. Um durch das Fenster des Schicksals blicken zu können, spuckten die alten Männer Medizin ins Feuer. Nachdem sie gedeutet hatten, was sie gesehen hatten, besprachen sie die Pläne für unsere Safari mit den Geistern der Ahnen. Es vergingen mehrere Tage und Nächte, ehe sie uns rieten aufzubrechen.

Am Abend vor unserer Abreise beschrieben uns die alten Männer genau, wo sich die Wasserstellen befanden. Wir würden auf der nordwestlichen Seite des Eyasisees vermutlich an vier Oasen im Abstand von etwa 80 Kilometern vorbeikommen, in denen unter Umständen Wasser zu finden war – nach einem Viertagesmarsch durch die südwestliche Serengeti und durch Gegenden, die so abgelegen sind, dass nicht einmal die Hirten ihre Viehherden dorthin treiben.

»Vergesst nicht«, sagte einer der alten Männer, »dass euch Nudulungu ein Zeichen geben wird. Dann werdet ihr wissen, ob ihr umkehren oder weitergehen sollt.«

»Nicht wir werden den Nudulungu finden, sondern der Berg wird uns finden«, sagte Mustaffa, als wir aufbrachen.

Gela, Mustaffa, Sitoti und ich waren bereits seit sechs Stunden in der sengenden Hitze marschiert. Wir steuerten auf eine Oase zu, die in der Ferne zu sehen war. Im Seebecken werden Raum und Zeit zur

Illusion. Entfernungen scheinen endlos und unveränderlich, wenn sie mit den Trugbildern der Hitze verschwimmen. Der salzige Staub stieg uns in die Nase, und in unseren Mundwinkeln sammelte sich weißer Speichel. Wir wussten, es gab kein Zurück. Ich hoffte, dass wir in der Oase Wasser finden würden, doch die Jäger schienen sich darüber keine Gedanken zu machen. Meine Zunge war geschwollen. Ich richtete den Blick auf den Boden und lauschte dem Geräusch unserer Schritte, um meinen Durst zu vergessen. Die anderen lachten und sangen, hin und wieder wurden sie jedoch auch schweigsam. Von Zeit zu Zeit sagte einer der Jäger: »*Jua kali sana*, die Sonne ist zornig.«

Gela war ein älterer Mann, der wenig redete und sich um das Camp kümmerte. Jeden Tag am frühen Nachmittag verschwand er für etwa zwei Stunden und kehrte ab und zu mit einem Dik-Dik oder kleinen Vögeln zurück. Seine Träume schienen ihm bei der Jagd den Weg zu weisen. Manchmal wachte er auf und sagte so etwas wie:»Ich habe von einem kwe-ka-Vogel in der Nähe des Baumes geträumt, bei dem Mzee Saga getötet wurde. Ich muss mich auf den Weg machen.«

Ob die Safari zum Nudulungu ein Desaster oder ein Erfolg werden würde, lag ganz allein in Mustaffas Hand. Genau genommen war es seine Idee gewesen zu gehen. Mein Interesse an Nudulungu schien ihn neugierig gemacht zu haben. Seine wahren Beweggründe erfuhr ich jedoch nie. Möglicherweise war sein Motiv finanzieller Natur, weil er wusste, dass ich ihn – wie immer – am Ende der Safari beschenken würde. Aber Mustaffa war schwer zu durchschauen. Alles, was er tat, hatte etwas Scheinheiliges an sich, weshalb ich ihn oft für einen Heuchler hielt. Im einen Moment verfluchte er die moderne Welt und schwor, sich niemals von seiner Kultur abzuwenden, im nächsten bettelte er um Geld, um sich eine Sonnenbrille kaufen zu können, die er in Mangola an einem Suaheli gesehen hatte. *Tamaa*, Gier, habe von ihm Besitz genommen, sagten viele der anderen Hadza. Doch sobald sich Mustaffa im Busch befand, war er frei von den Verlockungen der Suaheli-Ortschaften. Dann kam sein wahres Ich ans Tageslicht. Er sammelte Medizin, sprach mit den Geistern der Ahnen und verbrachte die Nächte damit, Geschichten auszutauschen. Mustaffa kannte das gesamte Geschichtengut der Hadza. Vielleicht war ihm Heuchelei auch überhaupt kein Begriff. Vielleicht ist alles, was man tut, aufrichtig, wenn man ständig ums Überleben kämpfen muss. Seine Umwelt veränderte sich, und das brachte ihn durcheinander; vermutlich wäre jeder in einer so schwierigen Situation wie der seinen verwirrt gewesen.

Auf dieser Safari hatte ich den Eindruck, dass sich Mustaffa mir und meiner Suche gegenüber verantwortlich fühlte, einer Suche, die er in gewisser Weise auch zu seiner eigenen gemacht hatte. Ich hatte das Bedürfnis, den Berg von Nudulungu zu sehen, und Jäger wie Mustaffa spürten dieses Bedürfnis und standen mir zur Seite, da sie wussten, dass sie einen Nutzen daraus ziehen konnten. Vielleicht gab es aber auch einen anderen Grund dafür, warum sie mir halfen. Einige von ihnen, vor allem die jüngeren, unverheirateten Männer, kamen einfach deshalb mit, weil ihnen die Tour gelegen kam. »*Wanyama wakubwa*, in der Nähe des Nudulungu leben große Tiere«, sagten sie aufgeregt. Das versprach einen vollen Magen, warum sollten sie uns also nicht begleiten?

Doch die meisten Jäger ließen nicht einfach ihre Verpflichtungen hinter sich, nur um mich zu einem Berg zu führen, den eine Legende umgab, die im Lauf vieler Jahrhunderte in lebhaften, durch die Wärme der Lagerfeuer geschürten Fantasien entstanden war. Für die Zeit, die sie opferten, musste eine Gegenleistung erbracht werden, und so erhielten ihre Frauen dafür *ugali*, Maismehl, und Tabak.

Man kann einen Jäger nicht von seinem individuellen Weg abbringen. Obwohl die Hadza in einer egalitären Gesellschaft leben und alles miteinander teilen, sind die Kinder bereits im Alter von etwa acht Jahren in der Lage, selbstständig zu überleben. Ihre Existenz ist ein Überlebenskampf, jeden Tag aufs Neue, vor allem dann, wenn die Tiere ausbleiben und Dürre herrscht.

Die Jäger mussten für die Safaris ebenfalls mit *ugali* ausgerüstet werden, für den Fall, dass sie keine Tiere aufspürten. Der Proviant, den ich auf frühere Touren mitgenommen hatte, war stets nach zwei

Tagen aufgebraucht, die Nahrungsvorräte, die wir den Frauen zurückließen, wurden vermutlich sogar auf einmal aufgegessen. Die Hadza verköstigen nicht nur ihre engste Familie, sondern alle, die wissen, dass sie im Besitz von Nahrung sind. Innerhalb einer Stunde nach meiner Ankunft tauchten jedes Mal 20 bis 30 Hadza im Camp auf und erwarteten, bewirtet zu werden. Rationierung ist ihnen fremd. Wenn sie etwas zu essen haben, dann essen sie es auf, selbst wenn sie die ganze Nacht dazu brauchen. Nachdem wir alles verzehrt hatten, was ich mitgebracht hatte, ernährten wir uns von der Jagd und vom Beerensammeln.

Tabak und, noch wichtiger, *bangi* wurden zur absoluten Notwendigkeit, wenn die Männer sich von ihren Familienclans trennten, um mit mir auf Wanderschaft zu gehen und einen neuen Clan zu bilden. Wenn uns der Tabak ausging, schickten wir Boten los, um welchen zu finden. Sindiko und Sitoti waren für diese Aufgabe am besten geeignet. Sie waren manchmal zwei Tage lang unterwegs, um Tabak aufzuspüren, und legten dabei unglaubliche Entfernungen zurück.

Tabakübergabe

Um *bangi* zu finden, gingen sie sogar noch weiter. Aber sie kamen immer wieder zurück. Mcolocola oder Soto dagegen nahmen das Geld, das ich ihnen gab, waren anfangs voller guter Absichten, stießen dann jedoch zufällig auf eine *pombe*-Bar oder eine hübsche, junge Frau, und damit hatte sich die Sache erledigt. Sitoti und Sindiko sahen die Verlockungen voraus und setzten mich darüber in Kenntnis, indem sie beispielsweise sagten: »Auf der nächstgelegenen Farm gibt es Tabak und *bangi*. Der Farmer hält sich um diese Jahreszeit in Sukuma auf, und wenn ich seiner Frau ein bisschen mehr Geld gebe, bekomme ich von ihr *jiggi-jiggi*.« Also gab ich ihnen etwas mehr Geld, und sie kehrten einen Tag später mit Tabak und *bangi* zurück, hatten ein Lächeln auf den Lippen und eine gute Geschichte im Gepäck.

Wenn wir kein Geld hatten, wandten wir den Trick mit dem »weißen Mann« an und erzählten den Mbulu, dass ich, der »Europäer«, sie später bezahlen würde, da uns auf irgendeine Weise unser Geld abhanden gekommen war. Die Mbulu-Farmer gingen dann den ganzen Weg mit den Boten zurück, ich servierte ihnen Tee und versicherte, dass es schon in Ordnung sei, wenn sie uns Tabak und vielleicht ein Huhn gaben. Wir würden sie bezahlen, sobald wir sie das nächste Mal sahen. Gewöhnlich funktionierte das. Falls es nicht funktionierte oder keine Farm oder kein anderer Hadza-Clan in der Nähe war, waren wir aufeinander angewiesen, um zu überleben – oder vielmehr war ich auf die anderen angewiesen, andernfalls hätte ich wohl kaum eine Überlebenschance gehabt. Die Jäger waren Gentlemen, sorgten immer für mein Wohlbefinden und hielten nach möglichen Gefahren Ausschau.

In den Nächten, in denen wir keinen Tabak hatten, sprachen wir über Tabak und erzählten uns Geschichten, um unsere Gedanken von den Sehnsüchten nach Nikotin abzulenken, bis wir ihn schließlich vergaßen. Dann galt der Jagd wieder unsere ganze Leidenschaft. Ohne Frauen, *bangi* oder Tabak war es schwierig, länger als drei Wochen im abgelegenen Busch zu bleiben. Die Jäger hielten sich manchmal drei Monate lang im Busch auf, doch es gab einen Unterschied zwischen dem völlig unberührten Busch, in den auch die Jäger nur selten vordrangen, und dem normalen, belebten Busch. Der Berg von Nudulungu befand sich im tiefsten Busch.

Wir setzten unseren Weg fort und kamen schließlich bei der Oase an. Das Wasserloch war trocken, ausgedörrt von der Sonne. Mustaffa erzählte, dass es in dieser Gegend zwei Jahre zuvor viele Löwen gegeben hatte. Sie waren zwischen den mannshohen Felsbrocken umhergestreift und hatten im Seebecken gejagt, dessen Boden sich jetzt wie abgestorbene Haut schälte. Über einen Zeitraum von drei Jahren hatte die unerbittliche Sonne jeden Tropfen Feuchtigkeit aus der Erde gebrannt. Niemand wusste, wohin der Regen gegangen war, abgesehen von dem Mangati-Heiler, und er gab sein Wissen nicht preis. Manche meinten, dass der Regen ausblieb, weil die Mbulu alle Bäume fällten, andere behaupteten, die Viehherden der Mangati seien schuld, da sie das ganze Gras fraßen. Viele glaubten auch, ein Dämon sei gekommen, um die Welt zu zerstören. Die Hadza stimmten mit der jeweiligen Meinung überein, die gerade vertreten wurde. Sie erfreuten sich nach wie vor bester Gesundheit, beklagten sich jedoch über den Mangel an Fleisch und Wasser. Trotz allem waren sie nie so verzweifelt wie die Farmer. Wenn Hungersnot herrschte, suchten viele die Hadza auf, um mit ihnen zu leben, da die Jäger immer in der Lage waren, Nahrung zu finden. Wir stießen oft auf niedergeschmetterte, fassungslose Farmer, die kurz vorm Verhungern waren, den Himmel verfluchten, weil der Regen ausblieb, und dem Wahnsinn nahe ziellos durch die verdörrten Oasen streiften. Die Bäume in den Oasen waren allesamt blattlose Skelette, und man konnte nirgends im Schatten Zuflucht suchen. Wenn man das ausgetrocknete Seebecken durchqueren wollte, galt es, die unausweichliche Sonne zu ertagen. Einzig und allein der Wind brachte Erleichterung.

Gela entschied, dass wir uns am nördlichen Rand des Seebeckens orientieren sollten, der entlang eines Steilabbruchs verlief. Alles schien unwirklich, abgesehen von unserem Durst. Die Männer hatten inzwischen aufgehört, zu singen und zu lachen. Falls es auch in der nächsten Oase kein Wasser geben sollte, würden wir in Schwierigkeiten stecken.

In der Abenddämmerung erreichten wir die zweite Oase. Kleine Akazien und Sträucher schossen aus dem Seebecken. Einige Weißschwanzgnus knabberten an den Büschen, und Strauße flüchteten in den Schutz der Bäume, als sie uns näher kommen sahen. In der Oase befand sich eine kleine Mangati-*mboma*. Hunde bellten, als wir uns näherten. Ein junger, gut aussehender Mann, hinter dessen Rücken sich vier Kinder versteckten, trat heraus. Er lächelte und sagte uns, dass wir am Fuß des Berges Wasser finden würden; wir müssten nur den Steinen folgen. Er erkannte, dass wir am Verdursten waren, und trug seinen Kindern auf, zur *mboma* zurückzulaufen und einen Eimer Trinkwasser für uns zu holen. Je weiter man in den Busch vordringt, desto freundlicher sind die Menschen, denen man begegnet.

Wir setzten uns und tauschten Neuigkeiten aus. Die Kinder kamen lachend zurück, fürchteten sich allerdings ein wenig vor mir, dem Weißen. Wir tranken, bedankten uns bei dem Mangati und setzten unseren Weg fort, vorbei an riesigen Felsblöcken, die überall verstreut waren, als hätte sie jemand zwischen die Palmen geworfen. Wir gingen durch ein Labyrinth aus kleinen Schluchten, die immer grüner wurden, je näher wir dem Wasser kamen, das man bereits riechen konnte. Mustaffa stimmte ein Lied an: »Das Wasser, das Wasser, lasst uns das Wasser trinken gehen.« Wir folgten einem steilen Pfad, der uns 100 Meter höher brachte. Die Felsen waren mit Kuhfladen übersät – kein gutes Zeichen, wenn man nach Trinkwasser sucht. Schließlich gelangten wir zu zwei von steilen Felswänden umgebenen Wasserlöchern, in denen sich der Abendhimmel spiegelte. Ein schmaler Pfad führte zu ihnen. An den sumpfigen Rändern der Tümpel schwamm Kuhmist und Urin an der Oberfläche – ein eindeutiges Anzeichen dafür, dass das Wasser abgekocht werden musste. Wenn einem der Salzstaub auf der Zunge brennt und man nur mit Mühe schlucken oder sprechen kann, fällt es einem schwer abzuwarten, bis es abgekühlt ist. Der Mangati hatte uns zwar fürs Erste gerettet, aber wir waren noch immer völlig ausgetrocknet und hatten schrecklichen Durst.

Oase

Wir schlugen unser Lager unter einer überhängenden Felswand auf. Zunächst sammelten wir Holz für ein großes Feuer, während Gela im Umkreis unseres Camps Medizin verteilte, um uns vor gefährlichen Tieren zu schützen. Ehe wir uns auf den glatten Steinblöcken schlafen legten, vergewisserten wir uns, dass unsere Bogen in Reichweite waren. Offensichtlich gab es viele Leoparden in dieser Gegend; die Männer hatten ihre Spuren in der Nähe der Wasserstelle entdeckt. Wir kochten uns Tee mit dem verseuchten Wasser und aßen den Rest von Sitotis getrocknetem Giraffenfleisch, von dem jedoch nicht mehr genug übrig war, um unseren Hunger nach dem langen Fußmarsch zu stillen.

Bald brach die Nacht über uns herein. Das Feuer verschlang krachend die ausgedörrten Äste, und seine Flammen erleuchteten die müden, hungrigen Gesichter der Jäger. Auf dem Weg zur Wasserstelle hatten sie etliche Dik-Dik-Antilopen gesehen und sich vorgenommen, ihren Schlaf zu unterbrechen, sobald der Mond von der Nacht verschluckt wurde, um mit meiner Taschenlampe jagen zu gehen. Das Licht einer Taschenlampe blendet die Dik-Dik-Antilopen und macht sie zur leichten Beute. Solange der Mond hoch und hell am Himmel steht, zeigt eine Taschenlampe allerdings wenig Wirkung. Also warteten die Jäger, sangen leise vor sich hin oder lauschten dem Geräusch des Feuers, bis sie langsam vom Schlaf übermannt wurden. Sie hatten diese Jagdtechnik entwickelt, um den Mangel an Tieren wettzumachen, hatten jedoch nur selten Taschenlampen und Batterien zur Verfügung. Mit Taschenlampen zu jagen ist brutal und unnatürlich und darüber hinaus auch illegal. Aber für die Hadza steht das Überleben auf dem Spiel, was aufgrund der Zerstörung ihres Lebensraums immer schwieriger wird. Sie würden niemals mehr Tiere erlegen, als sie zum Leben brauchen. Normalerweise lieferte sich innerhalb kürzester Zeit ein Dik-Dik unseren Pfeilen aus, und wir kehrten daraufhin umgehend ins Camp zurück. In der Regel gingen wir zwischen Sonnenaufgang und zehn Uhr vormittags auf die Jagd oder nachdem die Sonne wieder schwächer wurde und nur noch einen letzten Rest Licht spendete. Manchmal verstecken sich die Hadza auch im Mond-

Skelett einer Giraffe, die von einem Löwen gefressen wurde

licht in der Nähe der Wasserlöcher im Gras und warten. Die Jagd mit der Taschenlampe ist nur ein letzter Ausweg, da nachts auch Löwen, Leoparden und Schlangen auf Beutezug gehen. In den letzten Jahren sind mehrere Hadza bei der nächtlichen Jagd verschwunden. Ohne Taschenlampe oder ausreichendes Mondlicht verlässt niemand mehr das Camp.

Die Nacht war mondlos, als Sitoti mich weckte. Die Jäger waren bereit aufzubrechen. Mustaffa ging voraus und führte uns den schmalen, steinigen Pfad hinunter. Mit dem Strahl der Taschenlampe suchte er den Wald der Oase nach Bewegungen und reflektierenden Augen ab. Vergeblich. Also machten wir uns auf den Weg in das offene Seebecken. Sitoti ging davon aus, dass in den kleinen Sträuchern am Seeufer unter Umständen einige *swala*, Impalas, schliefen.

Als wir aus dem Schutz der Oase ins Freie traten, schlug uns der nächtliche Wind entgegen. Auf der Suche nach Beute marschierten wir stundenlang an den felsfreien Hängen des Steilabbruchs entlang, die in den Eyasisee auslaufen.

Mustaffa entdeckte ein ausgetrocknetes Flussbett, das sich für eine kurze Rast anbot. Wir setzten uns, um zu rauchen und vor dem salzigen Wind in Deckung zu gehen. Sitoti machte mit Hilfe seines Feuerstocks ein kleines Feuer. Als er fertig war, sagte er:»Ein Hadza geht nie in die Richtung, in die der Wind den Rauch des Feuerstocks trägt. Dort sind *shetani*.« Er erhob sich, ging in die entgegengesetzte Richtung und verschwand in der Nacht.

»Wohin geht Sitoti?«, fragte ich Mustaffa.

»*Sijewee*. Ich weiß nicht.«

Dann erzählte Mustaffa, wie er mit seinem Vater vor Jahren in dieser Gegend Löwen gejagt hatte.»Als ich ein Junge war, gab es hier viele Tiere: Elefanten, Rhinozerosse, Giraffen und Tausende von Gnus und Büffeln. Jetzt gibt es nur noch wenige Tiere in dieser Gegend, weil es nicht mehr regnet. Aber es gibt Löwen. Ich habe heute gar nicht weit von hier die Spuren einer *simba*, einer Löwin, gesehen. Denk daran, wenn wir im Busch auf einen Löwen treffen, knie dich langsam hin und wende deinen Blick nicht von seinem ab. Vergewissere dich, dass er deinen Bogen sieht. Früher folgten wir den Löwen, wenn wir Hunger hatten. Sie führten uns dorthin, wo es Nahrung gab. Mein Vater und ich sahen einmal mehrere Löwen und folgten ihnen. Das Land verriet uns, dass sie eine Giraffe jagten. Wir marschierten vom frühen Morgen bis zum späten Nachmittag, bis wir schließlich bei dem hohen Felsen dort drüben ankamen«, sagte Mustaffa und deutete auf eine Erhebung in den Felsen in einem knappen Kilometer Entfernung.

»Von diesem Felsen aus beobachteten wir, wie die Löwen die Giraffe fraßen. Wir warteten, bis sie satt waren und sich schlafen legten. Dann näherten wir uns langsam. Als ich auf eine große Löwin schoss, sprang sie meterhoch in die Luft und rannte davon. Mein Vater schoss auf den anderen Löwen. Er lief geradewegs auf uns zu, drehte dann aber ab und verschwand im Busch. Wir versteckten uns im Gras, da wir wussten, der Löwe würde zurückkommen und nach uns suchen, falls ihn das Gift nicht vorher tötete, was es schließlich tat. Wir nahmen uns das Giraffenfleisch und fanden anschließend die Löwen und häuteten sie. Sie waren nicht weit gelaufen. Das Gift war stark.«

Sitoti kehrte zurück, das Hemd voller un-dush-she-be-Beeren, einer süßen, orangefarbenen Beerenart, die während der Dürrezeit üppig gedeiht.

»In der Nähe des un-dush-she-be-Baums ist eine große Schlange«, berichtete er und reichte jedem von uns eine Hand voll Beeren. Dann setzte er sich ans Feuer und stopfte seine Pfeife.

Nachdem wir geraucht und die orangefarbenen Beeren gegessen hatten, setzten wir uns wieder dem salzigem Wind aus und marschierten durch die Weiten der Nacht. Der Spürsinn der Jäger führte uns zu zwei Impalas, die in der Nähe eines Dornbuschs lagen. Mustaffa blieb stehen.

»*Pale, pale*, da«, sagte er.

Die *swala* lagen reglos wie herabgefallenes Laub am Boden, und ihre orangefarbenen Augen leuchteten im verlöschenden Schein der Taschenlampe. Wir näherten uns. Mustaffa war nur noch drei Meter von den Tieren entfernt und hatte bereits seinen Bogen auf sie gerichtet, als Sitoti, der ein gutes Stück hinter Mustaffa stand, einen Pfeil abschoss. Er verfehlte sein Ziel, und die beiden *swala* verschwanden in der alles verschluckenden Nacht. Mustaffa schrie Sitoti verärgert auf Hadza an, worauf dieser hysterisch zu lachen begann.

»*Tamaa*, Jemsi«, sagte Mustaffa enttäuscht, »*tamaa*, Gier, Gier. Sitoti ist von Gier besessen. Wir werden ihn zu einem Heiler bringen müssen. Er weiß nicht mehr, wann er schießen soll. Wie kann er nur nachts aus einer solchen Entfernung schießen? Du bist ein Kind, Sitoti!« Sitoti lachte darauf noch schallender.

Wir suchten Sitotis Pfeil und machten kehrt. Ich folgte Mustaffa in geringem Abstand. Während der Jagd ist man nie weit vor oder hinter dem anderen und marschiert im natürlichen Gleichschritt. Indem ich Mustaffa bei der Jagd folgte, lernte ich alle Signale seiner

Zebras

Körpersprache kennen. Man hatte den Eindruck, dass er völlig mit der Umgebung verschmolz. Wenn er sich fortbewegte, schien das Land durch ihn hindurchzufließen und seine Persönlichkeit und sein Erscheinungsbild ständig zu verwandeln. Um eine Vielzahl verschiedener Tiere jagen zu können, musste man in vielerlei Verkleidungen schlüpfen. Mustaffa wusste alles über die Fährten und Geräusche der Tiere und den Einfluss von Windrichtung und Tageszeit auf den Weg, den sie einschlugen. Das Land half ihm, die Beweggründe der Tiere zu verstehen, zu entschlüsseln, was in ihnen vorging, was sie vorantrieb. Er war in der Lage zu rekonstruieren, was sich zugetragen hatte.

»Das Zebra wurde hier getroffen. Dann ist es verwundet zur Herde zurückgekehrt. Zu einer Herde von vielen hundert Zebras«, sagte Mustaffa einmal und zeigte mir, welche der zahllosen Spuren von dem verwundeten Zebra stammten.

Ebenso war er in der Lage vorherzusehen, was geschehen würde.

»Die Strauße werden morgen früh zum Wasserloch kommen, Jemsi. Gestern haben sie auch hier getrunken.«

Das Land barg jedoch auch viele Erinnerungen, flüchtige Momente, die in dieser Form niemals wiederkehren würden. Die Jäger schätzten diese Momente, da sich ihre Geschichte aus ihnen zusammensetzte. So sagte Mustaffa beispielsweise: »In der Nähe dieses Felsens habe ich einen Büffel erlegt.« Oder: »In diesem Baum wurde ein Freund von mir von einem Leoparden gefressen.« Oder: »Auf der anderen Seite dieses Hügels war ich mit meinem Vater zwei Monate lang auf Straußenjagd.« Oder aber: »Du darfst hier nicht pfeifen, dieser Ort wird von *shetani* heimgesucht.«

Jede Gegend hatte ihre eigenen Geister, manche waren gutmütig, andere dagegen äußerst gefährlich. Verlassene Hadza-Camps wurden besonders häufig heimgesucht, vor allem diejenigen, die in Vergessenheit geraten waren oder nur noch in der Erinnerung weniger weiterlebten und von uns auf unseren langen Safaris wieder entdeckt wurden. Niemand zweifelte an der Existenz der Geister. Wenn ich durch diese uralten Lagerstätten ging, vor allem abends, blitzten vor meinem inneren Auge Bilder der Ahnen auf, die sich um die Feuer scharten. Die Erinnerungen an die Tänze, die Jagden, den Freudentaumel schienen in den Felsen und Bäumen verewigt zu sein und einen einzuholen wie ein Blütenblatt, das einem der Wind ins Haar weht. In der unheimlichen Stille glaubte man vor dem Tor zu einem Durchgang zu stehen, der durch die Windungen der Zeit aus der Gegenwart der Lebenden in das Reich der Toten führte. Jedes Mal, wenn wir in ein verlassenes Camp kamen, klopften Mustaffa, Gela oder Sitoti an die Felsen und riefen ihre Ahnen an. Sie begrüßten sie und erklärten ihnen, weshalb wir gekommen waren. Dann fragten sie die Ahnen um Rat und luden sie ein, sich zu uns zu setzen und mit uns zu rauchen. Die Jäger sprachen mit den Geistern, als unterhielten sie sich mit anderen Hadza, verstanden ihre Bedürfnisse, ihre Eigenarten, ihren Unmut und ihre Freude.

Nach und nach lernt man das Land in seiner ganzen Dimension kennen, entdeckt jeden Winkel, alle Nahrungsressourcen, Geräusche und Gerüche; man erlebt die Jahreszeiten, die Wanderungen der Tiere, die Blütezeiten der Pflanzen, die Honigsaison und die Zeit der Jungvögel. Sie alle sind miteinander verbunden. Die Honigsaison folgt unmittelbar auf die Jungvögel-Jagdsaison. Die Zeit des Beeren- und Wurzelsammelns gewährleistet anschließend das Überleben in einem ausgedorrten, versengten Land, ehe wieder Regen fällt und die Tiere zurückkehren. Die Hadza sind seit so langer Zeit in der Region um den Eyasisee auf Nahrungssuche, dass ihre Lebensform für sie ebenso selbstverständlich geworden ist wie das Atmen. Sie wissen, wann die Tierherden die Wasserstellen in den verschiedenen Gebieten aufsuchen. In den Jahreszeiten, die wir als Frühling und Herbst bezeichnen würden, sind Sponga und Gilgwa hervorragende Orte, um Jungvögel und Honig zu finden; in Endofridge, in der Nähe von Endamaghay, hat man zu jeder Jahreszeit eine gute Chance, auf Tiere zu treffen.

Nach einer gewissen Zeit empfindet man das Land nicht mehr als Bedrohung, es wird zum Spiegelbild der Seele, der eigenen Wahrnehmung. Das Land wird ein Teil von einem, und man selbst ein Teil von ihm. Es entsteht ein Gleichgewicht, und man macht sich keine Gedanken mehr darüber, ob man am nächsten Tag etwas zu essen hat. Falls der heutige Tag nichts bringt, wartet man auf morgen. Nachts ist einem kalt, man friert im Regen, aber das schwache Feuer hält einen gerade warm genug. Und wenn sich am Morgen die Sonne zeigt, liegt man auf den wärmenden Felsen und heißt sie von ganzem Herzen willkommen. Nach zwei Tagen ohne Essen wird der Honig, den man von irgendjemandem bekommt, zum unvergleichlichen Geschenk. Wenn die Jäger mit Fleisch heimkehren, bricht der gesamte Clan, der sich im riesigen Wald unter einem leicht überhängenden Felsen versammelt hat, in Gesang, Jubel und Tanz aus. Vielleicht sind dort auch nur zwei oder drei Menschen, doch der Ausdruck ihrer Freude setzt ein flüchtiges, vergängliches Zeichen, das der Wald ebenso braucht wie den Regen. Dann beginnt es plötzlich zu regnen, und im Handumdrehen gießt es wie aus Kübeln. Eine Schlammlawine schwemmt das Camp davon, das Feuer verlischt und man friert wieder. Man rückt eng zusammen, um sich gegenseitig zu wärmen, und singt, um die Unannehmlichkeiten zu vergessen. Der Regen hört auf. Man glaubt, man könnte sich ausruhen, doch dann kommen die Moskitos. Die Hadza hegen keinerlei Erwartungen. Sie sind für alles offen, völlig offen, wie ein Baum, der Wind und Wetter ausgesetzt ist. All das ging mir durch den Kopf, als Mustaffa plötzlich pfiff und stehen blieb. Er kniete sich hin, worauf wir uns alle hinknieten. Inzwischen war es stockdunkel, und die Batterien meiner Taschenlampe waren leer. Wir orientierten uns an den Sternen.

»*Simba*«, sagte Mustaffa und holte einen Pfeil hervor.

»Ist das dein Ernst?«, fragte ich.

Sitoti kroch zu Mustaffa nach vorne, flüsterte ihm etwas zu und nahm ebenfalls einen Pfeil. Dann packten mich Mustaffa und Sitoti gleichzeitig am Arm: »*Simba*.« Mustaffa forderte mich auf, einen Giftpfeil bereitzuhalten. Wir knieten uns im Dreieck hin, sodass jeder von uns in eine andere Richtung blickte. Nichts bot uns Schutz. Der Wind war stark und böig. Das Atmen der Löwen schwoll an und verstummte, klang einmal nah, dann wieder fern.

In dem endlos weiten Seebecken war es schwer zu beurteilen, wo sich die Löwen befanden. Ein Brüllen ertönte, das von den Felsen widerhallte und das gesamte Sternenzelt erfüllte. Kurz darauf verstarb es wieder und wich völliger Stille. Der salzige Wind brannte in den Augen, als wir versuchten, die Dunkelheit mit unseren Blicken zu durchdringen.

»*Simba anajua sisi tuko wapi*, wissen die Löwen, dass wir hier sind?«

»Ja, aber sie sind wieder fortgegangen.«

Wir warteten etwa zehn Minuten und lauschten. Als wir uns erhoben, um die Jagd fortzusetzen, hörten wir plötzlich schnelle Schritte und Stimmen. Wir knieten uns wieder auf den warmen Boden des Seebeckens. Etwa fünfzehn Männer rannten im Abstand von weniger als 20 Metern an uns vorbei, ohne uns zu bemerken. Die Jäger wollten auf keinen Fall gesehen werden.

»Wer war das?«, fragte ich.

»Masai, Viehdiebe. Man erkennt sie daran, wie sie laufen. Sie wollen die Mangati überfallen oder haben es bereits getan«, sagte Sitoti. »Einige der Masai haben sich mit den Somali verbündet, die bis aus Kenia hierher kommen, um den Mangati und Mbulu Rinder zu stehlen.« Bevor wir uns auf diese Safari begeben hatten, waren wir vor der Gefahr gewarnt worden, die von diesen Viehdieben ausging. Also warteten wir, um sicherzugehen, dass die Masai nicht mehr in der Nähe waren.

Mühsam kämpften wir uns gegen den salzigen Wind voran. Beim Gehen dachte ich über die Wahrnehmung der Hadza nach, die sich seit Urzeiten kaum verändert hat und vermutlich auf das menschliche Unterbewusstsein in seiner ursprünglichsten Form zurückgeht. Gesellschaftsformen, Kulturen, Länder und Königreiche sind gekommen und gegangen, während die Hadza ihre Lebensweise beinahe unverändert beibehalten haben. Warum haben sie überdauert? Liegt es daran, dass sie gelernt haben, mit ihrer Umwelt zu harmonieren und bedingungslos zu teilen? Dass ihnen Vorurteile ebenso fremd sind wie Überheblichkeit? Dass sie an keinem religiösen Dogma festhalten und von keinem Fehlglauben beseelt sind? Oder liegt es einfach daran, dass sie seit jeher von der Außenwelt abgeschnitten sind?

Sie sind frei, grenzenlos und herrlich frei und besitzen ein unbeschreiblich tiefgründiges Wissen über das Land. Sie verfügen über zahlreiche Pfeif-Sprachen, Jagd-Sprachen und Fährten-Sprachen. Doch ein großer Teil ihres Wissens, das Bände füllen würde, geht mit der Zerstörung der Pflanzen- und Tierwelt verloren. Einer der letzten der ältesten Kulturen steht der Untergang bevor, und sie hat ihn nicht selbst verursacht.

Was geht dabei verloren? Die Fähigkeit der Hadza, nur für den Augenblick zu leben, und ihr Zugang zu ihren Ahnen werden verschwinden. Wenn ich in 15 Jahren zurückkehre, werden einige der

Ein Mangati-Krieger

Männer, die in dieser Nacht im ausgetrockneten Seebecken unter dem Sternenzelt leise summend neben mir gingen, vor dem Fernseher sitzen und Popcorn essen.

Wenn man zwei Monate bei den Hadza im Busch gelebt hat, im echten Busch, kommen einem anschließend selbst die kleinsten Städte verschmutzt und verdorben vor – Städte, die man zuvor für einen Teil des Waldes gehalten hatte. Die Hadza sind immer überzeugt davon, dass sie Nahrung finden werden – in diesem Glauben liegt ihre Freiheit begründet. Die Freiheit, sich nie in die Gefahr begeben zu müssen, die eigene Nahrungsversorgung nicht mehr kontrollieren zu können.

»Jemsi«, sagte Sitoti und unterbrach mich beim Nachgrübeln.
»Ja, *unasemaje*, was hast du gesagt?«, fragte ich.
»*Unataka maji*, möchtest du Wasser?«

Gela und Sitoti stellen Pfeile her

»Ja, bitte.«

Er reichte mir eine kleine mit Wasser gefüllte Feldflasche, die er irgendwo gekauft hatte.

Wir gingen drei weitere Stunden an den Felsen entlang und in kleine Schluchten hinunter, in der Hoffnung, an irgendeinem Wasserloch auf Weißschwanzgnus zu stoßen. Erschöpft setzten wir uns und rauchten. Sitoti erzählte uns eine Geschichte über seinen Vater. Er sagte, dass die Mangati zu Kolonialzeiten Jagd auf die Hadza gemacht hatten. Sie töteten die Männer, oft nur aus Spaß, und vergewaltigten die Frauen. Die Mangati liebten Hautöl, das aus tierischem Fett gewonnen wurde und die Haut geschmeidig machte. Ein weißer Jäger hatte Sitotis Vater einen Kanister mit Benzin gegeben, um den Männern das Feuermachen während der Regenzeit zu erleichtern, nachdem sie einen Elefanten für ihn aufgespürt hatten. Sitotis Vater ging mit zwei anderen Hadza zu einer großen Mangati-*mboma*, in der sich viele der Männer versammelt hatten, die den Hadza das Leben schwer machten. Sie erzählten den Mangati, dass sie ein Geschenk für sie hätten. »Was ist es denn?«, erkundigten sich die Mangati. »*Mafuta ya mzungu*, Öl vom weißen Mann für die Haut. Es macht eure Haut weich«, erklärte Sitotis Vater. Also stürzten sich 20 oder 30 Mangati auf die Hadza, entrissen ihnen den Benzinkanister und rieben sich am ganzen Körper mit Benzin ein. Einer der Hadza zündete eines der Streichhölzer an, die ihm der weiße Jäger gegeben hatte, und schnippte es ins Feuer, wie er es den *mzungu* hatte tun sehen. Dann schnippte er ein weiteres Streichholz auf einen anderen Hadza. Die Mangati lachten und staunten, wie er Feuer aus der Streichholzschachtel in den Himmel schoss. Ein großer Mangati nahm Sitotis Vater die Schachtel weg und entzündete ein Streichholz. »Nein, du musst die Streichhölzer so schnippen, wenn du Feuer am Himmel sehen willst«, erklärte Sitotis Vater. Also schnippte der große Mangati ein Streichholz auf seinen Freund, der schreiend in Flammen aufging. Der große Mann versuchte ihm zu helfen und begann ebenfalls lichterloh zu brennen. Als die Hadza nach draußen gingen, zündete

Sitotis Vater die Stöcke an, die sie zuvor in Benzin getränkt und um die *mboma* aufgestellt hatten. Die Stöcke gingen in Flammen auf. Als die übrigen Mangati versuchten, das Feuer zu bekämpfen, wurden auch sie von den Flammen erfasst.

Sitoti gestikulierte wild, während er die Geschichte erzählte. Mustaffa war von Sitotis Schilderung fasziniert und gefesselt. Die Glut seiner Zigarette leuchtete in der Nacht. Plötzlich hörten wir abermals Schritte auf uns zukommen.

»*Nani wewe*, wer seid ihr?«, rief jemand aus größerer Entfernung, als der Klang der Schritte vermuten ließ.

»*Sisi wa Hadza*, wir sind Hadza.«

»*Umewaona wamasai*, habt ihr die Masai gesehen?«

»*Ndiyo*, ja«, erwiderte Mustaffa.

Wie eine Fata Morgana erschien langsam eine Gruppe von 20 oder mehr Mangati, deren Gesichter mit schwarzen Linien bemalt waren. Sie wollten von uns wissen, in welche Richtung die Masai gelaufen seien.

»Wir haben die Masai vor einiger Zeit da entlang laufen sehen«, sagte Sitoti und deutete in die entsprechende Richtung. Mustaffa fragte sie als Gegenleistung für die Auskunft nach Tabak. Ich zog mir meinen Hut tief in die Stirn, um zu vermeiden, dass die Mangati misstrauisch wurden, weil sich ein Weißer so tief im Busch befand. Sie blieben eine Weile bei uns, lachten und rauchten mit uns und erzählten, dass sie den Masai seit dem Abend zuvor auf den Fersen waren, weil sie in Endamaghay zwei junge Mangati getötet hatten. An diesem Abend hätten sie die Masai beinahe erwischt, es war ihnen jedoch gelungen zu entkommen. Plötzlich trug der Wind einen seltsamen Schrei zu uns. Er klang anders als alles, was ich je gehört hatte – wie ein Todesschrei. Die Mangati hielten mitten im Satz inne. Im nächsten Moment rannten sie alle los und verschwanden in der Richtung, aus der der Schrei gekommen war.

»Was war das für ein Schrei?«, fragte ich Mustaffa verwundert.

»Der Hilfeschrei eines Mangati.«

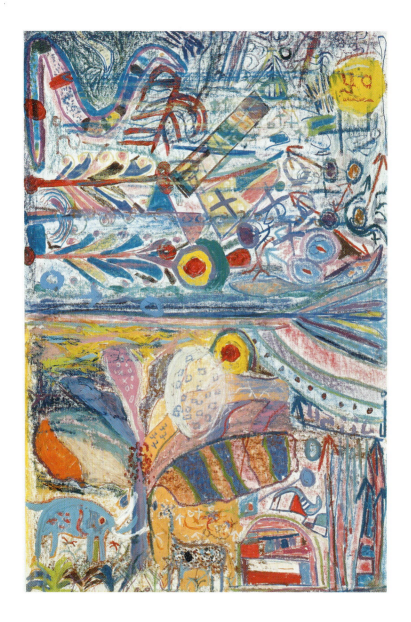

Der Mond und der blaue Elefant
Begonnen in Mangola, fertig gestellt in Sansibar. Oben der Himmel, unten der Wald in der Oase, in dem eine Hadza-Familie, Elefanten und Giraffen leben. Mischtechnik auf Leinwand, 91,5 x 58,5 cm.

Sanola
Erlebnisse während einer Safari nach Sanola.
Mischtechnik auf Papier, 112 x 79 cm.

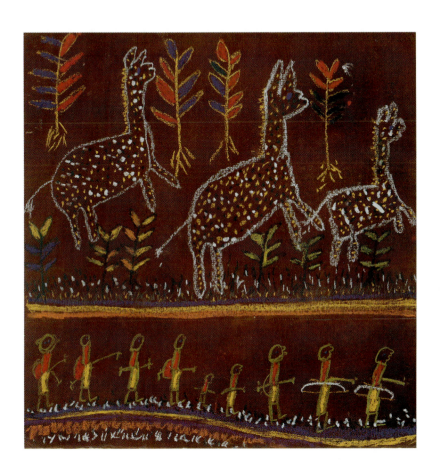

Die Hadza-Familie
Dieses Bild malte Sapo in der Oase von Mangola. Es zeigt ihn und seine Familie auf dem Weg zu einem anderen Camp, auf dem ihnen ein Rudel Impalas begegnet. In der rechten unteren Ecke sind Frauen zu sehen, die ihre Babys auf dem Rücken tragen.
Wachsmalkreide auf Papier, 40 x 40 cm.

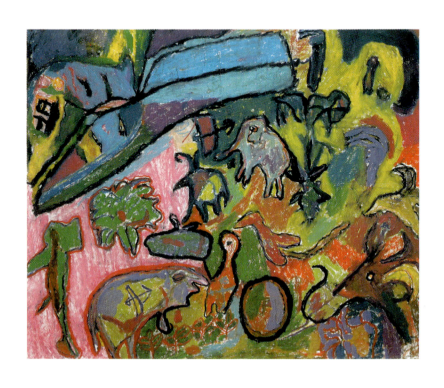

Giduye
Bild eines Hadza namens Giduye.
Das Gemälde illustriert eine Jagd im Busch.
Mischtechnik auf Papier, 72 x 89,5 cm.

Der Giraffenjäger
Dieses Bild zeigt die Vision eines Giraffenjägers.
Mischtechnik auf Papier, 35,5 x 25,5 cm.

Nudulungu
Entstanden während der Safari zum Nudulungu, irgendwo tief im Busch.
Mischtechnik auf Papier, 35,5 x 25,5 cm.

Sabinas Traum
Eines Morgens wachte Sabina auf und beschloss zu malen. Als ich ihn fragte, was er male, entgegnete er: »Meinen Traum.« In seinem Traum hatte er eine junge Giraffe gesehen, ein *Tandala*-Weibchen, einen Elefanten und einen Pavian.
Ölkreide auf Leinwand, 38 x 25,5 cm.

Mustaffa und der Regenbogen
Mustaffa und ich begannen dieses Bild wenige Monate bevor ich 1998 den Busch verließ. Ich stellte es in New York fertig. Eines Morgens, an einem besonders heißen Tag, gingen wir durch den Busch. Gegen Abend regnete es. Nachdem es aufgehört hatte zu regnen, beobachteten wir, wie Paviane in ihren Baum zurückkehrten. Am Horizont erschien ein Regenbogen. Ein paar Jahre zuvor hatte Mustaffa in der Nähe desselben Baums gesehen, wie eine Hyäne einem Elefanten folgte.
Mischtechnik auf Leinwand, 91,5 x 58,5 cm.

Der rote Dämon und afrikanische Hunde
Ein Gemeinschaftswerk von Sabina, Sapo, Jacobo und mir. Das Bild wurde in Mangola nach der Safari mit Nubea begonnen und in New York fertig gestellt. Am unteren Bildrand sind afrikanische Jagdhunde und *tandala* zu sehen. In der oberen rechten Ecke befindet sich der Dämon, der Jacobo in seinen Träumen erschien.
Mischtechnik auf Papier, 60 x 79,5 cm.

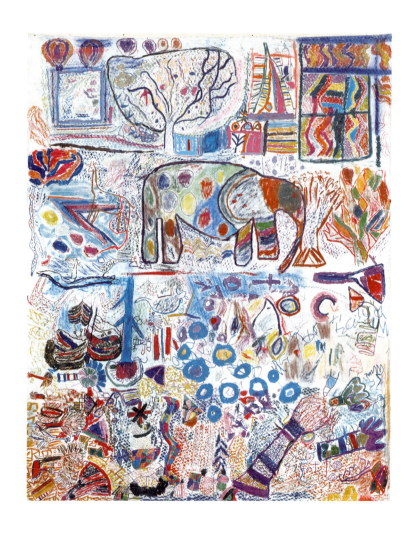

Der Elefant, der Sitoti beinahe getötet hätte
Dieses Bild malten Mustaffa, Sitoti und ich in Endofridge.
Mischtechnik auf Leinwand, 183 x 150 cm.

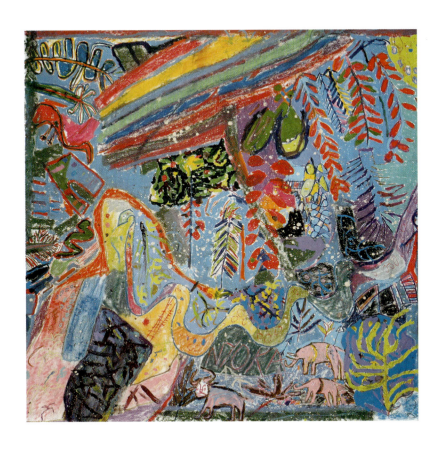

Der Wald nach dem Regen
Ein Gemeinschaftswerk, das wir im Busch auf der Suche nach dem
Nudulungu begannen. Ich vollendete das Bild in Sansibar. Es zeigt das
Leben im Wald nach dem Regen, wenn die Tiere auf Nahrungssuche gehen.
Mischtechnik auf Papier, 91,5 x 101,5 cm.

Die Rückkehr nach New York
Ich begann dieses Bild mit Nubea, nachdem wir viele Felsbilder gesehen hatten. Vollendet habe ich es in der ersten Woche nach meiner Rückkehr nach New York. Mischtechnik auf Papier, 100 x 91,5 cm.

Nach der nächtlichen Jagd kehrten wir ungewöhnlich still in unser Camp in den Felsen zurück. Unsere körperliche Erschöpfung hatte in unseren Köpfen Platz für klare Gedanken geschaffen. Wir legten wortlos unsere Bogen und Pfeile ab, setzten uns ans Feuer und tranken der Reihe nach Wasser. Gela spürte unsere Anwesenheit und wachte in der Hoffnung auf, wir hätten etwas zu essen mitgebracht. Nachdem er unserem Bericht gelauscht hatte, entschuldigte er sich, uns nicht dabei geholfen zu haben, Nahrung für unsere hungrigen Mägen zu finden. Er erzählte von einer ähnlich erfolglosen Jagd, an der er einst in dieser Gegend teilgenommen hatte, und erwähnte, wie schwierig es sei, in Nächten wie dieser Tiere zu erlegen, auch wenn man am Tag zuvor viele gesehen hatte.

Die Männer unterhielten sich und lauschten den Geschichten, die über das Feuer hinweg ausgetauscht wurden, griffen dabei nach ihrem Tabak und ihren Pfeifen und füllten routiniert deren steinerne Höhlungen. Während sie mit einer Hand die Pfeife stopften, suchten sie mit der anderen in der warmen Asche nach einem Stück Kohle, um damit den Tabak zu entzünden, der die Qualen ihres Hungers linderte. Sie unterhielten sich stundenlang über große Jagden in der Vergangenheit und in der Zukunft. Die Jäger sind davon überzeugt, dass sie niemals mit dem Jagen aufhören werden. Wenn man einen alten Mann fragt, ob er jemals einen Löwen erlegt hat, wird er das nie verneinen – auch wenn er körperlich nicht mehr in der Lage dazu ist –, sondern erwidern: »*Badayee*, später. Irgendwann werde ich einen Löwen töten.«

Sitoti warf mehrere Kohlen in den frühmorgendlichen Nachthimmel. »Ich bringe uns Regen«, meinte er.

Nachdem wir unsere Unterhaltung beendet hatten, versuchten wir, im Schutz eines Felsbrockens zu schlafen. Gela und Mustaffa hatten sich mit ihren Schlafdecken zugedeckt. Die Sonne war kurz davor aufzugehen, und die vielen Vögel, die im Laubwerk des Bergwaldes lebten, begannen zu singen. Sitoti holte einige Wurzeln aus seiner Schultertasche, die ihm seine Frau mit auf den Weg gegeben hatte, und platzierte sie gewissenhaft in der warmen Asche. Nach einer Weile nahm er sie wieder aus der Glut und schälte sie mit den Zähnen.

Er schnitt die faserigen Wurzeln, die an Kartoffeln erinnerten, in jeweils drei Stücke.

»*Safi*, Jemsi, schmecken sie dir?«

»*Safi sana*«, erwiderte ich.

In der Morgendämmerung erzählte uns Gela von den fünf Jahren, die er im Gefängnis verbringen musste, weil ihn die Datoga beschuldigt hatten, eine ihrer Kühe erlegt und gegessen zu haben. Nach landläufiger Meinung kommt eine fünfjährige Haftstrafe im Gefängnis von Arusha einem Todesurteil gleich, da die Insassen entweder an Malaria, an Hauterkrankungen oder an Unterernährung sterben. Doch Gela überlebte.

»Hast du die Kuh getötet?«, fragte ich ihn.

»Nein, ich war nur zufällig der erste Hadza, den sie sahen, nachdem die Löwen ihre Kuh gefressen hatten. Ich hatte früher einige ihrer Kühe getötet, diese allerdings nicht.«

»Woran hast du im Gefängnis gedacht?«, fragte ich.

»An nichts. Im Gefängnis denkt man nur ans Gefängnis, sonst vergeht der Tag nicht«, fügte er hinzu und arbeitete an seinen Pfeilen weiter.

Ich hatte mich noch nie länger mit Gela unterhalten. Er war immer sehr schweigsam; ein sanfter, alter Mann um die 60, der für seine Jagdkünste bekannt war und ständig *bangi* rauchte. Wenn man sich mit ihm unterhalten wollte, während er rauchte, sagte er immer, dass ein *ngoma*, ein Tanz, in seinem Kopf stattfinde und er deshalb nicht reden könne.

Seine Pfeile liebte er über alles. Bei der Affenjagd blieben viele von ihnen in den Bäumen hängen. Die anderen Jäger ließen ihre Pfeile einfach zurück und machten sich auf den Rückweg, um die toten Affen zuzubereiten. Er blieb, manchmal einen ganzen Tag lang, und kletterte in die Bäume, um seine Pfeile einzusammeln. Die anderen machten sich deshalb über ihn lustig.

»Wo ist Gela?«, fragte ich hin und wieder.

»Er sucht nach seinen Pfeilen«, lautete dann die Antwort, als hätte ich es mir denken können.

In den frühen Morgenstunden waren die Männer gewöhnlich sehr still. Sie brachten ihre Bogen in Ordnung, summten leise vor sich hin und suchten die Umgebung mit ihren Blicken nach Tieren ab. Sie schlugen ihr Lager vorzugsweise an hoch gelegenen Stellen auf, die eine hervorragende Aussicht auf das darunter liegende Land boten. Die meisten Hadza-Camps aus längst vergangenen Tagen befanden sich zudem unter überhängenden Felsen, die eine oder zwei Seiten der Feuerstelle abschirmten.

Die Jäger sind geduldig wie Fischer. Man hat den Eindruck, dass sie stundenlang einfach nur vor sich hin starren und nachdenken, während sie ihre Zigaretten rollen. Doch plötzlich schnappen sie sich

Einsamer Jäger

Pfad zum Nudulungu

in Sekundenschnelle ihre Bogen und verschwinden. An jenem Morgen saß Mustaffa auf einem Felsen und starrte in die Ferne. Nachdem er seine Zigarette geraucht hatte, stand er auf und sagte, er habe in der Nacht zuvor, während wir schliefen, bei der Wasserstelle einen Leoparden gehört, der Kuhantilopen jagte. »Die Fährte des Leoparden wird mich zu den Kuhantilopen führen«, erklärte er und verließ das Camp, als die rote aufgehende Sonne den letzten Rest der Nacht verdrängte. Er folgte dem steinigen Pfad, bis seine Silhouette hinter den unregelmäßigen Felsplatten verschwand, die in der Ferne in den Himmel emporragten. An Mustaffas Worten erkannten wir, dass wir ihn alleine gehen lassen mussten. Er war bekannt dafür, dass er nur alleine jagen ging, seit sein Zwillingsbruder gestorben war und sein Vater nicht mehr sehen konnte. Er begleitete die anderen zwar oft bei der Jagd, allerdings nur, um Tiere aufzuspüren. Wenn er sich mit seinem Bogen auf den Weg machte, veränderte sich seine gesamte Erscheinung: Aus dem lustigen, stets zu Späßen aufgelegten Schelm wurde mit einem Mal ein grimmiger, einsamer Jäger.

Es gibt kein Bild, das ursprünglicher und beruhigender wirkt als der Anblick eines einsamen Jägers, der im unermesslichen Busch verschwindet.

»Hattest du einen Freund im Gefängnis, Gela? Hier und da ein bisschen *jiggi?*«, erkundigte ich mich.

Sitoti brach in schallendes Gelächter aus. Gela sah mich an. Er schien sich nicht über meine Frage zu wundern. »Ich nicht, aber andere. Die Männer hatten Angst vor meinen magischen Kräften. Ich musste ihre Träume für sie vertreiben, damit sie mich in Ruhe ließen«, sagte er und wandte den Blick wieder seinem Pfeil zu.

»Was war der größte Tag in deinem Leben, Gela?«, fragte ich.

Er sah abermals von seinem Pfeil auf und lächelte, wie ich ihn noch nie hatte lächeln sehen. Sitoti verstummte und nahm wie ein Kind den Daumen in den Mund. Das tat er immer, wenn irgendetwas seine ganze Aufmerksamkeit in Anspruch nahm.

»Als ich ein junger Mann war«, begann Gela, »etwas jünger als Sitoti heute, erfuhr ich in einem Traum, dass ich in den Hügeln in der Nähe des Nudulungu allein auf die Jagd gehen musste. Ich erinnere mich noch an den starken Wind, der mir den Staub in den Mund blies. Zunächst spürte ich am Waldrand einige Gazellen auf. Aber die Gazellen waren zu schnell für mich. In der folgenden Nacht träumte ich von na-ko-ma-ko, von Büffeln. Ich wachte mitten in der Nacht auf und hörte etwas, das ich nicht hören wollte: den Atem eines se-sa-may-a, eines Löwen, der über mir stand und zum Nudulungu blickte. Ich hielt mich völlig still, da ich Angst hatte, dass mich der Löwe fressen würde, und schlief bald wieder ein. Als ich aufwachte, war der Löwe verschwunden und der Morgen war angebrochen. Ich trank Wasser aus einem baobab-Baum und folgte der Fährte des Löwen, die über die Hügel entlang des toten Sees führte. Aus irgendeinem Grund war ich von dem Löwen verschont worden, also folgte ich ihm. Seine Fährte führte mich zu einem Felsvorsprung hoch über einem kleinen

Tal, das ich noch nie gesehen hatte. In meinem Traum in der Nacht zuvor hatte der Löwe Büffel gejagt und mich zu ihnen geführt. An den Hängen des Tals, in dem ich soeben angekommen war, grasten unzählige Büffel. Am Nachmittag erlegte ich einen von ihnen. Ich wusste, dass ich niemandem von dem Tal erzählen durfte. Es war heilig und gehörte den Löwen.

Ich schnitt den toten Büffel in Stücke und versteckte das Fleisch, das ich nicht tragen konnte, ein gutes Stück vom Tal entfernt in einem Baum. Andere würden es später dort finden. In der Nacht kam ich wieder im Camp an. Alle freuten sich, dass ich Fleisch mitgebracht hatte, und waren überrascht, wie viel ich getragen hatte. Wir aßen und tanzten die ganze Nacht. Mzee Salay und seine Frau sahen, dass ich ein kräftiger junger Mann war, und beschlossen, dass ich ihre Tochter heiraten sollte.

Nachdem ich das Herz des Büffels gegessen hatte, fühlte ich mich stark und verließ das Camp, um noch einmal auf die Jagd zu gehen. Einige der anderen Männer wollten mich begleiten, aber ich sagte ihnen, dass ich alleine gehen müsse. Am nächsten Tag erlegte ich in dem Tal einen weiteren Büffel und brachte so viel Fleisch, wie ich tragen konnte, ins Camp zurück. Mzee Salay und seine Frau riefen mich sofort zu sich: ›Bocho, bocho.‹ Ihre Tochter Palela saß neben ihnen. Sie forderten mich auf, Platz zu nehmen, und fragten, ob ich mit ihnen essen wollte. Palela lächelte mich an. Sie war wunderschön und hatte noch nie mit einem Mann geschlafen. Manche hatten es versucht, doch sie hatte es nicht zugelassen. Ich willigte ein, sie zu heiraten. Mzee Salay war hoch erfreut und eröffnete noch in derselben Nacht einen Tanz, um die Ahnen zu bitten, unserer Heirat zuzustimmen. Wir warteten zwei Tage, bis Salays Frau die Hemden für unsere Hochzeit genäht hatte. Sie waren aus *swala*-Haut und mit Pflanzensamen verziert.« Als Gela seine Geschichte erzählt hatte, schnitzte er seinen Pfeil weiter.

»Wie lange warst du mit Palela zusammen?«, fragte ich ihn.

»Ich hatte ein Kind mit ihr. Beide starben bei der Geburt«, sagte Gela, ohne die Arbeit an seinem Pfeil zu unterbrechen. Sitoti erklärte,

170

dass Gela seither keine Ehefrau mehr gehabt hätte und jetzt mit seinem *bangi* verheiratet sei.

Wir beschlossen, unser Camp in der Nähe der Wasserstelle nicht vor dem nächsten Morgen zu verlassen. Mustaffa würde müde sein, wenn er von der Jagd zurückkehrte. Da Sitoti und ich nichts zu tun hatten, badeten wir in den Wasserlöchern der Oase. Nach unserem zweitägigen Fußmarsch durch das ausgetrocknete Seebecken waren wir staubig und salzverkrustet. Seit wir in Endamaghay aufgebrochen waren, hatten wir etwa 60 Kilometer zurückgelegt.

Wir sprangen ins Wasser, wuschen uns gegenseitig die Spuren ab, die der salzige Wind hinterlassen hatte, und schwammen dann lachend umher. Die Hadza kennen keine Scham, was Nacktheit betrifft. Als ich einen Blick auf meine Schamhaare warf, traute ich meinen Augen nicht. Ich rief Sitoti herbei, um ihm die Lebewesen zu zeigen, die ich dort entdeckt hatte.

»*Hamna shida*, Jemsi, *ndudu*. Kein Problem, das sind nur Insekten.« Es handelte sich um eine ganze Kolonie von munteren Filzläusen.

Ich musste mir die Läuse bei einer Mangati geholt haben, die eines Nachts in Endamaghay zu uns ins Camp gekommen war. Ungefähr drei Wochen lang war diese junge Frau jeden Nachmittag nach dem Wasserholen aufgetaucht und hatte unser Camp von den Büschen aus beobachtet. Jedes Mal, wenn wir sie herbeiriefen, lief sie davon.

»Möchte sie *jiggi*?«, fragte ich Sitoti.

»Ja. Sie wird kommen, sobald sie keine Angst mehr hat.«

»Hast du jemals mit einer Mangati geschlafen?«

»Schon oft. Sie lieben Honig über alles. Also gebe ich ihnen Honig und bekomme dafür *jiggi* von ihnen.«

Eines Nachmittags, als die anderen Männer nicht im Camp waren, spürte ich, dass mich jemand anstarrte. Ich drehte mich schnell um und sah die Mangati am Rand der Lichtung stehen. Ich winkte sie mit einem Stück frisch gebackenem Brot herbei.

»Komm her, iss etwas und trink Tee mit mir«, sagte ich höflich auf Suaheli. Sie kam langsam auf mich zu, nahm mir vorsichtig das Brot aus der Hand und setzte sich dann auf ihren Wassereimer. Erst von nahem merkte ich, wie hübsch sie war. Sie sah mir schweigend zu, wie ich Tee kochte. Als ich ihr eine Tasse mit mehreren Löffeln Zucker reichte, nickte sie zum Dank mit dem Kopf und sah mir das erste Mal direkt in die Augen. Dann hörte sie die anderen Männer zurückkommen, stand hastig auf und ging.

Ein paar Nächte später schlief ich in einiger Entfernung von den anderen, um den kühlen Wind auszukosten. Die Nacht war heiß. Kurz bevor ich einschlief, spürte ich, wie eine Hand mein Gesicht berührte. Ich erschrak heftig, öffnete langsam die Augen und stellte fest, dass die bezaubernde Mangati neben mir stand. Ohne ein Wort zu sagen, öffnete sie ihren langen Rock aus Kuhfell und zog ihr Hemd aus. Das Mondlicht fiel auf ihre spitzen Brustwarzen. Sie griff zärtlich nach meiner Hand, legte sie auf ihren Bauch und schob sie nach unten, während sie sich auf den Boden kniete. Dann legte sie sich neben mich und zog mich an sich. Ihre Hände waren kräftig und schwielig, und ihre Haut roch nach Kuhmilch. Sie biss mich in den Hals und in die Schultern, seufzte und ließ mich in sie eindringen.

Die Männer behaupteten, sie sei eine verrückte Hexe, die keine Sprache sprach. Sie hatten Angst vor ihr, gaben mir allerdings Recht, dass sie äußerst attraktiv war. Sie trug Armbänder, die erkennen ließen, dass sie verheiratet war, doch Sitoti meinte: »Du brauchst dir keine Sorgen zu machen, ihr Mann ist tot. Er wurde von Somali getötet. Sie lebt bei ihrer Mutter.«

»Wie kann ich sie finden?«, fragte ich ihn.

»Sie wird am Abend zu dir kommen. Du brauchst nicht nach ihr zu suchen, sie kommt wieder.«

»Hattest du jemals Filzläuse, Sitoti?«, fragte ich ihn, während er mich untersuchte.

»*Ipo*. Ich habe zurzeit welche. Das Beste ist, du nimmst ein Messer und rasierst dich.«

Eine junge Mangati-Frau

Später, einige Zeit nach Einbruch der Dämmerung, hörten wir das gespenstische Heulen einer einsamen Hyäne, das in den Felsen widerhallte. »*Mkubwa, mkubwa fisi!* Eine riesige Hyäne«, sagte Sitoti. Mustaffa war noch nicht von der Jagd zurückgekehrt.

»*Wapi* Mustaffa, wo ist Mustaffa?«, fragte ich, da ich mich wunderte, warum er noch nicht zurück war.

»*Sijui*, ich weiß nicht«, entgegnete Sitoti unbesorgt. »Gela hasst die Hyänen mehr als alle anderen Tiere.«

»*Kwanini*, Gela, warum?«, fragte ich ihn.

Gela hatte kein Wort mehr gesagt, seit wir uns am Morgen unterhalten hatten. Den Tag hatte er damit verbracht, Pfeile für die Vogeljagd anzufertigen. Er griff vorsichtig ins Feuer, um ein Stück Kohle für seine Pfeife zu finden, und bat mich, ihm die Milch zu reichen. Wir hatten etwas Kuhmilch von einem Mangati bekommen, der am Nachmittag bei uns Halt gemacht hatte. Im Gegenzug gaben wir ihm etwas von unserem Tabak und versorgten ihn mit Neuigkeiten aus Endamaghay. Er berichtete von den Wildtieren, die er gesehen hatte, als er seine Viehherde weidete. Er sagte, dass es aufgrund der Wasserknappheit nicht mehr viele wild lebende Tiere gebe. Vermutlich hielten sie sich weiter nördlich auf. Er verabschiedete sich und machte sich in der Dämmerung auf den Heimweg, den Magen voll mit Tee und gezuckerter Milch. Ehe er ging, erzählte er uns noch, dass er seine Familie und sein Vieh in den Hügeln versteckt habe, als ein paar Tage zuvor Somali und Masai in der Gegend aufgetaucht waren. Er hoffte, dass sie nicht wiederkommen würden. Wir sagten ihm, dass wir in der vorhergehenden Nacht mehrere Mangati getroffen hätten, die den Masai auf den Fersen waren.

»Hoffentlich töten sie die Masai. Es ist nicht gut, dass die Viehdiebe bis in diese Gegend gekommen sind. Das wird bestimmt Blutvergießen geben«, meinte er und verschwand zwischen den Felsen.

Dann hörten wir die Hyäne erneut, ganz in der Nähe des Camps. Sitoti nahm seinen Bogen und bat mich um meine kleine Taschenlampe.

»Wo gehst du hin?«

»Ich suche Mustaffa. Er kann nicht weit sein und hat bestimmt Fleisch dabei. Die Hyänen folgen ihm. Bleib du hier bei Gela.« Sitoti verschwand in der pechschwarzen Nacht.

»*Matatizo*, alles in Ordnung, Gela?«

»*Hamna shida*, alles in Ordnung.«

»Warum hasst du Hyänen, Gela?«, fragte ich ihn noch einmal. Gela hatte sich inzwischen an meine Fragen gewöhnt. Er lächelte. »Als ich noch jünger war, erlegte ich einmal einen jungen Elefanten. Ich konnte sein Fleisch nicht alleine tragen. Die Nacht war bereits angebrochen, als ich damit fertig war, den Elefanten zu häuten. Ich legte Dornbuschzweige um das Fleisch und machte ein großes Feuer. Die Hyänen hatten sich bereits ganz in der Nähe versammelt. Ich blieb wach und achtete darauf, dass das Feuer nicht ausging. Es hielt die Hyänen fern. Gegen Morgen wurde ihr Hunger jedoch größer als ihre Furcht. Inzwischen waren es sehr viele. Sie sprangen über die Dornbuschzweige und griffen mein Camp an. Ich schoss auf sie, bis ich keine Pfeile mehr hatte. Eine, die mich ins Bein biss, tötete ich mit meinem Messer. Aber es waren einfach zu viele. Ich kletterte auf einen Baum und sah zu, wie sie sich über das Elefantenfleisch hermachten. Hungrig und müde saß ich lange Zeit im Baum und wartete, bis sie mit dem Fleisch verschwanden. Dann kehrte ich mit dem, was sie übrig gelassen hatten, zu meinem *nyumbani* zurück, nach Hause. Hyänen greifen dich nur an, wenn du alleine bist.«

Vom Hügel her hörten wir Lachen, das sich uns näherte. Mustaffa und Sitoti erschienen mit den riesigen Hinterbeinen eines Tiers im Feuerschein. Mustaffa war schweiß- und blutüberströmt. Er sah erschöpft aus. Sitoti war völlig aus dem Häuschen. Gela sprang auf und half den beiden.

»Eine Hyäne hat Mustaffa angegriffen, Jemsi. Er hat sich auf einem Baum versteckt. Ich habe der Hyäne einen Pfeil in den Kopf geschossen. Sie hat geschrien wie ein di-dee-dee-Vogel und ist davongerannt.«

Während die Männer das Fleisch in Stücke schnitten, erzählte Mustaffa von der Jagd. Er sagte, er sei am Vormittag in Richtung

Mustaffa bei der Jagd

Nudulungu gegangen. Zunächst war er der Fährte des Leoparden gefolgt, später den Spuren einer Giraffe. Gegen Mittag stieß er auf eine weitere Oase. In der Nähe der Oase sah er eine *swala*, eine Impala, und erlegte sie. Er stach ihr ins Herz, und sie brach vor seinen Füßen zusammen. Dann schnitt er sie in Stücke und versteckte das Fleisch, das er nicht tragen konnte, in einem Baum. Um den Baum verteilte er Medizin, um die Leoparden fern zu halten. Er hatte solchen Hunger, dass er mehr Fleisch mitnahm, als er hätte tun sollen. In der Dämmerung hefteten sich Hyänen an seine Fersen. Sie verfolgten ihn fast bis zum Camp, bis auf die andere Seite der Felsen. Mustaffa deutete auf die schemenhaften Felsen, die im Mondschein in den nächtlichen Himmel emporragten.

»Ich schoss der Hyäne, die es auf das Fleisch abgesehen hatte, in die Brust. Von den anderen Hyänen war nichts mehr zu hören. Ich war müde und versteckte meinen Bogen unter ein paar kleinen Felsen, da ich beide Hände brauchte, um mit dem Fleisch den steilen Abhang hinunterzuklettern. In der Nähe des Wasserlochs kam eine zweite Hyäne auf mich zu. Sie muss großen Hunger gehabt haben. Um das Fleisch in Sicherheit zu bringen, musste ich wieder auf einen Baum klettern. Ich war froh, als ich Sitoti meinen Namen rufen hörte«, sagte Mustaffa und reichte Gela ein Stück Fleisch.

Die nächsten fünf Stunden waren wir mit Essen beschäftigt. Die Männer sangen: »Ica-cu-nico a-co-ata, nom-be-go, nom-be-go. Ica-cu-nico a-co-ata, nom-be-go, nom-be-go, Schwester Hadza, komm zu uns in den Busch, wir jagen Tiere, komm zu uns, komm zu uns, Schwester Hadza, komm zu uns in den Busch, komm zu uns. Du wirst reichlich zu essen bekommen und glücklich sein. Wir sind stark.«

Wenn die Hadza an die Vergangenheit denken, singen sie, und die Vergangenheit scheint mit der Gegenwart zu verschmelzen. Ihr Gesang am Feuer vereint alle Zeiten, Orte und Erinnerungen in sich, wird zum Spiegel der Seele des Landes und zum Echo längst verstummter Stürme, die schon seit Millionen von Jahren über die Savannen fegten. Ihre Fantasien werden eins mit der Realität. Ich lauschte stundenlang ihren Liedern und entdeckte dabei Energiereserven in mir, die mir bis dahin völlig unbekannt waren. Dort, in dieser Welt aus Sternen, Bergen und Felsen, wurde mir bewusst, welchen Verlust es bedeuten wird, wenn ihre Stimmen für immer verklingen. Mir wurde klar, dass ihre Welt, ihre Lebensweise und ihre Kultur keine Chance haben zu überleben. Sie wussten es ebenfalls – ich hörte es in ihren Stimmen.

Im Morgengrauen brachen wir zum Nudulungu auf. Als wir mit vollem Magen in die mit Felsbrocken übersäte Schlucht hinabstiegen, fragte ich Mustaffa, wo der Berg zu finden sei.

»Manchmal findet man den Nudulungu nicht«, erklärte er. »Der Berg erhebt sich wie ein Pfeil in die Lüfte, und um seinen Gipfel kreisen riesige Vögel.«

Gela und Mustaffa waren als Einzige bereits bei dem Berg gewesen. Sie erzählten mir, dass es dort große Tiere gab, viele Elefanten.

Die Jäger bei der Rast

Das bedeutete, dass sich der Nudulungu vermutlich in einem entlegenen Teil der Serengeti befand und uns somit ein ziemlich gefährlicher Ausflug bevorstand. Wenn uns die Ranger entdeckten, würden sie uns wahrscheinlich für Wilderer halten und auf uns schießen. Sie sind angewiesen, jeden Wilderer ohne Vorwarnung zu töten. Aus Furcht, dass es sich bei den Wilderern um bewaffnete Somali handeln könnte, schießen sie bereits von weitem.

Wer war Nudulungu? fragte ich mich. Wenn ich mich bei den Jägern nach ihm erkundigte, antworteten sie ausweichend, behaupteten jedoch immer, dass er in der Lage gewesen sei, Kranke zu heilen.

»Warum war er mit einem Speer bewaffnet und nicht mit einem Bogen?«

»*Sijui*, ich weiß es nicht«, sagte Mustaffa.

»War er ein gebürtiger Hadza oder kam er als erwachsener Mann hierher?«

»Er tauchte vor langer Zeit bei den Hadza auf und war so stark wie zwanzig Männer zusammen. Die Hadza gehen zum Berg von Nudulungu, um dort zu beten. Ich werde dafür beten, dass die Tiere zurückkommen und dass die Mbulu und Mangati unser Land verlassen«, sagte Gela.

Mustaffa wechselte das Thema. Er erzählte uns, dass in der Nacht, als wir im ausgetrockneten Seebecken gejagt hatten, in der Nähe von Endamaghay ein Hadza ermordet worden sei. »Deshalb konnten wir keine Tiere finden«, sagte er.

»Wie hast du davon erfahren?«, fragte ich ihn.

»Ich habe auf der Jagd einen Hadza getroffen, der auf dem Weg nach Sanola war. Er sagte mir, dass zwei junge Hadza im Gebüsch einem älteren Mann und seiner jungen Frau aufgelauert hätten. Sie hatten sich mit *pombe* betrunken, da an diesem Tag der Markt stattfand. Als der alte Mann kam, stürzten sie sich auf ihn, rissen ihm die Augen aus dem Kopf und die Gedärme aus dem Bauch. Seine Frau verschwand mit den beiden jungen Männern im Busch. Sie ist eine Hexe. Der alte Mann hatte versucht, die beiden davon zu überzeugen, nur seine Frau mitzunehmen. Aber sie sagte ihnen, dass sie ihn töten sollen.«

»Ich dachte, er ist tot? Wie konnte es dann irgendjemand erfahren?«, fragte ich.

»Er starb erst einen Tag nachdem er gefunden wurde, und hat alles erzählt. Das ist der Grund, warum sich die Tiere von uns fern gehalten haben. So etwas ist noch nie passiert. Ein böser Dämon ist in unser Land gekommen«, meinte Mustaffa beunruhigt.

»Ein böser Dämon, *shetani mkubwa*, nimmt Besitz von der Welt«, entgegnete ich.

»Das stimmt, die Welt verändert sich. Wir müssen diesen Dämon töten, aber ich weiß nicht, wie«, sagte Sitoti.

»Nichts unter der Sonne ist von Dauer. Der Dämon wird wieder verschwinden«, erwiderte ich.

»Der Nudulungu wird auch von einem Dämon beschützt. Er hat Flügel. Ich habe ihn als Kind gesehen. Wir müssen Medizin finden und mit den Ahnen sprechen, ehe wir uns in seine Nähe begeben«, sagte Mustaffa und schnitt vier Zweige von einem kleinen Baum ab.

»Was ist das für ein Baum?«

»Ein Feuerstockbaum. Es gibt nicht mehr viele davon. Ich bin froh, dass wir ihn vor den Elefanten gefunden haben. Die Elefanten fressen gerne Feuerstockbäume«, sagte Mustaffa und reichte Gela und Sitoti jeweils einen Zweig. »Da, sie sind hohl. Man kann gut mit ihnen Feuer machen.«

Das Gefühl, einerseits vollkommen frei, andererseits der übermächtigen und erbarmungslosen Natur hilflos ausgeliefert zu sein, ist erhebend und demütigend zugleich. Je tiefer man in Gegenden vordringt, in die sich nur selten ein Mensch verirrt, desto mehr Energie scheint den Körper zu durchfluten. Mit einem Mal entdeckt man Möglichkeiten intuitiver Wahrnehmung, die einem bis dahin völlig fremd waren, weil man nie die Gelegenheit hatte, sich einer derart ursprünglichen, natürlichen Umgebung auszusetzen. In den Gebieten, in denen die Tier- und Pflanzenwelt niemals durch die Gegenwart von Menschen aus dem Gleichgewicht gebracht worden ist, herrscht eine andere, unterbewusste Form der Kommunikation. Es hat wirklich etwas Gespenstisches an sich, wenn längst vergessene Eindrücke in einem hochkommen.

Wenn wir an solche Orte kamen, wurden die Jäger immer schweigsam und baten mich, nicht zu pfeifen, da wir uns »im Land der *shetani wajini*, der wandelnden Geister« befanden. Diese zerbrechlichen Sphären der Natur sind den Jägern heilig, da sich für sie in ihnen das Reich der Geister offenbart. Doch welche Geister? Was ist es, das man spürt, aber nicht erklären kann? An diesen Orten scheint der Keim unseres Ursprungs begraben. Dort, wo die Bäume zu den Menschen sprechen und die Tiere die Reise der Jäger in ihr Inneres symbolisieren. Diesen Orten wohnen die uralten Geheimnisse der menschlichen Seele inne, die nicht mehr wiederkehren, wenn man sie zerstört.

Zwei Tage lang waren wir in einer solchen Gegend unterwegs, durchquerten wüstenähnliches Gelände und üppige Oasenwälder, in denen wir uns von den Kokosnüssen ernährten, die von den riesigen alten Palmen herabgefallen waren. Das Fleisch, das Mustaffa in einem Baum deponiert hatte, war verschwunden. Und als wir eines Morgens aufwachten, war auch unser getrocknetes Fleisch weg. Nichts deutete darauf hin, wer für den Diebstahl verantwortlich war. Das verunsicherte die Jäger. Wir schliefen schlecht, und die Männer fingen an, sich Sorgen zu machen, erinnerten sich alter Rituale und sprachen ständig von der Vergangenheit des Landes – vom Land der Ahnen. Wir befanden uns an einem Ort, der einen vernichten konnte, wenn man keine ehrlichen Absichten hatte – in einem der Geisterwälder, von denen ihre Großväter erzählt hatten.

»Mein Großvater ging mit ein paar anderen Männern in dieser Gegend auf die Jagd. Nach etlichen Tagen verschwanden drei der Männer, und mein Großvater hatte großen Hunger. Als er sich in den Schatten eines dum-ba-ya-Baums legte, hörte er eine Stimme: ›Warum bist du in meinen Wald gekommen? Was sind deine Absichten?‹ Er blickte sich um, sah jedoch niemanden. Dann wurde ihm bewusst,

Giraffen

dass es der Baum war, der zu ihm gesprochen hatte, oder vielleicht auch ein Vogel. Er war sich nicht sicher, antwortete aber trotzdem der Geisterstimme: ›Ich bin gekommen, um Nahrung zu finden.‹ ›Gibt es dort, wo du herkommst, nichts zu essen?‹, entgegnete der Geist. ›Mit dem Regen sind auch die Tiere verschwunden. Meine Familie leidet Hunger.‹ ›Schlaf jetzt, und wenn du aufwachst, geh zu dem großen Baum neben den drei Steinen, die den Weg zum Salzsee weisen. Du wirst dort einen Büffel finden, um deinen leeren Magen zu füllen. Schneide den Büffel in Stücke, aber iss ihn nicht. Lauf los und hol deine Familie. Wenn du zurückkommst, wird das Fleisch getrocknet sein. Und hier, in diesem Tal, findest du alle Beeren, Wurzeln und Tiere, die dein Herz begehrt‹, sagte der Geist. Mein Großvater tat, was der Geist ihm gesagt hatte, und alles ging in Erfüllung.«

Als wir auf dem Weg zu der Oase waren, hörten wir in der Ferne ein schreckliches Geräusch, das immer lauter wurde und uns zutiefst beunruhigte. Mustaffa sagte: »*Gari*, ein Geländewagen. Das sind Ranger.« In der Ferne sahen wir eine Herde Weißschwanzgnus, die im violetten Sonnenlicht umherstreiften und dabei von den Luftspiegelungen immer wieder verschluckt wurden. Wir versteckten uns hinter einem Felsen. Es wäre nicht gut gewesen, wenn die Ranger die Hadza oder mich gesehen hätten. Man konnte nie wissen, was passieren würde. Manche Ranger sind korrupt und hätten mich vermutlich mit ihren Gewehren bedroht und versucht, mir auf diese Weise Geld abzunehmen. Viele Ranger werden auch von professionellen Jägern dafür bezahlt, jeden Hadza zu verhaften, den sie mit einem Bogen in der Nähe der Reservate sehen. Einige der professionellen Jäger haben Angst, die Hadza könnten die wilden Tiere töten, die das Reservatsgebiet verlassen haben – schließlich gibt es genug reiche Idioten und Egomanen, denen das Töten dieser wilden Tiere Tausende von Dollar wert ist. In diesen Gegenden hat die professionelle Jagd die Lebensweise der Hadza zerstört.

Das Motorengeräusch wurde immer lauter. Wenn man einen Monat lang kein Auto gehört hat, klingt das Geräusch eines Motors unbeschreiblich widerlich. Ein Land Rover Pickup raste an uns vorbei und nahm Kurs auf die Weißschwanzgnus in der Ferne. Die Ranger waren alle mit Gewehren bewaffnet. Fünf oder zehn Minuten später hörten wir die Schüsse. Mustaffa sagte, dass die Ranger Gefängniswärter bei sich hätten. Einmal im Monat kamen sie in das »Tierschutzgebiet« von Endamaghay und töteten so viele Weißschwanzgnus wie möglich, um Nahrung für die Häftlinge zu haben. Er hatte sie allerdings noch nie so tief im Busch gesehen.

Wir beschlossen, über die kleinen Berge nach Norden zu marschieren und die flachen Täler zu durchqueren, um jeder möglichen Gefahr aus dem Weg zu gehen. »Wir werden jetzt unsichtbar. Niemand wird uns finden. Mach dir keine Sorgen, Jemsi«, sagte Sitoti, der meine Furcht spürte.

DER BERG VON NUDULUNGU
UND DIE GEISTER DER AHNEN

Wir überquerten eine Hügelkette und marschierten auf steinigen Trampelpfaden ins nächste Tal hinab. Es schien, als würde alles um uns herum lauschen, als bliebe der Natur keiner unserer Schritte verborgen. Über unseren Köpfen bewegten sich die dunkelbraunen Blätter im Wind. Während der letzten Tage hatten sich jeden Morgen kurze Regenschauer über das Land ergossen und ihm neues Leben eingehaucht. Überall brachen wild wachsende gelbe Blumen, die an Hyazinthen erinnerten, durch die trockene Kruste der Erde, und Schmetterlinge schwebten über dem Blätterwerk, als wir gebückt durch die von *swala* ausgetretenen Tunnel im Busch gingen.

Als wir aus dem Dickicht in die Talsohle traten, wurden wir von einer plötzlichen, alles umhüllenden Dunkelheit verschluckt. Millionen von Schmetterlingen bedeckten unsere Körper – mit einem Mal waren nur noch Insektenbeine, Flügel und winzige Rüssel zu sehen. Dann wurden sie ebenso unvermittelt, wie sie aufgetaucht waren, wieder von einem Windstoß fortgetragen. Eine riesige, kilometerlange Wolke von Schmetterlingen zog über das Tal und verschwand hinter der nächsten Hügelkette. Unzählige Schmetterlinge blieben zurück, lagen tot auf der Erde oder verendeten zwischen den wilden Blumen. Ganze Armeen von Ameisen verschlangen die Schmetterlingskadaver und nahmen dabei die Farben der Flügel an, deren pulverige Fasern sich auf ihren emsigen Körpern ansammelten wie Blütenstaub auf einer Biene.

Sitoti steigt auf einen Baum

Das frisch gesprossene Gras und die wieder ergrünten Bäume strahlten nach dem Regen eine tiefe Zufriedenheit aus. Die Natur fühlte sich nicht mehr von der Sonne versengt. Alles schien jetzt viel beruhigender, einladender. Sitoti steuerte auf einen Affenbrotbaum zu, der am Rand einer kleinen Savanne in der Talsohle stand. Wir folgten ihm in den herrlichen Schatten des Baums, unter dem lange, sanfte Windböen hindurchwehten.

Die Jäger sehen in den Affenbrotbäumen Mutterfiguren. Seit jeher versorgen diese Bäume sie mit Honig, Wasser, Jungvögeln, dienen ihnen als Aussichtspunkte und bieten ihnen Schutz in der Nacht. Mit der Zeit lernt man, die Eigenheiten der Bäume intuitiv wahrzunehmen. Die Jäger achten genau auf die Unterschiede zwischen verschiedenen Bäumen. In der Nähe mancher Bäume würden sie niemals schlafen, weil sie der Ansicht sind, dass *shetani* oder feindselige Schlangen in ihnen wohnen.

Meine Beine hatten sich inzwischen an die langen Fußmärsche und das steile Gelände gewöhnt. Weite Entfernungen konnten mich nicht mehr abschrecken, kein Weg schien mir zu weit, kein Hügel zu steil. Die Wanderungen, das Schlafen auf Steinen, der Hunger und die Kälte verleihen einem Kraft und Zähigkeit und setzen eine natürliche Sensibilität frei. Es scheint beinahe, als würde man mit jedem Schritt die Kraft und Energie des Landes im Blutkreislauf aufnehmen. Die Angst verfliegt, und man lässt sich nachts nicht mehr von den Moskitos aus der Ruhe bringen. Man kann überall schlafen und fast alles essen.

Während Gela und Mustaffa ihre Steinpfeifen stopften, schnitzte Sitoti Pflöcke, um den Affenbrotbaum zu besteigen. Es dauerte nicht lange, bis er den Baum zur Hälfte erklommen hatte, indem er sich auf einen Pflock stellte und den nächsten mit einer steinzeitlich anmutenden Axt in den Stamm schlug. So kletterte er Pflock um Pflock nach oben und war nach etwa drei Minuten außer Sichtweite. Nachdem er im Laubwerk verschwunden war, hörten wir einen Freudenschrei. Ein Honiganzeiger flatterte kreischend um den Baum.

»*Asali ipo*, er hat Honig gefunden«, sagte Gela und lächelte.

Fast jeden Tag flog ein Honiganzeiger bis dicht über unsere Köpfe herab und bat uns, ihm zu folgen. Die Jäger antworten den Vögeln mit einem Pfeifen, das ihrem Singen ähnelt. In neun von zehn Fällen führen die Vögel die Jäger zum Honig oder zu getrockneten Waben. Falls sie dem Vogel keinen Honig und kein Wachs übrig lassen, so glauben die Jäger, wird er sie beim nächsten Mal zu einem Schlangenbau führen.

Mustaffa machte rasch Feuer und stieg mit ein paar qualmenden Zweigen auf den Baum. Um an den Honig in den Nestern zu kommen, ohne dabei gestochen zu werden, betäuben die Hadza die Bienen mit Rauch. Allerdings können nicht alle Honigbienen stechen. Mustaffa rief uns vom Baumwipfel aus zu und streckte die Hände aus, von denen Honig tropfte. Aus dem Inneren des Stammes war Sitotis Stimme zu hören.

»Jemsi, *asali safi*, der Honig ist gut«, sagte Mustaffa.

»Bocho, bringt ihn herunter!«, rief Gela.

»*Leta chupa, maji yapo*, bring mir eine Flasche, im Baum ist Wasser«, meinte Mustaffa.

Ich kletterte mit einer Wasserflasche die Pflöcke hinauf und warf einen Blick in die schmale Öffnung, die zu dem Hohlraum im Stamm führte.

Aus der Öffnung tauchte Sitotis honigverschmierte Hand auf, die eine klebrige Wabe hielt, auf der noch immer Bienen saßen. Mustaffa schnappte sich die Wabe, brach sie entzwei und warf Gela die kleinere Hälfte hinunter. Er fing sie vorsichtig auf. »*Wadudu wakali*, die Bienen sind wütend!«, rief Sitoti. Ich sah in den Hohlraum hinab. Sitoti war ungefähr fünf Meter weiter unten, und sein Rücken und seine Brust waren mit Bienen übersät. Der Hohlraum im Stamm hatte einen Durchmesser von etwa drei Metern. Sitoti griff in die Vertiefungen im Inneren des Stammes, holte die Wabenbrocken heraus und blies die Bienen von ihnen. Er biss immer wieder von ihnen ab, ehe er den Rest in sein Hemd warf, in dem sich die Honigwaben bereits stapelten.

Das Bienennest war riesig. Normalerweise findet man zu dieser Jahreszeit in gewöhnlichen Nestern nur eine Hand voll von dem unbeschreiblich süßen Honig. Wir ernährten uns tagelang ausschließlich von Honig. In der Region um den Eyasisee gibt es etwa sieben verschiedene Bienenarten. Die Hadza ernten die Nester aller Arten, falls »ernten« das richtige Wort ist. Sie fördern die Honigerzeugung, indem sie ansprechende Schlupfwinkel für die Bienen schaffen. Dazu legen sie Steine in die Hohlräume der Bäume, die als Basis für den Nestbau dienen. Wenn sie ein Nest plündern, lassen sie oft einen Teil der Waben unversehrt, damit die Bienen ihre Honigproduktion wieder aufnehmen können. Jeder Hadza-Clan scheint seine eigene Route für die Honigsuche zu haben, die meist durch versteckte Täler führt, die andere Familien nicht aufsuchen. Der Honig ist sozusagen das süße Götterblut der unfruchtbaren, wüstenähnlichen Landschaft.

In den Wurzeln des Baumes hatte sich etwas kühles Wasser angesammelt. Ich warf Sitoti die leere Wasserflasche hinunter und kletterte wieder vom Baum. Sitoti und Mustaffa kamen bald nach und brachten Honig und frisches Wasser mit – ein wahres Festmahl stand uns bevor.

»*Maji safi*, das Wasser ist gut«, sagte Sitoti und lächelte. Er hatte ungefähr 30 Stiche auf der Haut.

»Waren das Bienen, die stechen?«, fragte ich.

»*Wadudu wakali sana*, die Bienen waren sehr wütend«, meinte er und lachte.

Gelas Augen leuchteten. Alle Jäger hatten ein stilles, unbewegtes Lächeln auf den Lippen. Honig ist für sie die größte Delikatesse und übertrifft sogar Dik-Dik-Hoden. Mustaffa erklärte, dass wirklich guter Honig eigentlich erst in vier Monaten zu bekommen sei.

»Ich weiß nicht, warum es zu dieser Jahreszeit ein solches Nest gibt«, sagte er.

»Wir sind in der Nähe des Nudulungu«, warf Gela ein und widmete sich wieder seinem Honig.

»*Nudulungu safi sana*, er ist sehr gütig«, sagte Mustaffa.

»*Mimi ninapenda Nudulungu*, ich mag Nudulungu«, meinte Sitoti und reichte mir etwas süßen Honig.

Ich schlief bald ein, während die Jäger ihr Honiglied sangen: »Ba-la-ko, ba-la-ko, ba-la-ko, Honig, Honig, Honig …«

Als Sitoti mich weckte, war die Nacht bereits angebrochen. Das große Feuer erhellte das fahle Skelett des Baums. Hinter der Wand aus Dunkelheit, die das Camp umgab, war nichts zu sehen. Eine Hyäne brach das Schweigen. Die Flammen knisterten gemächlich und umgaben Sitotis Silhouette mit ihrem flackernden Schein. Er stand neben mir. »Jemsi, Jemsi, *aamka, aamka*, wach auf, wach auf! Ich habe von Büffeln geträumt. Der Mond hat den Himmel verlassen. Ich habe Hunger, aber die anderen wollen nicht mitkommen. Sie sind einfach nicht wach zu bekommen. Ich habe Hunger, lass uns gehen.«

Nachts auf die Jagd zu gehen wurde immer gefährlicher. Am Morgen zuvor hatten wir verschiedene Löwenfährten entdeckt, und Sitoti war mit der Umgebung nicht vertraut. Trotzdem war die Nahrungssuche in der Dunkelheit mit Hilfe meiner Taschenlampe am einfachsten und erfolgversprechendsten. In dieser Nacht hatte Sitoti Hunger. Und wenn Sitoti Hunger hatte, kannte er keine Furcht.

Er reichte mir meinen Bogen und meine Pfeile. »Ich höre die Büffel«, sagte er.

Ich lauschte, konnte jedoch nichts hören und hoffte, dass alles gut gehen würde. Nachts auf Büffeljagd zu gehen war heller Wahnsinn. Afrikanische Büffel sind sehr groß und schnell und gefährlicher zu jagen als fast alle anderen Tiere. Verwundete Büffel warten auf den Jäger oder machen kehrt und kommen zurück, um nach der Ursache für ihre Verletzung zu suchen.

»Bist du sicher, dass du gehen willst, Sitoti?«, fragte ich.

»*Hamna shida*, kein Problem. Der Wind ist auf unserer Seite.«

Als wir aufbrachen, hallte der Schrei einer Hyäne in der Nacht wider. Unsere Augen gewöhnten sich nur langsam an die Dunkelheit. Wir verschwanden im Dickicht und marschierten durch staubige Wüstenlandschaft, stets begleitet vom Schweigen der Löwen und der Furcht vor Leoparden.

191

In der Nähe eines Wasserlochs tauchten plötzlich Tausende von roten Augen auf, die das Licht der Taschenlampe reflektierten. Die Tiere tranken. Sitoti kauerte sich hin. »Be-so-wako, Weißschwanzgnus. Die anderen Tiere beobachten sie. Wenn die Gnus nicht von Löwen angegriffen werden, kommen sie ebenfalls her und trinken.«

Sitoti kroch tief geduckt wie eine Katze durch einen kleinen Sumpf auf die Weißschwanzgnus zu. Sie drehten die Köpfe in seine Richtung. Das Größte von ihnen ging immer wieder ein paar Schritte vor und zurück, hob die Nüstern und witterte Sitotis Geruch. Beim dritten Mal grunzte es und stob in die Dunkelheit davon, gefolgt vom Rest der Herde. Sitoti rannte den Gnus ungefähr 20 Meter hinterher, doch sie waren bereits verschwunden. Die Windrichtung musste sich leicht geändert und Sitoti aufgrund seines Geruchs verraten haben. Er kam zurück. »Wir dürfen den be-so-wako nicht folgen. Die Löwen liegen auf der Lauer. Lass uns weitergehen«, sagte er und schlug schnell die entgegengesetzte Richtung ein.

Wir betraten einen dichten Akazienwald ohne Unterholz. Die Äste der mächtigen alten Bäume rieben sich im Wind aneinander. Eine Zeit lang marschierten wir schweigend dahin. Sitoti ging dem Wind immer direkt entgegen. Jedes Mal, wenn der Wind die Richtung änderte, korrigierte Sitoti seinen Kurs. Auf diese Weise vermied er, dass unser Geruch unseren Schritten vorauseilte.

Plötzlich blieb er stehen, packte mich am Arm und zog mich zu Boden.

»*Pale*, da«, sagte er, deutete nach vorne und nahm mir die Taschenlampe aus der Hand. Er leuchtete in die Dunkelheit. In der Ferne, am äußersten Ende des Lichtkegels, schwebten zwei leuchtend rote Augen, die fast so groß waren wie Orangen. Kurz darauf erschienen zwei weitere, die sich beinahe auf Höhe der Baumwipfel befanden.

»*Nani*, was ist das?«, fragte ich.

»*Tembo*, Elefanten.«

Wir knieten uns auf den staubigen Boden.

»*Polepole*, Jemsi. *Sisi tako karibu sana na tembo, tembo akipata harufu, sisi tuta kufa.* Geh langsam, wir sind sehr nahe bei ihnen.

Wenn sie uns riechen, werden wir sterben. Lass uns ganz langsam gehen. Warte! Die Elefanten kommen. Halt dich völlig still!«

Die Moskitos schienen meine Furcht zu spüren und scharten sich auf meinem Gesicht und meinem Hals. Ich lauschte dem Krachen der Zweige, als die Elefanten leise an uns vorbeigingen. Ich konnte Sitoti atmen hören.

»*Wengi sana*, so viele Elefanten«, flüsterte er.

Wir verharrten reglos und betrachteten die Beine der Elefanten, die wie ein gemächlicher Fluss an uns vorbeizuschwimmen schienen. In der Serengeti hatte ich einen Elefanten rückwärts gehen sehen; wenige Zentimeter vor einer Schildkröte blieb er stehen und machte einen Schritt zur Seite. Elefanten besitzen trotz ihrer Größe eine erstaunliche Körperbeherrschung.

»Sitoti, sind sie weg? Sitoti?«, flüsterte ich. Wo zum Teufel war er? Ich blickte mich um – nichts, nur Blätter und Gras.

»Jemsi, hier bin ich! Die Elefanten sind weg«, rief Sitoti. Er war auf eine kleine Akazie geklettert und hielt Ausschau. Plötzlich fing er mit dem Strahl der Taschenlampe die gelben Augen einer Dik-Dik-Antilope ein. Er sprang vom Baum, richtete den Lichtstrahl auf das Tier und rief mich zu sich. »Halte das Licht auf ihre Augen«, sagte er, reichte mir die Taschenlampe und machte sich schussbereit. Aus einer Entfernung von sechs Metern gab er seinen Pfeil frei. Er verfehlte sein Ziel, doch die Antilope lief geradewegs auf uns zu. Sitoti schlug dem Tier mit dem Bogen zuerst aufs Genick, anschließend auf den Kopf.

Dann sah er mich grinsend an. »*Chakula*, unser Abendessen.« Er schnitt ein Stück Rinde von einem kleinen Baum und band damit die Beine des Tiers an seinem Gürtel fest. Wir machten uns auf den Rückweg zum Camp.

Mustaffa und Gela wachten auf, als Sitoti das Feuer erneut anfachte. Er häutete das Tier und warf seine Eingeweide ins Feuer. Dann erzählte er den Männern von den Elefanten. Mustaffa fragte mich, ob es in Amerika Elefanten gibt.

»Nein«, erwiderte ich, »aber es gibt dort ein Tier, das fast so groß ist wie ein Elefant und viel gefährlicher. Die Hadza in Amerika, die Indianer, trugen früher das Fell dieses Tieres, wenn sie es jagten.«

»In Amerika gibt es Hadza?«, fragte Mustaffa überrascht.

»Früher, jetzt sind nur noch wenige übrig, und ihre Kultur ist verloren gegangen. Die *wazungu* haben alle Bäume gefällt und die Tiere mit Gewehren getötet.«

»Gewehre sind schlecht, *mbaya sana*«, sagte Gela und schüttelte den Kopf.

»Welches Tier ist so groß wie ein Elefant und gefährlicher?«, fragte Mustaffa.

»Der Bär«, sagte ich. »Seine Krallen sind so groß wie Sitotis Arme, und er ist so schnell wie ein Löwe. Er jagt und frisst Menschen und kann mit seinen Krallen Bäume fällen.«

»Ich würde davonlaufen, wenn ich so ein Tier sehen würde«, meinte Gela.

»Der Bär geht wie ein Mensch«, sagte ich.

»*Kweli*, tatsächlich?«, fragte Sitoti.

»Er sieht aus wie ein Menschenaffe mit einem Hundekopf.«

»*Kweli*?«, staunte Gela.

»Ja. Manchmal kommt er ins Camp und legt sich neben dich. Wenn du aufwachst und dich bewegst, tötet er dich oder macht *jiggi-jiggi* mit dir!« Ich stand auf und führte die Bewegungen des Bärenmenschen vor. »Wenn dich der Bär entdeckt, gibt es kein Entkommen mehr. Man kann nicht vor ihm davonlaufen, er ist zu schnell.«

»Ich würde schneller laufen als der Bär. Ich habe Medizin«, sagte Mustaffa und aß weiter.

»Nein, bei ihm ist es wie bei einem verwundeten Leoparden. Er findet dich. Deshalb trugen die amerikanischen Hadza sein Fell, wenn sie ihn jagten. Der Bär kann auch fliegen. Er sticht vom Himmel herab und frisst dich.«

»Was passiert, wenn er *jiggi-jiggi* mit dir machen will?«, erkundigte sich Gela und entfernte behutsam ein Stück Fleisch vom Schädel der Dik-Dik-Antilope.

»Dann stirbst du! Sein Penis ist riesig. Aber du kannst leise mit dem Bären sprechen oder ihm etwas vorsingen, dann setzt er sich hin, hört dir zu und schläft irgendwann ein. Das ist der richtige Zeitpunkt, um sich aus dem Staub zu machen. Wenn er erst einmal schläft, wacht er monatelang nicht mehr auf. Aber du darfst auf keinen Fall einschlafen, während du ihm etwas vorsingst, sonst macht er ganz bestimmt *jiggi* mit dir.«

»So ein Tier würde ich nie jagen! Viel zu gefährlich! So groß wie ein Elefant und macht *jiggi* mit dir! Und kann fliegen! Hat er Flügel?«

»Nein, er fliegt mit seinen Krallen.«

»Viel zu gefährlich! Ich würde mich in einem Baum verstecken, *hatari sana*, viel zu gefährlich!«, sagte Gela.

»Ich würde ihn mit Gift töten«, meinte Sitoti und lächelte mit weit aufgerissenen Augen.

Nachdem ich die Geschichte erzählt hatte, aßen die Männer schweigend weiter und ließen das Bild vom fliegenden Bären ohne Flügel einige Zeit auf sich wirken, ehe eine lebhafte Diskussion auf Hadza entbrannte. Sitoti begann einen Tanz, der an eine irische Gigue erinnerte, während Mustaffa vorführte, wie er den Bären jagen würde. Dann stürzte sich Sitoti auf Mustaffa und gab vor, der Bär zu sein, der *jiggi-jiggi* mit ihm macht. Sie fielen zu Boden und rangen miteinander. Gela stimmte sein langsames, wohlklingendes Lachen an, das wie von selbst in ein Lied überging, und bald darauf hatten wir den Bären vergessen. Alle lauschten Gelas erlesener, voller Stimme, die sich hob und senkte, verstummte, bis nur noch ein Hauchen zu hören war, und dann mit gemächlichen, verträumten Klängen wiederkehrte. Sitoti und Mustaffa stimmten mit ein und verfielen in einen meditativen Zustand. Sie lagen nebeneinander, Beine und Arme noch immer vom Ringen ineinander verschlungen.

Wir verließen das Camp in der Morgendämmerung, marschierten in die offene Steppe hinaus, atmeten die frische Luft und lauschten den Vögeln. Am späten Morgen gelangten wir zu einer riesigen Felskuppe in einem Meer von Akazienbäumen. Einige der Felsblöcke waren fast 100 Meter lang. Tagsüber gewährte die Felskuppe ausreichend Schutz, und die überhängenden Felsbrocken boten sich geradezu an, um unter ihnen zu rasten. Außerdem gab es dort viele Klippschliefer, die wir jagen konnten. Die Jäger fingen Jungtiere ein und warteten, bis ihr Schreien die ausgewachsenen Klippschliefer in die Schusslinie lockte.

Da sich auch die Löwen gerne in die Felsen zurückzogen, war jedoch Vorsicht geboten. Die Jäger, die von Natur aus äußerst wachsam sind, suchten die Felsspalten und Wasserlöcher nach Spuren von Löwen ab. Wenn sie auf einen Löwen stießen und Gegenwind hatten, versuchten sie normalerweise, ihn zu erlegen, um ihn anschließend zu verspeisen. Sie hatten keine Angst vor Löwen. Genau genommen fürchteten sie überhaupt kein Lebewesen.

Gela rief von der Spitze der Felskuppe herab: »Der Nudulungu, dort ist der Nudulungu!« Mustaffa und Sitoti sahen mich überrascht an, lächelten, schnappten sich ihre Bogen und kletterten die Felsen hinauf.

Camp

In der Ferne, am anderen Ende des nächsten größeren Tals, vor dem noch mehrere kleinere Täler lagen, erhob sich der Nudulungu. Aus der Mitte einer großen Felskuppe ragte wie eine Speerspitze ein riesiger steinerner Finger empor, der leicht gekrümmt war und aussah, als gehörte er in eine längst vergangene Zeit. Die flimmernde Hitze, die von ihm aufstieg, und der dunkle Schatten, den er warf, lösten beim Betrachter leichtes Unbehagen aus. Das Land schlüpfte in eine neue Verkleidung.

Wir befanden uns jetzt in einer Gegend, in die nur selten Menschen vordrangen, in einer Region, in der Legende und Mythos Wirklichkeit werden und man plötzlich den Symbolen gegenübersteht, die über viele Tausende von Jahren in der Fantasie der Menschen überlebt haben.

»Warum kommen die Hadza nicht mehr hierher? In diesen Tälern wimmelt es von Tieren«, stellte ich fest.

»Manche kommen her, aber viele haben Angst vor Geistern. Die Hadza glauben, dass es in diesen Wäldern spukt, und sie fürchten Nudulungu. Dieser Ort gehört jetzt den Ahnen. Das ist kein Wald für die Lebenden, deshalb kommen die meisten Hadza nicht mehr hierher. Hoffentlich stören wir die Ahnen nicht«, entgegnete Gela.

Wir setzten uns und starrten den Felsen an. Ein betörender warmer Wind wehte uns entgegen. Scheinbilder tauchten auf und verschwanden wieder.

Nudulungu rief bei den Jägern ein ehrfürchtiges Schweigen hervor, wie es auch die mosambikanischen Fischer beim Anblick eines Wals überkommt – ein Zeichen ihrer Ehrfurcht vor dem, was sie zerstören kann.

»Nudulungu«, flüsterte Mustaffa und war wie versteinert vom Anblick des Berges. »Nudulungu.«

Was bedeutete der Nudulungu diesen Männern? Warum löste er bei ihnen ein leichtes Unbehagen aus? Warum löste er bei mir Unbehagen aus? Ging in ihnen dasselbe vor wie in mir? Was wussten sie, das ich nicht wusste?

Gela und Mustaffa zogen los, um Kräuter zu suchen, die uns vor Einbruch der Dämmerung vor den *shetani* schützen sollten. Ich bereitete mit Sitoti unter einem kleinen überhängenden Felsen unser Lager vor. Der Abendwind war kühl und hielt die Moskitos fern. Die unheilvolle Vorahnung hatte sich zerstreut. Ein Gefühl der Zufriedenheit, Behaglichkeit und Sicherheit kam auf. Sitoti schien genauso zu empfinden. Er begann zu lachen und erzählte mir, wie er einst eine Giraffe gejagt hatte. Er erklärte, dass sich die Hadza an die Giraffen heranschleichen und dann mit Giftpfeilen auf sie schießen. Das ganze Geheimnis daran sei, die Fährten zu lesen und den Wind richtig einzuschätzen. Die Hadza wissen nicht, dass das Jagen von Giraffen in Tansania verboten ist – die Giraffe ist das offizielle Symbol des Landes.

Als Mustaffa und Gela zurückkamen, waren ihre Köpfe mit runden, stacheligen Samen bedeckt, die sich in ihrem Haar verfangen hatten. Sie verzierten auch unsere Haare mit den Samen und behaupteten, die *shetani* könnten so nicht in unsere Gedanken eindringen und uns in den Wahnsinn treiben. Gela band verschiedene Gräser, die nach Zwiebeln und Rosmarin rochen, an unsere Halsketten und sagte, dass auch sie die *shetani* abhalten würden. »Morgen werde ich den Ahnen sagen, dass wir angekommen sind. Sie werden uns beschützen«, meinte Gela.

Am folgenden Morgen machten wir uns auf den Weg durch Buschtunnel und folgten dem ausgetrockneten Flussbett, das in der Mitte des verschlungenen Tals ein Stück östlich des Nudulungu verlief. Wir kletterten über einen hohen Bergsattel und stießen auf einen Elefantenpfad, der in die Richtung führte, die auch wir einschlagen mussten. Die Elefanten hatten alles gefressen, was sich ihnen in den Weg stellte, und so den Blick zum Himmel freigelegt. Schwitzend folgten wir zur denkbar ungünstigsten Tageszeit ihrem Pfad. Die Sonne war so heiß, dass wir fast stündlich eine Pause einlegen mussten. Der Nudulungu war noch immer in weiter Ferne. Sobald man sich auf den Weg gemacht hat, lässt sich die Entfernung zu einem Ziel oft nur

Mustaffa mit stachligen
Samen im Haar

schwer einschätzen. Jedes Mal, wenn wir wieder einen Kilometer zurückgelegt und eine weitere Anhöhe erklommen hatten, rechnete ich damit anzukommen.

Gegen Abend erhob sich der Nudulungu ein weiteres Mal vor unseren Augen. Gela blieb stehen, starrte den gewaltigen Felsen eine Weile an und rollte sich eine Zigarette aus einem getrockneten Blatt. Mustaffa und Sitoti holten aus ihren Schultertaschen die letzten Reste ihres Tabaks hervor, zerkleinerten ihn zwischen den Handflächen und stopften ihre Steinpfeifen. Die Aufmerksamkeit der Jäger galt den Pavianfamilien, die in den Felskuppen lebten. Ihre Schreie durchbrachen die Stille des Spätnachmittags und verrieten den Geistern des Nudulungu unsere Ankunft.

»Die Paviane können uns riechen. Der Wind trägt unseren Geruch zu ihnen. Sie ziehen sich in die Akazien zurück, die ihnen während der Nacht Schutz bieten«, erklärte Sitoti.

»Wir werden morgen vor Sonnenaufgang Jagd auf sie machen. Man kann sich ihnen am leichtesten nähern, wenn sie noch schlafen. Die Amseln ziehen sich in die Hügel zurück, also werden die Paviane heute Nacht tief schlafen. *Nyama safi sana*, ihr Fleisch schmeckt gut und schützt vor Malaria. Aber es ist sehr gefährlich, sie zu jagen«, sagte Mustaffa und zeigte auf die dicken Narben auf seiner Brust. In seinen Augen war die schmerzhafte Erinnerung zu lesen. »Ich konnte drei Monate lang nicht gehen, nachdem mich ein Pavian angefallen hatte.«

»Nein«, widersprach Gela und berührte die Gräser an seiner Halskette. »Wir gehen nicht auf Pavianjagd. Wir dürfen keine Tiere töten, ehe wir beim Nudulungu ankommen und mit den Ahnen gesprochen haben. Heute ist es schon zu spät, aber morgen werden wir mit ihnen sprechen.« Mustaffa und Sitoti respektierten Gelas Worte.

»Warum ist es gefährlich, Paviane zu jagen?«, fragte ich.

»Es kann gefährlich sein. Die großen Männchen greifen dich an, wenn du dem Baum, in dem sie sich aufhalten, zu nahe gekommen bist und sie keinen Ausweg mehr sehen. Morgens ist es besonders gefährlich. Nachdem ich auf ein Weibchen geschossen hatte, sprang mich ein Männchen von hinten an. Ich habe es mit meinem Messer getötet«, sagte Mustaffa und beugte sich nach vorn, um mir weitere Narben an seinem Nacken zu zeigen.

In der Morgendämmerung des nächsten Tages folgten wir wieder dem Elefantenpfad, der in die Richtung führte, in der sich der Nudulungu befand. Nach einer Weile entdeckten die Jäger auf dem Pfad menschliche Fußspuren. Die Spuren führten von den Hügeln im Osten herab und trafen dann auf den Pfad. Bei den Jägern kam Unruhe auf, da sie nicht wussten, was uns erwarten würde. Die Fußspuren waren mehrere Tage alt. In der Luft hing ein übler Gestank, der immer stärker wurde. Die Jäger verlangsamten ihren Schritt, und der Ausdruck in ihren Augen wurde finster und ernst. Der Pfad erreichte eine Kante, von der einige Felsbrocken emporragten, und wand sich dann über einen steilen Abhang zu einer kleinen Lichtung zwischen den Bäumen hinab. Dort bot sich ein grausiger Anblick. Der Gestank war jetzt allgegenwärtig. Vor unseren Augen lagen zwanzig verwesende Elefanten, auf denen Aasgeier saßen und sich an den Kadavern gütlich taten. Zwischen umgestürzten Bäumen, zum Teil in unmittelbarer Nähe der Elefantenkadaver, lagen von Hyänen und Aasgeiern zerfetzte Menschenleichen.

»Ich habe letzte Nacht von Nudulungu geträumt. Er hat uns ein Zeichen gegeben«, sagte Gela und starrte auf die Szenerie.

Die Jäger hatten sich in die Büsche zurückgezogen und hingesetzt. Gela versuchte zu begreifen, was er sah. Ich beobachtete, wie er den Schauplatz untersuchte, sich jedoch zunächst vergewisserte, dass keine Gefahr bestand, ehe er einen genaueren Blick riskierte.

»Wilderer«, sagte er.

»Aber warum so viele tote Männer?«, fragte ich.

»*Sijui*, ich weiß nicht.«

Eine Zeit lang diskutierten wir, ob wir unseren Weg fortsetzen oder kehrtmachen sollten. Wir wollten unbedingt vermeiden, eines derartigen Verbrechens beschuldigt zu werden. Falls die Ranger in

Gepard

dieser Gegend auf drei Jäger und mich gestoßen wären, hätten sie die Jäger vermutlich erschossen oder gehängt und mich ins Gefängnis gesteckt. Wir warteten bis kurz vor Einbruch der Dunkelheit und gingen dann schweigend den Abhang hinunter.

Auf der Lichtung lagen zehn tote Mangati, die Leiche eines Masai sowie ein Toter, der aussah wie ein Somali. Die Mangati waren von Kugeln durchsiebt, ebenso die Elefanten. Der Masai war von einem Elefantengewehr getroffen worden, das ihm die Brust vollständig weggerissen hatte. Im Rücken des toten Somali steckte der Speer eines Mangati. Die Mangati mussten auf die Elefanten gewartet haben, um sie wegen ihres Elfenbeins zu töten. Gela vermutete, dass die Masai und die Somali die Elefanten aus der entgegengesetzten Richtung aufgespürt hatten, indem sie einer Gruppe Elefanten gefolgt waren, die sich der Herde anschloss. Möglicherweise waren sie aber auch zufällig auf die Elefanten gestoßen oder hatten die Gewehrschüsse der Mangati gehört. Gela ging davon aus, dass die Masai und die Somali mit den Stoßzähnen entkommen waren. Die Wilderer mussten es auf Stoßzähne jeder Größe abgesehen haben, da sie auch etliche junge Elefanten getötet hatten.

»Ich verstehe die Beweggründe dieser Männer nicht«, sagte Gela.

Am Himmel wimmelte es von Aasgeiern. Früher oder später würden die Masai nach ihren Gefährten suchen und die Geier sehen. Vielleicht waren sie bereits da gewesen. Vielleicht würden sie aber auch nie kommen.

»Die Männer werden im Busch verwesen oder von Hyänen gefressen werden. Nur der Wald weiß, was passiert ist«, sagte Mustaffa.

»Wir müssen fort von hier«, meinte Gela.

Der Gestank war unerträglich, außerdem hörten wir die Hyänen zurückkommen. Nachdem wir in einem Buschtunnel verschwunden waren, der zunächst steil anstieg und dann in ein steiniges Flussbett hinabführte, verwischte Gela noch ein ganzes Stück weit unsere Fußspuren mit einem Zweig. Niemand konnte uns folgen.

Wir marschierten bis spät in die Nacht. Es war zu riskant, Feuer zu machen. Falls die Mangati bereits von dem Überfall wussten, würden sie vermutlich die Masai verfolgen. Sollte der Wind durch Zufall den Rauch unseres Feuers zu ihnen tragen, würden sie versuchen, uns zu töten. In manchen Situationen gibt es keine Gelegenheit mehr für eine Erklärung. Die Hadza sind zurückhaltend und gehen Konflikten aus dem Weg. Es fällt ihnen schwer, die Habgier anderer Menschen zu begreifen. Um Auseinandersetzungen zu vermeiden, haben sie sich immer tiefer in den Busch zurückgezogen, in Regionen, in denen kaum jemand überleben kann. Doch mittlerweile wissen sie nicht mehr, wohin. Die Tiere im Busch werden von allen Seiten in die Enge getrieben. Im Nordwesten des Eyasisees fällen die Sukuma-Farmer alle Bäume, wandeln das Land in Felder um und jagen die Tiere. Die Mangati zerstören fast überall die natürlichen Wasserlöcher, überweiden die Savannen und fällen zum Bau ihrer *waboma*, ihrer Hütten, ebenfalls Bäume. Die Mbulu roden im Südwesten die Wälder und verwandeln das Land in Farmen. Viele von ihnen verachten die Hadza, beschimpfen sie und behandeln sie wie Abschaum. Die Ranger verhaften die Hadza, wenn sie in der Nähe der Reservate Bogen bei sich tragen, die weißen Jäger setzen alles daran, sie loszuwerden, und im Osten nimmt der Tourismus stetig zu.

»Wir wollen einfach nur in Ruhe gelassen werden«, sagte Mustaffa, während wir dahinmarschierten.

Kurz vor Einbruch der Dämmerung setzten wir uns erschöpft unter eine Akazie und ruhten uns aus. Wir waren inzwischen weit genug von dem Schauplatz der Gräueltat entfernt, um uns sicher zu fühlen. Gela erzählte uns, wie er als kleiner Junge der Heldenfigur Nudulungu begegnet war. Nudulungu war hinter einem Baum hervorgetreten und hatte Gela gefragt, wo er Wasser finden könne. Gela erschrak über die Größe des Mannes und lief vor ihm davon. Irgendwann war er so außer Atem, dass er stehen bleiben musste. Als er an einen Felsen gelehnt nach Atem rang, tauchte Nudulungu auf und sagte: »Du solltest nicht vor jemandem davonlaufen, der Durst hat. Komm, mein Kind, iss Honig mit mir.« Dann lächelte der große Mann

Gela an und nahm ihm seine Furcht. Die beiden setzten sich mit dem Rücken zum Felsen und aßen Honig. »Ich komme von einem Berg«, sagte der Mann zu Gela. »Dieser Berg heißt Nudulungu. Eines Tages wirst du dorthin gehen. Du wirst spüren, wenn dieser Tag gekommen ist.« Er gab Gela eine große Honigwabe aus seiner Schultertasche und trug ihm auf, sie seiner Mutter und seinem kranken Bruder zu bringen. Gela versprach, dass er das tun werde. Dann deutete der Mann auf einen geheimnisvollen blauen Vogel, der auf einem Baum saß. Gela hatte noch nie zuvor und auch seitdem nie wieder einen solchen Vogel gesehen. Als sich Gela umdrehte, um zu fragen, woher der Vogel gekommen war, war Nudulungu verschwunden. Gela lief nach Hause, gab seiner Mutter den Honig und berichtete den Alten von dem Mann, den er getroffen hatte. Eine alte Frau erklärte ihm, dass er Nudulungu begegnet war.

»Der Honig hat meinen kranken Bruder gesund gemacht, und wir konnten wieder zusammen spielen und jagen. Meine Mutter wurde, kurz nachdem sie den Honig gegessen hatte, schwanger. Ich weiß, dass heute nicht der Tag ist, an dem ich zum Nudulungu gehen werde. Sobald dieser Tag gekommen ist, werde ich zum Fuß des Berges gehen und am Feuer schlafen. Wenn du den Berg einmal gesehen hast, bleibt er für immer bei dir. Wir haben das Land der Ahnen betreten, doch der Zeitpunkt, da sie uns ein Zeichen geben werden, ist noch nicht gekommen. Wenn wir zum Nudulungu gegangen wären, hätte das unseren Tod bedeutet. Nudulungu hat uns mit den toten Elefanten und den toten Männern gewarnt. Lasst uns an sie denken, denn sie waren die Botschaft, die wir erhalten haben«, erklärte Gela.

»Warum hätte es unseren Tod bedeutet?«, fragte ich.

»Nudulungu hat uns mit den Elefanten gewarnt. Die Habgier der Menschen hat sie getötet. Die ganze Welt wird von Habgier, von *tamaa*, regiert. Wenn die Ahnen nicht möchten, dass man in ihre Nähe kommt, und man ihre Warnungen missachtet, töten sie einen. Wir haben den Berg gesehen, und er hat uns wahrgenommen. Ist das denn nicht genug? Wenn Nudulungu uns bei sich haben will, wird er

204

uns zu sich führen. Wir sollten uns auf den Heimweg machen«, sagte Gela und fuhr fort, seine Steinpfeife zu stopfen.

Wir aßen gerade das restliche getrocknete Fleisch, als eine Stimme die Stille der Nacht durchbrach. Die Stimme verstummte wieder, und wir hörten Schritte auf uns zukommen. Zwei junge, gut aussehende Männer erschienen und setzten sich ans Feuer. Sie schüttelten mir überschwänglich die Hand, lächelten und nickten. Dann brachen sie beide in Gelächter aus. Mustaffa und Sitoti freuten sich, sie lachen zu sehen. Gela wirkte jedoch merkwürdig beunruhigt. Sie sagten, sie seien Hadza. Weder Gela noch Mustaffa oder Sitoti waren ihnen jemals begegnet.

»Das sind Hadza aus einer Gegend im Busch, in die niemand geht, Jemsi. Sie sprechen kein Suaheli und wissen nichts von dem, was wir in Mangola zu sehen bekommen«, sagte Mustaffa.

Bald machte auch Gela einen glücklichen Eindruck und teilte mit ihnen sein *bangi* und seinen Tabak. Ich kochte unseren Gästen Tee. Als sie ihn kosteten, begannen sie erneut zu lachen, da sie noch nie Tee probiert, geschweige denn aus einer Tasse getrunken hatten. Das *bangi* zeigte seine Wirkung. Es dauerte nicht lange, bis Mustaffa, Sitoti, Gela und die beiden jungen Männer zu tanzen begannen. Sie hießen Saco und Cha-e-a und trugen beide einen Lendenschurz aus Wildkatzenfell, ein traditionelles Kleidungsstück der Hadza, das ich noch niemanden hatte tragen sehen. Mustaffa und Sitoti sagten, dass sie keine traditionelle Kleidung mehr tragen wollten, denn die Suaheli hätten ihnen deshalb Schwierigkeiten gemacht, sie geschlagen und eine Schande für die ganze Nation genannt. »Aber was bedeutet uns schon die Nation?«

Wir hatten ein wenig Unterhaltung und Abwechslung bitter nötig und konnten uns nach unserer langen Safari keine bessere Gesellschaft als die beiden Männer wünschen. Mir wurde bewusst, dass ich Mustaffa und Sitoti nicht mehr so herzhaft lachen gehört hatte, seit wir in Endamaghay aufgebrochen waren. Saco und Cha-e-a berührten immer wieder meine Haare und meine Haut und fragten Mustaffa und Sitoti, ob ich ein *jini*, ein Geist, sei.

»Haben sie noch nie einen *mzungu* gesehen?«, fragte ich Mustaffa.

»Sie kennen keine Weißen. Sie denken, dass du ein Geist oder ein gelber Hadza bist«, erklärte er.

Die Männer luden uns in ihr Camp ein. Sie hatten unsere Fußspuren bemerkt, als sie am Nachmittag von der Büffeljagd heimgekehrt waren. Dann demonstrierten sie uns, wie sie die Büffel gejagt hatten. Mustaffa, Gela und Sitoti sahen ihnen gebannt zu, antworteten auf die Büffellaute, die sie nachahmten, stimmten ihrem Bericht zu und tauschten dann ähnliche Erfahrungen mit ihnen aus, die sie selbst bei der Büffeljagd gemacht hatten.

»Bocho, kommt mit und esst mit uns«, forderten uns die beiden Männer auf. Im Handumdrehen hatten sich alle ihre Bogen geschnappt, und wir marschierten in einem unglaublichen Tempo durch den nächtlichen Busch. Nach links, nach rechts, durch steinige Flussbetten, an Felskuppen vorbei, durch hohes Gras und Buschtunnel. Als wir einen lang gestreckten Hügel erklommen und im Zickzack zwischen gewaltigen Felsbrocken hindurchgingen, nahm mich Cha-e-a bei der Hand.

Kurz darauf war ein flackerndes Licht zu erkennen, das die mächtigen Felswände erleuchtete. Ich sah, dass viele große Feuer brannten. Das Schreien von Kindern durchdrang die Stille. Nachdem wir uns an ein paar weiteren Felsbrocken vorbeigeschlängelt hatten, kamen wir zu einem riesigen Feuer vor einer überhängenden Felswand, die halb so groß war wie ein Fußballfeld. Insgesamt saßen etwa 30 Männer, Frauen und Kinder an dem großen Feuer und an weiteren, kleineren Feuerstellen und aßen. An den Felsen hatten sie vier oder fünf Büffelfelle zum Trocknen aufgehängt, und im ganzen Camp lagen Tierknochen verteilt. An den Eingängen ihrer Hütten waren Vogelfedern befestigt.

Als wir in den Schein des größten Feuers traten, kam ein alter Mann auf uns zu und begrüßte uns. Er sah mir lange in die Augen und bot uns einen Platz auf seinem Büffelfell an. Dann rief er nach einer alten Frau, die uns ein Stück getrocknetes Fleisch brachte und mir ins Haar fasste. Der alte Mann stieß ihre Hand weg, berührte ebenfalls meine Haare und begann laut zu lachen. Viele Hadza kamen zu uns ans Feuer, unterhielten sich ausgiebig mit Mustaffa und Sitoti, während Gela damit beschäftigt war, seine Steinpfeife zu stopfen und sie weiterzureichen.

Nachdem wir mit den anderen gegessen und gelacht hatten, sah ich auf und traute meinen Augen nicht: Hunderte Hadza schienen sich um das Feuer versammelt zu haben. Sie unterhielten sich, tanzten und aßen. Gela gab mir etwas Tabak. Nachdem ich mir meine Zigarette angezündet hatte, sah ich mich nochmals um und stellte zu meiner Verwunderung fest, dass alle Hadza plötzlich schwiegen und uns im Stehen oder Sitzen anstarrten. Auch Gela, Mustaffa und Sitoti schwiegen und nahmen ihre Pfeifen aus dem Mund.

»Was ist los?«, fragte ich Mustaffa leise. Er nahm meine Hand und hielt sie fest. Sitotis Hand hielt er ebenfalls, dieser wiederum hielt Gelas Hand.

Einige Hadza waren nackt, andere trugen Löwenmähnen um die Taille oder hatten sich Hörner an den Kopf gebunden. Ein paar von den älteren Männern hielten Elefantenstoßzähne in den Händen. Eine starke Windböe fegte durchs Camp, blies die Flammen zur Seite und fachte die heißen Kohlen an. Wir hielten uns die Augen zu, um sie vor dem aufgewirbelten Staub zu schützen. Dann schlief der Wind wieder ein.

»Die Ahnen«, flüsterte Gela.

Jeder Hadza schien mit einem Mal mehrere Gesichter zu besitzen – Gesichter von Vögeln, Löwen, Bäumen und Schlangen, die sich wie Chamäleons in die von Pavianen, Klippschliefern, Aasgeiern und Zebras verwandelten und schließlich wieder ihre ursprüngliche menschliche Form annahmen. Dann bildeten die Hadza einen Gang für einen alten Mann, der tanzend auf das Feuer zukam. Er trug Straußenfedern auf dem Kopf und Löwenkrallen um den Hals. Als er an den anderen vorüberging, schlossen sie sich einer nach dem anderen seinem Tanz an. Er nahm uns nicht zur Kenntnis, sondern blickte zum Himmel auf. Sein Gesicht verschwand immer wieder im Flackern des Lichts. Es schien, als versprühte er Sterne, während ihn nächtliche Wolken umringten. Er baute sich vor dem Feuer auf und stimmte einen langsamen, rhythmischen Sprechgesang an. Dann sprang er in die Luft und schien einen Moment lang zu schweben. Er starrte uns an und verschwand in den Flammen. Alle Frauen, Kinder und Männer folgten ihm ins Feuer. Ehe sie verschwanden, spiegelte sich in ihnen all das wider, was sie erlebt hatten, jedes Geräusch, das sie gehört hatten, jedes Tier, das sie erlegt hatten, jeder Baum, unter dem sie gerastet hatten, jeder Vogel, jedes Eichhörnchen und jede Libelle, die sie gesehen hatten. Eine lange Bilderreihe zog vor unseren Augen vorüber, bis wir allein in der Stille vor dem Feuer saßen.

Ich war mir nicht sicher, wie lange wir bereits dagesessen hatten, als ein heller Vogel herangeflogen kam und ein wunderschönes Lied anstimmte. Er ließ sich auf der anderen Seite des Feuers nieder und verwandelte sich in einen großen Schmetterling. Die Bewegung seiner Flügel fesselte unsere Blicke. Er nahm sämtliche Farben des Himmels an, über den er geflogen war. Erneut blies eine kräftige Windböe durch das Camp.

Als wir den Blick wieder auf das Feuer richteten, verwandelten sich die Flügel des Schmetterlings in die Silhouette zweier Liebender in leidenschaftlicher Umarmung. Ich warf Mustaffa einen Blick zu. Er lächelte, war gefesselt von dem, was er sah, und seine Augen füllten sich mit Tränen. Mit einem letzten lustvollen Stoß verschmolz der Mann mit seiner Geliebten. Schwer atmend saß die Frau da, während ihr Bauch sichtbar anschwoll. Sie vergrub die Finger im Boden, schrie auf, schwitzte, und ihr Körper zog sich zusammen. Aus ihrem Schoß tauchte der Kopf eines Kindes auf, Blut tropfte zur Erde. Das Kind fiel weich auf ein kleines Tierfell. Von seinem feuchten, blutverschmierten Bauch führte eine Nabelschnur weg. Dann löste sich die Mutter langsam auf – Stück für Stück wurde ihr Körper, jeder winzige Bestandteil ihrer Erscheinung von einem sanften Windstoß fortgetragen, bis nur noch die Nacht und das weinende Kind zurückblieben.

Vor unseren Augen lief das gesamte Leben des Jungen ab – wir sahen ihn bei der Jagd, beim Erlegen von Tieren, beim Liebesakt. Er wurde älter und älter. Wir sahen ihn über die Savannen laufen, sahen ihn bei der unerbittlichen Jagd auf Elefanten, Rhinozerosse und Löwen, sahen Männer an seiner Seite sterben, sahen Krankheit und die Geburt seines Sohns. Jeder Lebensabschnitt zog an uns vorüber, bis er als alter Mann mit gesenktem Haupt dasaß, nackt und gekrümmt wie im Mutterleib. Langsam hob er den Kopf. Das Gesicht, das er uns zuwendete, war weder jung noch alt und schien alle Gesichter in sich zu vereinen. Ich sah mich selbst, und ich sah Mustaffa und Gela in seinem Gesicht. Er sprach mit seinen Augen, in einer Sprache, die zugleich nach Freude und Trauer klang. Was er uns sagte, rührte mich zu Tränen.

Dann verwandelte sich der alte Mann in eine junge Frau, deren verführerischer Blick den Wunsch aufkommen ließ, man hätte sie niemals gesehen, da einen ihr Anblick zu lebenslanger Sehnsucht verdammte. Dann fand ich mich inmitten einer Wüste wieder, wo ich ihr schwitzend und mit letzten Kräften über Sanddünen folgte, ohne sie jemals einzuholen. Als ich schließlich die letzte Düne erklomm, verschlang sie mich mit ihrem Blick, starrte durch mich hindurch, brachte die Geheimnisse meiner Seele zutage, ehe sie zu Wasser wurde und ich zu Sand, der ihre Wogen in sich aufsaugte. Da wurde mir bewusst, dass sie Gott war.

»Ich bin das Wasser und das Leben, das dich bis in alle Ewigkeit durchfluten wird«, sagte sie und floss durch mich hindurch.

Dann fand ich mich in Sitotis Körper wieder und vernahm das Murmeln und den Herzschlag des Landes, hörte den Gesang der Vögel klarer, als ich es je für möglich gehalten hatte, und merkte, wie wenig ich Sitoti verstand. Ich sah die Welt mit seinen unerschrockenen Augen und entschlüsselte auf der Suche nach Nahrung die Sprache des Landes. Mit einem Mal war alles lebendig und greifbar – vom Heulen der Hyänen bis hin zu den Blättern, dem Regen, der Kälte. Er lief auf mich zu, hob mich von einem Bett aus Gras und hielt mich sanft in seinen Armen. Wir lachten. Er deutete auf einen Büffel

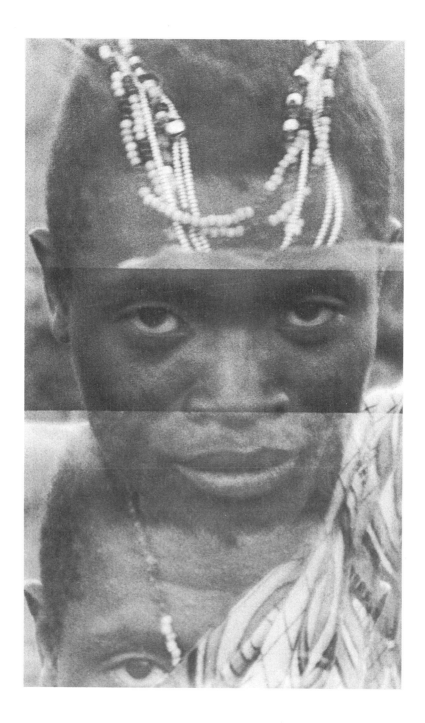

in der Ferne und lief der Herde hinterher. Ich folgte ihm. Wir liefen immer schneller und wurden bald selbst zu Büffeln. In unseren Ohren pochte das Donnern unserer Lungen, und wir hörten den Klang unserer Hufe auf der Erde. Wir spürten den Schmerz von Pfeilen in unseren Flanken, fielen sterbend zu Boden und schliefen langsam ein, ohne Wut oder Furcht.

Das Erste, was ich sah, als ich die Augen öffnete, war das Feuer. Vor uns saß ein riesiger, altersloser Mann mit einem Speer in der Hand, der uns anstarrte und uns aus unserer Vision zurückrief. Sein Kopf verwandelte sich zunächst in den Kopf einer Impala, dann langsam in den Kopf eines Löwen, und er stieß ein Brüllen aus, das mich mit blankem Entsetzen erfüllte. Sitoti schrie in Todesangst auf. Der Mann durchbohrte Gela mit seinem Blick, und als er sprach, folgten seinen Worten Schmetterlinge. Er sah in Mustaffa hinein, dann in Sitoti und übermittelte jedem eine Botschaft, die niemand anders hörte. Auch in mich sah er hinein und sagte in einer Sprache der Vögel und der Sterbenden: »Du weißt, wer ich bin, blinder Suchender.« Aus seinen Augen rannen blutige Tränen. Er drehte die Handflächen nach oben, und ein kristallenes Funkeln schien seinen Bewegungen zu folgen. Ich erschrak, als ich das Blut bemerkte, das aus den Wunden an seinen riesigen Händen tropfte. »Vergib mir«, sagte ich.

Sein Lachen klang nicht spöttisch, sondern traurig und mitfühlend. »Hinter diesen Worten verbirgt sich mehr, als du weißt. Du bist ein vergänglicher Zeuge dessen, was du nicht verstehst, und sollst dennoch all das sehen, was du zu sehen begehrst. Du suchst blind nach der Wahrheit, die dich tagtäglich umgibt, doch hab Hoffnung, wenn es keine Hoffnung gibt«, sagte er und verschwand im Regen.

Ich weiß nicht, wie lange wir schliefen. Es mochten Tage gewesen sein. Als ich aufwachte, aß Gela das Fleisch einer Dik-Dik Antilope, Mustaffa summte vor sich hin und Sitoti schlief noch immer mit

Jäger

weit ausgebreiteten Armen auf dem Rücken. Die Jäger wirkten ausgelaugt.

»Iss, Jemsi«, meinte Gela und reichte mir die Dik-Dik-Keule. Er verlor kein Wort darüber, was geschehen war, doch seine Augen sprachen Bände.

Sitoti erwachte in der Dämmerung und berichtete den anderen Jägern, die zustimmend nickten, lachend und mit leuchtenden Augen von seiner Vision. Er schien über neue Kräfte zu verfügen und lehnte das Fleisch ab, das ihm Gela anbot. Er stellte mimisch dar, was er erlebt hatte. Der Ausdruck in seinen Augen wurde ernst, als er von der Frau erzählte, die ihm in seiner Vision erschienen war, und von den Erlebnissen bei der Jagd berichtete. Das spornte Mustaffa an, der die nächste Stunde damit zubrachte zu beschreiben, welche Macht von seiner Vision ausgegangen war.

Gela schwieg, und ich ebenfalls. Sitoti und Mustaffa hatten alles bestätigt, und es gab nichts mehr hinzuzufügen. Als ich mich umdrehte, fiel mein Blick auf die gewaltige Felswand, an der ein riesiges rotes Kreuz prangte.

»Wo sind wir?«, fragte ich.

»Das ist der Berg von Nudulungu«, sagte Gela.

»Wie sind wir hierher gekommen? Ich dachte, wir wären umgekehrt?«

»Ich nehme an, er hat uns zurückgerufen.«

»Warum befindet sich ein Kreuz an dem Berg?«, fragte ich.

»Ich weiß nicht. Nudulungu hat es mit seinem Speer hineingeritzt, ehe er vor langer Zeit verschwunden ist«, erklärte Gela. »Wir haben viele Dinge gesehen und müssen uns jetzt auf den Rückweg machen«, sagte er, verstaute seine Steinpfeife in der Schultertasche und packte seine Pfeile zusammen.

Wir kehrten dem Nudulungu für immer den Rücken. Mit jedem Schritt in Richtung Endamaghay schien ein Teil unserer Vision von uns zu gehen. Irgendwann setzte sich Sitoti hin und wollte nicht mehr weitergehen. Er behauptete, seine Frau würde ihn verlassen und er müsse zum Nudulungu zurückkehren.

»Deine Frau ist doch in Endamaghay«, sagte ich.

»Ich meine die Frau aus meinen Träumen!«

Wir setzten unseren Weg fort, bis unser Erlebnis nur noch ein Traum zu sein schien.

Die Dinge rufen sich von selbst in Erinnerung*; Erfahrungen leben weiter, auch wenn das Bewusstsein nicht in der Lage ist, sie in ihrer Gesamtheit zu erfassen. Ich erinnere mich, irgendwo von der Kraft der Offenbarung gehört zu haben, die in den tiefsten Winkeln der Seele schlummert. Meiner Ansicht nach kommt es nicht darauf an, die Offenbarung zu verstehen, sondern vielmehr darauf, sie zu erfahren und zu erleben und ihr alle Türen zu öffnen.

Während der Wochen, die der Vision folgten, sah ich alles um mich herum in einem neuen, bunteren Licht. Oft wurde mir mit Bestürzung bewusst, wie wenig ich während meines Daseins auf Erden lernen würde. Trotzdem vermittelte mir die unbeschreibliche Vielfältigkeit des Lebens das Gefühl, völlig frei und offen für alles zu sein. Ich hatte den Eindruck, an nichts gebunden zu sein, und sah die Jäger als Blätter im Wind. Ich betrachtete alles um mich herum mit einem Lächeln. Nur mit einem Lächeln.

---

* *Black Elk Speaks: Being the Life Story of a Holy Man of the Oglala Sioux*, John Neihardt, Washington Square Press, Pocket Books, New York, 1972, S. 41: »Ich musste mir diese Dinge nicht in Erinnerung rufen; während all dieser Jahre haben sie sich immer selbst in Erinnerung gerufen.«

REGENZEIT

Nachts streichen lange, sanfte Windböen über deinen Körper und sorgen für Abkühlung. Diese Kälte hält die gesamte Dürrezeit über an, aber sie lässt dich nicht frieren, sondern wirkt beruhigend und entspannend. Das weiße Mondlicht kreiert Schattenwelten zwischen den Bäumen, in denen die Zeit stillsteht. Der Schlaf verschmilzt mit dem Mondschein, und du wachst auf und starrst ins Feuer oder ins Geäst der Bäume, lauschst dem Wind und fragst dich, ob die Unterhaltung in deinem Traum Wirklichkeit war. Du hörst Stimmen und blickst dich um, siehst jedoch nichts. Und manchmal liegst du da und hörst Schritte, die sich dem Camp nähern. Du versuchst dich zu bewegen, um dich aus der Traumwelt zu befreien, aber es gelingt dir nicht, und wenn die Schritte noch näher kommen, nimmst du alle Kraft zusammen und springst auf; plötzlich bist du hellwach. Hin und her gerissen zwischen Traum und Wirklichkeit blickst du dich um und siehst die regungslosen Körper der Jäger, die friedlich schlafen. Einer der Jäger dreht sich um, und du fragst ihn, ob auch er Schritte gehört hat. Er sagt dir, dass du dir keine Sorgen machen sollst.

»Da ist nichts, höchstens ein Dämon oder ein Geist«, sagt er und schläft wieder ein.

Du liegst wach und lauschst dem Wind. Flüchtige Gedanken rufen uralte Erinnerungen wach, die im Mondlicht und im Rascheln der Zweige Gestalt annehmen, lebendig werden, vor dir erscheinen.

Ein Jäger auf einer Felskuppe

Dann verflüchtigen sich die Gedanken wieder, aber die Kraft des Moments bleibt.

All das ging mir durch den Kopf, nachdem ich eines Nachts aufgewacht war, in die Dunkelheit starrte und der nächtlichen Sprache des Landes lauschte. Ich stand auf und ging zum Feuer. Ganz in der Nähe hörte ich Hyänen und fürchtete, sie könnten ins Camp kommen, angelockt vom Fleisch der Impala, die Sabina an diesem Tag erlegt und zum Trocknen aufgehängt hatte. Ich warf ein besonders großes Stück Holz in die Glut und blies hinein, um die Flammen zu neuem Leben zu erwecken. Ich sah meine Taschenlampe, tastete nach den Batterien und legte sie ein. Wenn man eine Taschenlampe nicht benutzt, ist es besser, die Batterien herauszunehmen, weil sie auf diese Weise länger halten. Ich schaltete die Lampe ein, obwohl das Mondlicht eigentlich hell genug war, um sich zurechtzufinden. Das zusätzliche Licht brachte eine Armee von Treiberameisen zum Vorschein, die auf Sabinas Kopf zumarschierten. Diese Ameisen stechen wie Bienen und können tödlich sein, wenn man im Schlaf von ihnen angegriffen wird. Oft tauchen die großen Ameisen aus dem Nichts auf und nehmen Kurs auf ein Ziel, das nur sie kennen. Gewöhnlich zählen ihre Truppen ein paar Hundert Mitglieder, aber manchmal sieht man auch Armeen von mehreren Tausend. Ich versuchte, Sabina so schnell wie möglich zu wecken, und rief: »*Wadudu wakali*, böse Insekten!« Ich musste ihm einen Tritt verabreichen, um ihn aufzuwecken. Sabina wach zu bekommen war beinahe ein Ding der Unmöglichkeit. Manchmal ließen wir ihn einfach morgens im Camp zurück; er folgte dann unseren Spuren und holte uns gegen Abend wieder ein. Nachdem ich ihn ein drittes Mal ziemlich fest getreten hatte, sprang er auf, war allerdings noch immer ziemlich verschlafen. Ich leuchtete mit der Taschenlampe auf die Ameisen. Er verstand.

»*Asante*, danke. *Wadudu wakali*, diese Insekten sind gefährlich«, sagte er, sprang mitten in die Ameisen und begann einen energischen Stepptanz. Er sprang blitzschnell auf und ab und wischte sich dabei immer wieder mit den Händen die Füße ab. Ich kam auf die dumme Idee, es ihm nachzumachen, und spürte bereits nach zwei Sekunden einen stechenden Schmerz, der von meinen Füßen in meine Beine hinaufschoss. An meinen Zehen und Schienbeinen hingen etwa 50 Ameisen. Als Sabina seinen Tanz beendet hatte, kam er zu mir und half mir, die Biester zu entfernen. »Meine Füße haben Medizin. Deine Füße kennen die Ameisen nicht, und die Ameisen kennen deine Füße nicht, also greifen sie an. Vor meinen Füßen laufen sie davon«, erklärte er und lachte über mein schmerzverzerrtes Gesicht. Ich leuchtete mit der Taschenlampe dorthin, wo die Ameisen zuvor marschiert waren, doch im ganzen Camp war keine einzige mehr zu sehen. Sein medizinischer Stepptanz hatte Wirkung gezeigt. In der Hoffnung, die Schmerzen abwaschen zu können, suchte ich nach der Wasserflasche. Da sie leer war, machte ich mich auf den Weg zu einem Wasserloch, das sich in etwa hundert Metern Entfernung vom Camp befand.

»Jemsi!«, rief mir Sabina hinterher, ehe er sich wieder schlafen legte. »Vergiss deinen Bogen und deine Pfeile nicht. Die Nacht kann gefährlich sein. Hier, nimm meinen.«

Ich nahm seinen Bogen und machte mich auf den Weg zum Wasserloch, zu dem ein schmaler, von wilden Buschpalmen flankierter Pfad hinabführte. Die Datoga hatten bemerkt, dass wir in der Gegend unser Lager aufgeschlagen hatten, und hatten deshalb einen großen Teil des Wasserlochs mit dornigen Akazienzweigen abgesperrt. Da das Wasser ohnehin zu schmutzig zum Trinken war, hatten Sabina und ich einige Meter neben der Absperrung ein zweites Loch gegraben. Das frische Wasser der unterirdischen Quelle hatte sich dort gesammelt und konnte bedenkenlos getrunken werden. Wir hatten dieses Loch mit herabgefallenen Palmzweigen zugedeckt, um es vor den Datoga zu verbergen. Wenn es um Wasser geht, sind sie außerordentlich egoistisch. In vielen Gegenden haben sie alle natürlichen Quellen zerstört, indem sie tiefe Löcher gegraben haben, um an Wasser zu gelangen. Wenn die wild lebenden Tiere nicht mehr trinken können, ziehen sie sich bald aus diesen Gebieten zurück, was wiederum dazu führt, dass die Hadza-Clans, die tief im Busch leben, keine Tiere mehr jagen können.

Am Wasserloch angekommen, füllte ich vorsichtig einen alten Plastikbehälter mit sauberem Wasser. Währenddessen leuchtete ich immer wieder die Umgebung mit der Taschenlampe ab, um sicherzugehen, dass keine gefährlichen Tiere in der Nähe waren, die sich dazu entschlossen hatten, zu nächtlicher Stunde ihren Durst zu stillen. Als ich Schritte hinter mir hörte und mich schnell umdrehte, sah ich, dass Sabina mich beobachtete. Wir waren inzwischen seit mehreren Wochen miteinander auf Safari, seit dem Tag, als der Sprecher des Mangati-Heilers etwa einen Monat nach unserer Rückkehr vom Nudulungu im Camp am »Großen Baum« in Mangola aufgetaucht war.

»Ihr müsst jetzt alleine auf Safari gehen! Der alte Mann hat mich geschickt, damit ich euch das mitteile«, hatte der hagere Sprecher gesagt und eine Flasche *pombe* für seine wertvolle Auskunft gefordert.

»Warum müssen Sabina und ich alleine gehen? Vielleicht sagst du uns das ja nur, weil du *pombe* möchtest und meinst, du könntest jedes Mal, wenn wir tun, was du sagst, *pombe* verlangen«, gab ich zu bedenken.

Der Sprecher lachte über meine Bemerkung und setzte sich. »Der alte Mann möchte euch nur warnen, dass etwas Schlimmes geschehen könnte, wenn ihr nicht geht. Es bleibt euch überlassen, ob ihr geht oder nicht, und es bleibt ebenfalls euch überlassen, ob ihr mir *pombe* gebt oder nicht. Wenn du mir kein *pombe* gibst, wird nichts passieren, aber wenn du nicht alleine mit Sabina auf Safari gehst, könnte etwas Schlimmes geschehen oder etwas Gutes nicht eintreten. Der alte Mann wird *mganga* genannt, weil er Dinge sieht, die anderen verborgen bleiben. Ihr könnt euch glücklich schätzen, dass er für den Hinweis nichts weiter will als *pombe*«, sagte der hagere Mann.

»In Ordnung, hier hast du Geld für *pombe*. Der Heiler ist ein kluger Mann, er hat seinen Sprecher geschickt ausgewählt.«

»*Asante*, danke«, sagte der Sprecher und nahm das Geld. Er blieb die ganze Nacht über bei uns im Camp, aß und trank mit uns und tauschte Geschichten mit uns aus.

Sabina

»Komm, Jemsi, ich habe einen Leoparden gehört. Er ist auf der Jagd«, sagte Sabina leise. Ich füllte den Wasserbehälter fertig auf, und wir machten uns auf den Rückweg. In der Nähe des Camps wimmelte es von Dik-Dik-Antilopen und Impalas.

Sabina nahm die Taschenlampe, hielt Ausschau nach dem Leoparden und sonstigen Tieren und leuchtete uns den Weg. Er hielt immer die Augen für mich offen. Sabina war der erste Jäger, den ich kennen gelernt hatte, als ich zum Eyasisee gekommen war. Er war berühmt für seine Jagdkünste und vermutlich der Letzte der jungen Männer, der die Sprache des Landes verstand. Ich nehme an, er ist ungefähr in meinem Alter, aber es ist schwer zu sagen. Wenn ich ihn nach seinem Alter fragte, bekam ich jedes Mal eine andere Antwort. Manchmal war er 60, dann wieder 45. Wenn ich ihm sagte, dass er jünger aussehe als 60, behauptete er, 92 zu sein. Ich versuchte oft, ihm den Zusammenhang zwischen Zahlen und dem Alter zu erklären, was ihn jedoch nicht im Geringsten interessierte. Meistens unterbrach er meine Erklärungen, indem er mir Fragen zu anderen Dingen stellte, denen sein Interesse galt: Tänze, weiße Frauen, amerikanische Hadza, Bären, Nahrung. Bei seinen Angaben bezüglich seines Alters handelte es sich weder um Übertreibungen, noch waren sie ironisch gemeint; er wusste tatsächlich nicht, wie alt er war, und es war ihm egal. Zahlen ergaben für ihn keinen Sinn, da er nie zur Schule gegangen war und nicht viel Zeit in den Ortschaften der Suaheli verbrachte. Er wiederholte einfach wahllos Zahlen, die er irgendwo gehört hatte.

Als ich eines Tages mit Sabina und drei anderen Jägern durch einen Buschtunnel ging, stritten sie sich darum, welches Jahr wir schrieben.

»Wir haben 1984«, meinte Sapo.

»Nein, 1973«, widersprach Localla.

»84!«

»Nein, 95!«

Ein Jäger klettert auf einen Baum

Dann sagte Sabina mit der Bestimmtheit eines Fachmanns:»Wir haben 1884! Stimmt's, Jemsi?«

»Wir haben 1997, aber was spielt das schon für eine Rolle?«, entgegnete ich schließlich.

»Seht ihr? Ich hab's euch doch gesagt«, meinte Sabina stolz.

Sabinas Vater starb an einem Husten, als Sabina noch ein kleiner Junge war. Seine Mutter starb kurz danach an einer Augeninfektion, die sie in den Wahnsinn getrieben hatte. Sabina glaubte, dass seine Eltern von anderen Hadza vergiftet worden waren, weil sein Vater Geld damit verdiente, für weiße Jäger Tiere aufzuspüren. Sabina und seine Schwester lebten nach dem Tod ihrer Eltern bei Mzee Wapo und seiner Frau Caeooa. Mzee Wapo ging auf die Jagd, und seine Frau sammelte Wurzeln und Beeren in der gesamten Region um den Eyasisee von Matala bis Sanola, in Yaeda, Mongo wa Mono, Sponga, Gilgwa, Endamaghay und schließlich auch in Mangola. Mzee Wapo wusste den Wechsel der Jahreszeiten zu schätzen und die Nahrung, die zu verschiedenen Jahreszeiten in unterschiedlichen Gebieten zu finden war. Sabina lernte eine Menge, während er bei den beiden lebte.

»Ziehen alle Hadza um den See, so wie es Mzee Wapo getan hat?«, fragte ich.

»Manche schon, aber sie legen keine so großen Entfernungen zurück wie Mzee Wapo. Früher liebte Mzee das Essen, doch jetzt bevorzugt er *pombe*.« Mzee Wapo war in Mangola zum Alkoholiker geworden und zog mittlerweile nicht mehr umher, um Nahrung zu suchen.

Sabina erklärte, dass Mzee Wapo noch immer die Gabe besaß, das Land zu lesen, ein Wissen, das inzwischen fast völlig verloren gegangen ist. Er hatte Sabina die verschiedenen Möglichkeiten gelehrt, wie man na-ko-ma-ko, Büffel, bo-po-ako, Impalas, und dan-jo-ako, Zebras, jagt, und ihm eine Menge über andere Tiere beigebracht.

»Kannst du dich noch an deinen Vater erinnern?«, fragte ich Sabina eines Abends, als wir am Feuer saßen.

»Ich war noch sehr jung, als mein Vater starb. Er ließ seine Familie oft allein, um mit den Weißen auf die Jagd zu gehen. Ich erinnere

Caeooa, Mzee
Wapos Frau

mich, dass mein Vater einen merkwürdigen Gang hatte, weil er als junger Mann von einem Rhinozeros aufgespießt worden war.«

»Und an deine Mutter?«

»Als ich meine Mutter begleitete und Wurzeln mit ihr ausgrub, brachte sie mir bei, wie man mit dem Bogen umgeht und wie man kleine Vögel jagt«, sagte Sabina und drehte sich eine Zigarette. »Wenn ich alleine bin und Hunger habe, suche ich nach Wurzeln. Die meisten Hadza-Männer würden das nicht zugeben, da das Wurzelsuchen als Frauenarbeit gilt. Aber auch die Jungen lernen, wie man Wurzeln aufspürt, wenn sie ihre Mütter begleiten.«

Sabina besaß einen unvergleichlichen Appetit. Er war geradezu unersättlich. Das war es, was ihn von den Städten fern hielt und von der neuen Lebensweise, der so viele Hadza verfallen. Sabina liebte Fleisch über alles. Da der Tierbestand abnahm, verwendete er mehr Zeit für die Jagd und legte größere Entfernungen zurück, um seine Beute aufzuspüren. Die anderen Hadza amüsierten sich immer wieder über Sabinas Heißhunger. Sie machten sich zwar nicht unverhohlen über ihn lustig, doch wenn alle zusammen aßen, sahen sich Mustaffa und Musa manchmal an und begannen darüber zu lachen, wie ungestüm Sabina in sein Fleisch biss, wie aufgeregt er vor dem Essen war oder wie schnell er ein Tier häuten und zubereiten konnte. Sein großer Appetit war auch der Grund, weshalb er ein so hervorragender Jäger war: Er tat alles dafür, an Nahrung zu gelangen. Und wenn er erst einmal bei der Sache war, konnte ihn nichts mehr aufhalten.

Eines Nachts erlegte er eine Zibetkatze. Zibetkatzen sind ungefähr so groß wie Hauskatzen, jedoch länger, schlanker und wesentlich angriffslustiger. Das Tier kletterte auf einen Baum, der von grünen Schlingpflanzen mit spitzen Dornen umrankt war. Sabina folgte der Zibetkatze auf den Baum und packte sie. Die Katze stürzte sich auf Sabinas Hand mit einem Kreischen, das die Stille der Nacht durchbrach. Sabina gab ebenfalls knurrende Geräusche von sich und fiel vom Baum. Man konnte nicht genau sagen, ob er freiwillig gesprungen war oder ob er das Gleichgewicht verloren hatte, nachdem ihn die Zibetkatze attackiert hatte. Er fiel aus gut zwei Metern Höhe auf den Rücken, ohne dabei das Genick des Tiers loszulassen. Beide schrien, während sie fielen. Im nächsten Moment war er bereits wieder auf den Beinen, schwang die Katze am Schwanz durch die Luft und schlug ihren Kopf immer wieder auf den Boden. Ohne uns eines Blickes zu würdigen, lief er anschließend mit dem toten Tier in der Hand ins Camp zurück und führte dabei Selbstgespräche. Die Aufregung hatte ihn in Trance versetzt. Mustaffa und ich folgten ihm lachend. Als wir im Camp ankamen, hatte Sabina die Zibetkatze bereits gehäutet und grillte ihren haarlosen Körper über dem Feuer. Er saß völlig entspannt da und hielt seine verwundete Hand in eine mit Wasser gefüllte Kalebasse. Die Katze hatte ihm ein fingerbreites Stück Fleisch aus der Hand gerissen, das nur noch von einem Hautlappen gehalten wurde.

Sabina

Ich reinigte sorgfältig seine Wunde und verband ihm die Hand, die nach kürzester Zeit wieder verheilt war. Noch in derselben Nacht ging er zu einem Hadza-Tanz, und am Morgen schliefen zwei junge Frauen an seiner Seite.

Sabina verstand es hervorragend, Bäume zur Jagd zu nutzen. In Gegenden, in denen es unmöglich schien, Tiere aufzuspüren, kletterte er auf Bäume, verschwand im Blätterwerk und balancierte manchmal stundenlang auf den obersten Ästen, bis er Beute erspähte. Wenn er auf einem Baum verschwunden war, hatte ich oft Schwierigkeiten, ihn zu finden. Seine Bewegungen beim Hinauf- oder Hinabklettern waren fließend, und er konnte jeden beliebigen Baum besteigen, ohne dabei innezuhalten. Im Handumdrehen war er oben. Irgendwie fand ich das gespenstisch. Er hatte etwas Katzenartiges an sich. Die Legende besagt, dass sich Zauberer nachts in Löwen oder Leoparden verwandeln können.

Tabak und ein getrocknetes Blatt in Sabinas Händen

Sabina folgte nur einem Gesetz, und zwar seinem eigenen. Er war so unberechenbar, dass man kaum vorhersehen konnte, was er tun oder wie er reagieren würde. Manchmal packte er mich aus heiterem Himmel und wollte mit mir ringen. Oft bemalte er seinen Körper mit komplizierten, urtümlichen Zeichen, lief durch die Straßen von Mangola, erschreckte die Suaheli und verlangte von ihnen, dass sie ihm *pombe* spendierten. Er malte sich auch gerne Schlangenlinien auf die Schuhe und tanzte zu allen möglichen Melodien, die er gerade im Kopf hatte; wenn er bei seinen verrückten Tänzen wie Elvis mit den Armen ruderte, starrten ihn die anderen Jäger gebannt an. Nichts konnte ihn so schnell aus der Ruhe bringen. Doch wenn ihm der Geduldsfaden riss, ging er wie eine Schlange ohne Vorwarnung zum Angriff über. Eines Abends, als wir einem Hadza-Tanz beiwohnten, zückte er blitzschnell sein Messer. Einige Hadza aus Matala, die viel zu viel *pombe* getrunken hatten, beschuldigten Sabina, er habe alle Frauen dazu überredet, zu uns ins Camp zu kommen, womit sie vermutlich Recht hatten. Sabina saß seelenruhig da und schluckte ihre Anschuldigungen. Irgendwann sagte er:»Mir gefällt euer Geschwätz nicht«, und zückte sein Messer. Die Männer wichen zurück und setzten sich wieder. Sabina hatte einst einen Mann niedergestochen, und sie wussten das.

Als ich ihn fragte, wie es zu der folgenreichen Messerstecherei gekommen war, sagte er schlicht und einfach:»Der Mann hatte meinen Bogen gestohlen, und als ich nach ihm suchte, fand ich ihn mit meiner Frau. Nachdem ich ihn niedergestochen hatte, verschwand ich für ein Jahr im Busch, und als ich zurückkam, war der Mann wieder gesund und entschuldigte sich bei mir. Ich suchte mir eine neue Frau.«

Sabina verabscheute Gewalt, doch die Situation erforderte sie von Zeit zu Zeit. Ich wusste, dass Sabina irgendwann in seiner Kindheit seelisch schwer verletzt worden war. Möglicherweise durch den Tod seiner Eltern, vielleicht aber auch durch die Intoleranz der Suaheli oder durch den Verlust seiner ersten Frau und den Tod seines Kindes – er hatte eine ganze Reihe schmerzlicher Erfahrungen machen müssen, die ihn zwar niemals gebrochen hatten, aber doch allgegenwärtig waren. Ich glaube nicht, dass er sich dessen bewusst war, doch man konnte den Schmerz in seinem Gesicht lesen. Irgendwann war sein Vertrauen in andere Menschen zerstört worden, und das hatte sein gesamtes Weltbild geprägt. Wenn sich das Leben wieder einmal von seiner grimmigsten Seite zeigte, war ihm sein Schmerz vor allem an den Mundwinkeln anzusehen. Er hatte den Überlebenskampf im Busch gemeistert, doch tief in seinem Inneren schlummerte eine unbeantwortete Frage, die im Lauf der Zeit von seinem ganzen Wesen Besitz ergriffen hatte. Wie diese Frage lautete, weiß ich nicht. Hin und wieder spiegelte sich sein Suchen in seinen Augen wider, verschwand und zeigte sich darauf in den Bewegungen seiner Hände. Manchmal konnte man es auch an seiner Haltung ablesen.

Als Sabina und ich von unserer ersten langen Safari heimkehrten, lief seine Frau mit ihrem Baby im Arm auf ihn zu. Das Kind war blass und atmete kaum noch. Ich werde niemals den Kummer und die Hilflosigkeit in Sabinas Blick vergessen. Der Junge war bereits seit einiger Zeit krank. Sabina war mit ihm bei Heilern und in Krankenhäusern gewesen und glaubte, dass er sich auf dem Weg der Besserung befand. Doch an jenem Morgen gab der kleine Junge seinen Kampf auf, als hätte er auf die Arme seines Vaters gewartet. Er stieß einen leisen Schrei aus und starb. Sabina saß im Nieselregen unter einem Tamarindenbaum und küsste sein totes Baby auf die Augen. Er vergoss keine Träne.

Seinem zweiten Kind, das am Leben geblieben war, war Sabina ein wunderbarer Vater. Der kleine Junge hieß Na-ko-ma-ko und war Sabinas ganzer Stolz. Wenn er im Camp war, wich ihm der Junge nicht von der Seite und ahmte jede seiner Bewegungen nach: Er imitierte, wie Sabina aß, wie er Pfeile schnitzte, wie er ging. Und wenn Sabina aufbrach, um auf Safari zu gehen, hörte der Junge nicht mehr auf zu weinen. Eines Abends stieß mich Mustaffa an und deutete auf Sabina und seinen dreijährigen Sohn, die gerade Fleisch aßen. Sie standen beide in exakt derselben Haltung da, und der Junge aß mit derselben Hingabe und denselben Geräuschen wie sein Vater.

Als ich die Hadza das erste Mal besuchte, nahm mich Sabina auf eine zweiwöchige Safari mit. Während Mustaffa die Gabe hatte, den Lebensstil der Hadza und die Kunst des Jagens wortgewandt zu erläutern, gab Sabina sein Wissen weiter, indem er mit gutem Beispiel voranging. Er beschränkte sich auf einfache Erklärungen, es sei denn, man bat ihn, etwas genauer zu erläutern. Wenn man ihn dazu überreden konnte, war es ein Genuss, ihm zuzuhören. Als Mustaffa uns immer häufiger auf unseren Safaris begleitete, übertrug ihm Sabina die Führerrolle und zog sich still zurück, war aber dennoch stets zur Stelle, wenn man ihn brauchte. Mustaffa besaß eine derart dominante Persönlichkeit und eine solche Gabe zu erklären, dass er mich sofort in seinen Bann zog. Die anderen Jäger spürten das und ließen Mustaffa diese Rolle bereitwillig übernehmen. Später fand ich allerdings heraus, dass Mustaffa in mir seine Beute sah und ich aufgrund der Erwartungen, die er an mich stellte, niemals echte Freundschaft mit ihm schließen konnte. Er war immer für mich da, erhoffte sich aber stets mehr von mir, als ich ihm geben konnte, und als ich bemerkte, dass er sowohl mein Lächeln als auch mein Stirnrunzeln nachäffte, war ich nicht mehr in der Lage, ihm blind zu vertrauen.

Wenn mir im Busch das Geld ausging, blieb Sabina an meiner Seite und jagte, wogegen Mustaffa rasch verschwand. Als mir schließlich bewusst geworden war, dass Sabina derjenige war, dem ich vertrauen konnte, ließ ich ihn unsere langen Safaris planen und entscheiden, wohin wir gingen. Die Männer, die er als Begleiter auswählte – Männer wie Localla und Sapo –, waren aufrichtig und nie auf eine Gegenleistung bedacht. Mit Mustaffa war das Ziel einer Safari immer das, eine *pombe*-Bar zu finden. Für Sabina, Localla und Sapo war das Ziel, am Lagerfeuer Geschichten auszutauschen. Localla brachte es auf den Punkt, als er einst zu mir sagte:»Du bist jetzt mit echten Hadza unterwegs, nicht mit Hadza aus der Stadt. Das *pombe* hat Mustaffa verrückt gemacht. Für ihn zählt nur noch *pombe*, sonst nichts. Wir gehen mit dir an Orte, die Mustaffa längst vergessen hat.«

Auf längeren Safaris wurde Sabina schweigsam und ernst, wenn wir mit großen Strapazen zu kämpfen hatten, und erduldete klaglos Durst, Hunger und Kälte. Er schien sich jede Bewegung genau zu überlegen und vermied unnötige Anstrengungen. Wenn allen der Tabak ausgegangen war, konnte man sicher sein, dass Sabina noch vier oder fünf Zigaretten übrig hatte. Er steckte mir dann immer heimlich eine Zigarette zu und führte mich an irgendeinen angenehmen Ort, an dem wir, ohne von Fliegen belästigt zu werden, den Tabak genießen konnten. Da die Hadza alles teilen, wären wir höchstens in den Genuss von ein oder zwei Zügen gekommen, hätten wir diese Zigaretten vor den Augen der anderen angezündet. Sabina war in der Lage, jede Situation richtig einzuschätzen, und wusste immer schon im Voraus, was geschehen würde. Er ahnte, dass uns der Tabak ausgehen würde und wir keinen Nachschub finden würden, ehe wir an unserem nächsten Ziel angelangten. Dasselbe galt für die Art und Weise, wie er jagte. Er kannte keine Furcht und war einer der wenigen Männer seiner Generation, die ohne fremde Hilfe mehr als drei Löwen erlegt hatten. Und er beklagte sich nie darüber, dass die Tiere immer weniger wurden.

Sabina hatte etwas Unschuldiges an sich, ein Beben in der Stimme, ein unverdorbenes, reines Lachen. Wenn er verlegen oder verwirrt war, zeigte sich diese Unschuld auch in seiner Körpersprache. Das erste Mal fiel mir das auf, als Mustaffa mit meiner Kamera Fotos machte und vorschlug, dass Sabina es auch einmal versuchen sollte. Darin zeigte sich ein wichtiger Charakterzug von Mustaffa: Er wusste, dass Sabina ebenfalls gerne fotografiert hätte, und ging davon aus, dass er eifersüchtig war. Mustaffa rief Sabina und hielt ihm die Kamera hin. Sabina kam mit hängenden Schultern angetrottet, hatte ein Lächeln auf den Lippen und kicherte verlegen. Er war völlig überwältigt von der Vorstellung, die Kamera zu bedienen. Als er den Fotoapparat in die Hand nahm, wirkte er wie ein kleiner Junge, der das erste Mal ins Meer geht. Das Fotografieren fiel ihm ebenso leicht wie Mustaffa. Die beiden waren immer höflich zueinander und stritten sich nie darum, wer die Kamera tragen, sie aufziehen und abdrücken durfte. Sie ergänzten sich perfekt. Ich wurde nochmals Zeuge von Sabinas Unschuld, als wir in Karatu ein kleines Hotelzimmer betraten, und ein drittes Mal, als wir in Arusha durch die Türen einer Diskothek gingen. Karatu ist eine wachsende Stadt an der wichtigsten Safariroute zum Ngorongoro-Nationalpark, Arusha die zweitgrößte Stadt Tansanias. Sabina hatte mich immer wieder gebeten, mich nach Arusha begleiten zu dürfen. Nachdem wir vier Monate zusammen unterwegs gewesen waren, willigte ich schließlich ein.

Sowohl in Karatu als auch in Arusha folgte mir Sabina, wie ich ihm im Busch gefolgt war. Als wir die Diskothek betraten, griff er nach meiner Hand. Was er sah, machte ihn nervös und verängstigte ihn. Bald darauf wollte er jedoch gar nicht mehr aufhören zu tanzen. Als es frühmorgens Zeit wurde, die Diskothek zu verlassen, folgte er mir wortlos nach draußen. Er ging nicht neben mir, sondern folgte mir auf Schritt und Tritt, als führte ich ihn bei einer Jagd an.

Neben all den Scharlatanen in den Städten kam seine Rechtschaffenheit aufgrund seiner Schweigsamkeit und seiner inneren Ruhe besonders zur Geltung. Eines Abends beobachtete ich, wie sich Sabina mit einigen Männern aus der Stadt unterhielt, die alle hofften, durch ihn an mein Geld zu kommen. Er wirkte unglaublich ausgeglichen und hatte eine natürliche Aufrichtigkeit an sich, die den anderen fehlte. Das war mir nie wirklich bewusst geworden, bis ich ihn neben diesen Gaunern stehen sah. Er strahlte Ehrlichkeit und Vertrauenswürdigkeit aus, während sich die anderen für etwas Besseres hielten und ihn wegen seiner Sandalen aus alten Autoreifen auslachten.

»Ich brauche neue Schuhe«, teilte mir Sabina anschließend mit. »Die Männer sagen, dass ich andere Schuhe tragen sollte, weil ich ein Freund von dir bin und mit dir in Arusha ausgehe.«

Ich sagte ihm, dass diese Männer lächerliche Marionetten der Konsumgesellschaft seien und sich für einen einfachen Weg entschieden hätten, der den so genannten *bwana mkubwa*, den »großen Mann«, reich macht und dem kleinen Mann jegliches Selbstvertrauen raubt. Ich versuchte, ihm zu erklären, dass er Qualitäten hatte – sowohl als Mensch als auch als Jäger –, die den anderen abgingen. Er schien mich zu verstehen. Nach zwei Tagen in Arusha sagte er, dass er zu seinem *nyumbani*, seinem Zuhause, zurückkehren wolle. »*Shetani mkubwa*, in Arusha wohnt ein großer Dämon«, meinte Sabina.

Am meisten beeindruckte mich Sabina, wenn die andere Seite seines sonst so harten, maskulinen Wesens ans Tageslicht kam und er in eine Mutterrolle schlüpfte. Er schien im Gleichgewicht mit seiner femininen Seite zu sein, die immer dann zutage trat, wenn er Abschied nahm oder irgendetwas im Detail erklärte. Dann lächelte er stolz und wurde unerwartet sanft, wie eine Mutter, die ihr Kind bewundert. Sabina wägte alle Fragen, die man ihm stellte, vorbehaltlos ab und vermittelte einem das Gefühl, sein Sohn zu sein. Seltsamerweise konnte seine feminine Seite aber auch plötzlich wieder verschwinden, wenn ihm die Frage seinen Schmerz ins Gedächtnis rief. Dann gewann wieder der zurückhaltende, traurige Junge in ihm die Oberhand. Er suchte das Weite und zog sich in eine Abgeschiedenheit zurück, in der ihn niemand zu stören wagte.

In Arusha verbrachten wir fast den ganzen Tag im Hotelzimmer, weil wir keine Lust hatten, durch die überfüllte Stadt zu gehen. Sabina griff immer wieder zu seiner *malimba*, einer kleinen, hohlen Holzkiste, auf der an einer waagrechten Verankerung zehn oder fünfzehn senkrechte Aluminiumstreifen befestigt waren, mit denen sich verschiedene Töne erzeugen ließen. Dann fing er an, seine endlosen Improvisationen zu spielen und drängte mich, in seine Lieder mit einzustimmen. Dieser Zeitvertreib machte ihm großen Spaß, und er sagte immer wieder: »*Safi sana*, Jemsi, *safi sana*. Das ist sehr gut, das ist sehr gut.« Er fühlte und hörte die Musik, noch ehe er zu seinem Instrument griff. Ich wusste, dass es so weit war, wenn sich seine Lippen lautlos zu den Liedern bewegten, die ihm durch den Kopf gingen. Er sah mich an, bat mich mit seinen Blicken mitzumachen und gab mir ein Zeichen, wenn es losgehen konnte. Aber er war auch in der Lage zu erkennen, wenn ich nicht mit ihm singen wollte oder noch nicht bereit dazu war; dann spielte er alleine.

Als wir schließlich doch durch die Straßen von Arusha gingen, folgte er mir schweigsam. Er verhielt sich äußerst unauffällig, und bisweilen hatte ich das Gefühl, als bestünde er aus Luft; manchmal bemerkte ich erst, wenn ich mich nach ihm umsah, dass er hinter mir war. Fremde starrten ihn oft an, waren jedoch nicht in der Lage zu begreifen, was anders an ihm war. Wenn mir jemand hinterher rief, hielt er mich an und sagte: »Jemand ruft nach dir, warum gehst du weiter?«

»Die wollen doch nur mein Geld, Sabina. Ich bin ein Weißer.«

Wenn er sich mit anderen unterhielt, während wir in Arusha waren, zeigte er ein derart aufrichtiges Interesse an seinen Gesprächspartnern, dass diese zunächst oft völlig verblüfft wirkten, ihn aber schließlich sogar in verschiedenen Angelegenheiten um Rat fragten. Ich machte mir Sorgen um seine kindliche Unschuld.

Zu meiner Überraschung machte Sabina während unseres Aufenthalts die Bekanntschaft einer jungen Frau, die in dem äthiopischen Restaurant neben unserem Hotel arbeitete. Er bat mich um die Zimmerschlüssel.

»Ich treffe die *dada* heute Nachmittag. Sie kommt zum Mittagessen auf unser Zimmer.«

»Was für eine Art Mittagessen soll das werden, Sabina?«

»*Chakula cha* Sabina, Sabina wird vernascht«, meinte er und lachte.

Als ich später allein nach Arusha zurückkehrte, fragte mich die junge Frau: »Wo ist dein Freund, der Ingenieur aus Mangola?«

Alle Frauen schienen Sabina zu lieben. Wenn wir von Zeit zu Zeit am Lagerfeuer über Oralverkehr sprachen, begannen die anderen Jäger bereits bei der Vorstellung daran zu kichern und brachten kein Wort mehr heraus. Sabina dagegen nahm mit aller Gelassenheit einen Zug von seiner Zigarette, erklärte, warum er Gefallen an Oralverkehr fand und wie er ihn praktizierte.

»Kein Wunder, dass dir das gefällt«, sagte Mustaffa. »Das *bangi* hat dich *chizi* im Kopf gemacht. Wer *bangi* raucht, macht solche Sachen. Aber vielleicht mögen dich deshalb so viele Frauen.«

Eine Frau mit lackierten Nägeln

»Ich bin sicher, dass das einer der Gründe ist«, erwiderte Sabina zuversichtlich und zog nicht in Erwägung – vielleicht, weil es ihm nicht bewusst war –, dass er ein auffallend gut aussehender Mann war.

Gegen vier Uhr morgens, wenn der letzte Rest Sonnenwärme aus der Erde weicht und der Wind abkühlt, wird es schwierig zu schlafen. Das Feuer erwärmt den Boden nur langsam. An meinem letzten Morgen mit Sabina wachte er um diese Zeit auf und erhob sich langsam, um noch etwas Holz ins Feuer zu legen. Als er unter dem sichelförmigen Mond regungslos neben den lodernden Flammen saß, wirkte er beinahe körperlos, doch sein Inneres schien sich auf unerklärliche Weise im Einklang mit der Umgebung zu befinden. Er hatte den Blick starr auf die Flammen gerichtet und sagte, ohne mich dabei anzusehen: »Komm, setz dich zu mir ans Feuer, Jemsi, du schläfst neben einem Schlangenloch.«

Nachdem wir uns an dem kleinen Wasserloch, das wir zuvor gegraben hatten, mit Trinkwasser versorgt hatten, gingen Sabina und ich zurück ins Camp. Der stechende Schmerz, den die Ameisen an meinen Füßen hinterlassen hatten, war inzwischen verflogen.

»Was meinst du, welche Richtung der Leopard eingeschlagen hat?«, fragte ich Sabina.

»Er ist zum Wasser gegangen, wo die Strauße trinken«, sagte Sabina und blickte zum Himmel. Er spürte, dass es regnen würde.

»Heute Abend wird es Regen geben. Wir werden eine Freundin von mir besuchen und in ihrer Hütte schlafen. Sie wohnt nicht weit von hier. Wir sollten uns auf den Weg machen.«

Wir packten Pfeil und Bogen, eine Tasse, einen Kochtopf und das getrocknete Impalafleisch zusammen und brachen auf. Nach etwa einer Stunde entdeckte Sabina im Schein der Taschenlampe die Augenpaare von zwei Dik-Dik-Antilopen. Er gab mir die Lampe und schoss auf sie. Wir mussten keines der beiden Tiere verfolgen, da sie sofort wie versteinert waren, doch um sie zu töten, mussten wir ihnen mit unseren Bogen die Schädel einschlagen; es waren große, knapp zwanzig Kilo schwere Männchen.

Schließlich gelangten wir zu einer Hadza-Hütte unter einem Affenbrotbaum. Sabina ging zum Eingang der Hütte und meldete flüsternd unsere Ankunft. Niemand antwortete. Er flüsterte abermals, diesmal lauter. Wieder war lange nichts zu hören, doch dann schob eine junge Frau einen Dornbuschzweig beiseite, der den Eingang vor Hyänen schützte. Sie blickte Sabina an und sagte: »Kommt rein.«

In der Hütte war es dunkel. Der Rauch von brennendem Akazienholz hing in der Luft. Die junge Frau, die noch immer halb zugedeckt war, blies in die Glut. Sie nahm ein paar Zweige von einem Haufen, brach sie in Stücke, legte sie auf die von glatten Steinen umgebene

Feuerstelle und blies erneut in die Glut. Als die Zweige Feuer fingen, wurde die zwei mal zwei Meter große, eineinhalb Meter hohe Hütte von einem warmen, behaglichen Licht erleuchtet. Die Wände der Hütte bestanden aus Ästen und Sisalblättern, die von außen mit Gras bedeckt waren, um den Regen abzuhalten. Die junge Frau war auffallend hübsch. Sabina überreichte ihr eine der Antilopen als Begrüßungsgeschenk und ging nach draußen, um die andere zu häuten. Ich setzte mich ans Feuer. Die Frau packte die Antilope in eine kleine Tasche und versteckte sie in einer Ecke der Hütte unter einem Berg von Kleidungsstücken. Dann setzte sie sich aufrecht hin und starrte mich an. Sie legte die Finger an die Lippen, und tat, als würde sie rauchen. Ich suchte meine letzte Packung Sportsman – eine tansanische Zigarettenmarke –, nahm eine Zigarette aus der Schachtel und reichte sie ihr. Plötzlich bemerkte ich, dass sich hinter mir etwas bewegte, und beugte ich mich erschrocken nach vorn. Die junge Frau lachte. Ich drehte mich um und sah eine zweite Frau, die halb unter einer großen Decke lag. Sie streckte die Hand aus und verlangte ebenfalls nach einer Zigarette. Als ich ihr eine gab, roch sie daran und fragte: »Tumbactayo, Tabak?«

»Ja«, erwiderte ich.

Sie stand auf, bedeckte ihre straffen Brüste mit einem alten *kanga* und steckte sich die Zigarette zwischen die Lippen. Dann beugte sie sich über mich, nahm ein kleines, an einem Ende brennendes Holzstück aus dem Feuer und zündete sich ihre Zigarette damit an. Sie stützte sich mit einer Hand auf meiner Schulter ab, um sich wieder aufzurichten, ging auf die andere Seite des Feuers und setzte sich neben ihre Freundin. Die beiden jungen Frauen begannen zu kichern.

»Jemsi«, sagte diejenige, die sich gerade hingesetzt hatte.

»Ja, ich bin Jemsi«, entgegnete ich und imitierte das Brüllen eines Löwen. Die beiden schrien. Eine von ihnen warf einen Stock nach mir, der mich an der Stirn verletzte. Sie sprangen sofort auf, nahmen meinen Kopf in die Hände und wuschen die Blessur mit Wasser aus. Anschließend pressten sie ein Tuch auf die Wunde, bis die Blutung aufhörte, setzten sich wieder auf die andere Seite des Feuers und begannen erneut zu kichern.

Als Sabina zurückkam, kümmerten sich die beiden Frauen sofort um das Fleisch, schnitten es in Stücke und legten sie ins Feuer. Sabina sagte irgendetwas auf Hadza, worauf sich die junge Frau, die ich anfangs nicht bemerkt hatte, neben mich setzte. Sabina setzte sich neben die andere Frau.

»*Dada safi sana*, die Frau ist nett, oder?«

»*Ndiyo*, ja, Sabina.«

Sabina begann leise zu singen, während sich die jungen Frauen kichernd um das Fleisch kümmerten. Als ich ein Stück, das zu brennen begonnen hatte, im Feuer verrutschen wollte, schlug mir eine von ihnen auf die Hand. Sabina lachte.

»*Polepole*, Jemsi, *dada kali*, langsam, langsam, Jemsi, mit dieser Schwester ist nicht zu spaßen.«

»*Ndiyo*, ja, ich weiß«, sagte ich und deutete auf meine Stirn. Die Frauen erzählten Sabina die Geschichte, und er begann erneut zu lachen.

»Wie heißt du?«, fragte ich diejenige, die mir auf die Hand geschlagen hatte.

»Mela«, entgegnete sie, ohne mich anzusehen.

»Und du?«

»Zita«, sagte die andere und lächelte.

Mela nahm einen großen Brocken Dik-Dik-Fleisch, schnitt ein kleines Stück ab, packte mich mit ungewöhnlich festem Griff am Kinn und steckte es mir in den Mund. Dann sah sie mich an und fasste mir ins Haar. Ich musste lachen. Sabina lachte ebenfalls. Sie zog rasch die Hand zurück und senkte den Blick. Ich nahm das Fleisch und schnitt ihr ein Stück ab. Ohne mich dabei anzusehen, nahm sie es mit den Zähnen und schenkte ihrer Freundin ein scheues Lächeln. Die beiden Frauen fingen an zu singen. Sabina stimmte mit ein und brach einen Schienbeinknochen der Antilope auseinander, um das Knochenmark herauszusaugen. Als Zita ihm den Knochen aus der Hand nahm, ließ er sie gewähren und nahm sich stattdessen ein Stück Fleisch.

Eine halbe Stunde später begann es in Strömen zu regnen. Ich war froh, in einer warmen Hütte zu sein, an eine junge Frau geschmiegt, und Fleisch zu essen. Sabina lag inzwischen mit Zita unter der Decke und spielte mit der Taschenlampe. Mela legte sich ebenfalls wieder hin und deckte sich zu. Ich sah mich nach einer geeigneten Schlafgelegenheit um.

»Bocho, komm, du kannst hier schlafen«, sagte Mela, hob ihre Decke an und klopfte mit der Hand neben sich auf den Boden.

Ich legte mich neben sie. Mela bedeckte mit einer Hand meine Augen und sang mir leise ins Ohr. Als sie mit dem Singen fertig war, schlüpfte sie aus ihrem *kanga* und presste ihren warmen Körper an meinen Rücken.

Der Klang des Regens, des Atems und des Feuers wiegte uns in den Schlaf.

In den folgenden Monaten regnete es mit noch nie da gewesener Heftigkeit. Alle Ansiedlungen der Sukuma, Datoga und Mbulu am Ufer des Eyasisees wurden von dem ehemals ausgetrockneten See verschluckt. In Mangola versank die deutsche Blumensamen-Plantage in den Fluten des Baray, der die Samen auf den Feldern und im Busch verteilte, wo später Sonnenblumen, Kosmeen, Gänseblümchen, Ringelblumen, Zinnien und Rosen in allen Farben blühten. Das Regenwasser strömte in den ehemals trockenen Flussbetten von allen umliegenden Hügeln von San-sa-ko bis zu den Kidero-Bergen herab. Uralte Affenbrotbäume und Akazien verschwanden in den tobenden Flüssen. Ein alter Mann behauptete, noch nie solchen Regen erlebt zu haben. Viele Täler füllten sich mit Wasser und wurden zu Seen.

»*Eyasi ana njaa sana*. Der Eyasisee ist sehr hungrig«, sagte Sitoti eines Morgens zu mir, als wir uns in einem kleinen Flussbett wuschen, in dem die morgendlichen Regenfälle zum Eyasisee hinabflossen.

Wasserfall

In nur wenigen Wochen verwandelte sich die Halbwüste in üppige grüne Wiesen. Schmetterlinge und Wildblumen aller Art tauchten auf, und die ehemals ausgetrockneten Wasserlöcher boten den Tieren wieder Wasser. Büffel, Weißschwanzgnus, Giraffen, Elefanten, Löwen und Zebras kehrten in die Täler und auf die Hügel und Weiden zurück, die sie vor langer Zeit verlassen hatten. Alte Hadza-Camps verschwanden unter einem grünen Teppich, und ihre verlassenen Hütten wurden von schnell wachsendem, rankendem Unkraut überwuchert. Die Hadza kehrten in die Höhlen zurück, die sie lange gemieden hatten. Ihre Ahnen, die dort wohnten, waren froh, wieder die Stimmen der kleinen Kinder, die sanften Worte der Mütter, die Geschichten von der Jagd und das Lachen zu hören, das in den Felsen widerhallte. Das Gras wuchs meterhoch und bot gefährlichen Giftschlangen Unterschlupf. Die riesige Boa constrictor, die *chatu* oder e-cha-kwa, kehrte in das Hochland zurück und machte Jagd auf kleine Dik-Dik-Antilopen, Impalas und Gazellen. An den Wänden der Höhlen gediehen frische Schimmelpilze, die von den Jägern zur Heilung verschiedener Krankheiten eingesetzt wurden. Das Trinkwasser war ein wahrer Genuss. In den Nächten trieben Heerscharen frisch geschlüpfter Moskitos ihr Unwesen, unter die sich die schimmernden Körper von Leuchtkäfern mischten. Wolken von emsigen Libellen verdunkelten die strahlenden Nachmittage. Bei Tagesanbruch kämpfte sich das Sonnenlicht durch die Regenwolken und löste eine unbeschreibliche Symphonie der Vögel aus, die diese neue Lebensfülle feierten. Straßen verwandelten sich in Flüsse, und die Region um den Eyasisee wurde von der Außenwelt abgeschnitten.

Das Land zeigte sich von einer neuen Seite und verlangte nach einer anderen Lebensweise. Die Nächte wurden gefährlich, weil die Löwen, die den Tieren gefolgt waren, auf Beutezug gingen und die Schlangen nur wenig Zeit in ihren überfluteten Löchern verbrachten. Sabina kehrte eines Morgens mit einer Bisswunde am rechten Oberarm von der Jagd ins Camp zurück. Er hatte sich in der Nachmittagssonne auf einem Felsen ausgeruht, als ihn eine *chatu*-Schlange von der Größe eines Palmenstamms in den Arm biss und zu sich zog, um ihn zu zerquetschen und anschließend zu verschlingen. Er musste der Schlange mehrmals in den Kopf stechen, bis sie von ihm abließ. Nach sechs Monaten bei den Hadza hatte ich mich durch und durch verändert. Im Busch verliert man jegliches Zeitgefühl, und ich war nicht sicher, wie viel Zeit bereits vergangen war. Laut Kalender waren es sechs Monate, aber ich hätte schwören können, dass es Jahre waren. Ich hatte fast zehn Kilo abgenommen, war aber trotzdem kräftiger. Das Land und der Lebensstil hatten mir die Zähigkeit eines Leoparden verliehen. Ich fühlte mich völlig frei.

Wenn Markt war, sah man die Hadza häufig wild zur Musik aus einem Radio tanzen. Die Suaheli aus der Stadt scharten sich dann um die Tänzer, lachten sie aus, beschimpften und verspotteten sie, obwohl sie insgeheim neidisch waren. Die Tänzer schenkten dem keinerlei Beachtung; sie waren völlig verzaubert von der Musik und schwebten in anderen Sphären, weit über den höhnischen Zuschauern.

Die Hadza ließen sich keine Freude und kein Vergnügen entgehen. Wenn um zwei Uhr nachts irgendjemand zu singen begann, erhoben sich plötzlich alle, um mitzusingen und zu tanzen. Ich erlebte das unzählige Male. Wenn die Jäger sexuelles Verlangen packte, gingen sie auch mitten in der Nacht meilenweit, um ein paar Hadza-Frauen zu finden und sie dazu zu überreden, mit ihnen ins Camp zu kommen.

Die Hadza werden von einer ganz besonderen Energie durchflutet – das gilt für die kleinen Jungen ebenso wie für die alten Frauen. Und an diese Energie, die sie aus den Widrigkeiten des Landes schöpfen und die sie mit ihrer natürlichen Ernährung speisen, klammern sie sich, und die Energie klammert sich an sie. Sie ist ein wichtiger Teil ihrer Unabhängigkeit.

Als mich diese neue Energie vollständig in Besitz genommen hatte und mich in anderen Sphären schweben ließ, brach ich nach Sansibar auf. Ich hatte vor, mich mit ein paar Freunden zu treffen, und wollte zugegebenermaßen auch den Unannehmlichkeiten der Regenfälle entfliehen, die das Leben im Busch zum Überlebenskampf machten. Ich brauchte vier Tage nach Arusha, obwohl man die Strecke normalerweise an einem Tag zurücklegen kann. Die Wassermassen lösten Schlammlawinen aus und rissen das Fahrzeug drei Mal beinahe mit. Außerdem blieben wir stündlich im Schlamm stecken. Viele Todesfälle im Busch werden durch die Überschwemmungen nach Regenfällen verursacht. Kleine Flüsse, die sich sonst problemlos überqueren lassen, können sich im Handumdrehen in zwei Meter hohe tosende Wassermassen verwandeln, wenn es irgendwo flussaufwärts stark regnet.

Von Arusha flog ich nach Sansibar. Als ich dort ankam, hatte ich das Gefühl, alle Gebäude würden aufgrund der Energie, die in mir wohnte, vor mir einstürzen, als hätte ein Urschrei alle Barrieren in meinem Inneren in sich zusammenfallen lassen. Die Energie der Sterne, der Erde, der Bäume, der Tiere und des Wassers schien durch mich hindurchzufließen. Ich hatte den Eindruck, nicht mehr an die Gesetze von Raum und Zeit gebunden zu sein.

Ich erwähne Sansibar, um diese Energie begreiflich zu machen, und um zu erklären, warum mich ihre befreiende Wirkung beinahe zerstört hätte. Am eigenen Leib erlebte ich, welch verheerende Folgen die »Zivilisation« für die Hadza hat. Obwohl ich das städtische Leben gewohnt war, wurde ich jetzt von einer neuen Kraft angetrieben. Ich wusste nicht, wie ich sie kontrollieren sollte, und um ehrlich zu sein, wollte ich sie auch gar nicht kontrollieren. Ihre Wurzeln lagen meiner Meinung nach im Spirituellen, doch sie hatte etwas Fleischliches und Tollkühnes an sich. Meine Kreativität arbeitete auf Hochtouren, und meine Sexualität war außer Rand und Band. Meine ausschweifende, lüsterne Libido, begleitet von selbstzerstörerischem Leichtsinn, hatte mich gepackt und warf mich umher wie eine Stoffpuppe. Der Urmensch in mir war erwacht und rang heftig mit dem modernen Erdenbürger. Das löste ein Gefühlschaos aus, das schließlich dazu führte, dass meine Vernunft auf der Strecke blieb.

Die mentale Hemmschwelle, die einen aus Sorge um die Zukunft von bestimmten Handlungen absehen lässt, funktionierte bei mir nicht mehr richtig. Die Zukunft war mir egal, sie war nur ein Wort. Mein Schulterschluss mit der Natur hatte mich wehrlos gegen die Verlockungen des Alkohols gemacht. Unter dem Einfluss dieser Energie zu trinken führt unweigerlich ins Delirium, in taumelnde Ekstase, in wilde, fahrlässige Gedankenlosigkeit. Man kennt keine Skrupel mehr und verliert jegliche Kontrolle.

In Sansibar machte ich nicht mehr Jagd auf Tiere, um meinen Hunger zu stillen, sondern auf Frauen, um meinen sexuellen Appetit zu befriedigen. Dabei war ich erschreckend leichtsinnig, was Aids betrifft: Ich spielte russisches Roulette. Bin ich denn von allen guten Geistern verlassen? fragte ich mich oft, wenn ich mitten in der Nacht aus einem wiederkehrenden Traum erwachte. Darin sprach ein orange-farbener Mond zu mir, doch ich konnte mich nie an seine Worte er-innern, nachdem ich aus dem Reich der Träume zurückgekehrt war.

Mit meinem wunderbar verrückten schwulen Freund Tom, der an einem ähnlichen Punkt in seinem Leben angekommen war, quartierte ich mich im Zanzibar Hotel ein. Das schlecht geführte, herunterge-kommene Hotel war einst das Zuhause eines reichen Kaufmanns gewesen und besaß geräumige Zimmer, ein nach oben offenes Foyer und Terrassen mit Balustraden im Art-déco-Stil mit Blick zum Meer. Das Gebäude musste ein wahrer Palast gewesen sein, ehe es die Regierung nach der Unabhängigkeitserklärung in den Sechziger-jahren übernahm. Das Zanzibar befand sich in guter Lage und war preiswert.

Wir genossen das Leben in Sansibar in vollen Zügen, trieben uns in Nachtclubs herum, fuhren mit dem Motorrad zu entlegenen Strän-den, konsumierten Ecstasy, nahmen die Dienste von Prostituierten in Anspruch und besuchten die illegalen Bars im Busch, wo Trans-vestiten, Huren, Drogendealer und andere fragwürdige Gestalten die Nächte durchfeierten, unbehelligt von der Polizei und von mosle-mischer Tugendhaftigkeit. Tom schrieb an einer Geschichte über Prostitution und an einer zweiten über Bi Kidude, eine berühmte Taraab-Sängerin, die jahrzehntelang von der Bildfläche verschwinden

243

musste, nachdem sie den letzten Sultan beleidigt hatte, inzwischen jedoch wieder auftrat. Ich hielt es für eine gute Idee, die Fotos für beide Geschichten zu machen.

Weihnachten verbrachten wir auf einer Sandbank vor der Südküste von Sansibar. Mit uns feierten viele der Prostituierten und Nachtschwärmer, mit denen wir während der Recherche für unsere Geschichten Freundschaft geschlossen hatten. Das Weihnachtsfest war einfach unvergleichlich: Wir tanzten, grillten Fisch über dem offenen Feuer, tranken und ließen uns dabei die Meeresbrise um die Ohren wehen. Viele der Anwesenden zeigten erstmals ihr wahres Gesicht. Sie waren glücklich oder versuchten zumindest, es zu sein. Doch ihrem Ausdruck der Freude waren deutlich die Schrecken der Umstände, in denen sie lebten, anzusehen und die Schmerzen, die diese verursachten. Viele der jungen Frauen hatten eine verwundete Seele oder ein gebrochenes Herz. Sie hatten sich mit ihren Gefühlen für immer an einen geheimen Ort zurückgezogen, wo sie weder ihr Hass gegen sich selbst noch das Leben finden konnte; doch beim Tanzen trugen sie ein aufgesetztes Lächeln zur Schau. Einige der jungen Männer und Frauen waren noch völlig unverbraucht – ihre Zerrüttung stand noch bevor. Auch sie würden letzten Endes den Perversionen und der Vergnügungssucht jener Männer zum Opfer fallen, die zu ihnen kamen, um ihrer Arbeit und ihren Ehefrauen zu entfliehen. Tom nannte sie die »sansibarischen Sündenblumen«. Einige der Frauen schienen nicht in ihre Umgebung zu passen und erinnerten mich an venezianische Kurtisanen aus längst vergangenen Tagen. Sie hatten gelernt, die menschliche Natur zu durchschauen, waren stets ausgelassen und gut gelaunt und verkörperten Mutter und Hure in einer Person. Manche von ihnen beherrschten mehrere Sprachen, weil sie mit verschiedenen Liebhabern in anderen Erdteilen gelebt hatten. Und doch waren sie in ihre Heimat zurückgekehrt – nach Sansibar, einem magischen Ort des Kommens und Gehens, einem Schmelztiegel von Gewalt und *omani*, Liebe, einer Vielzahl von Sprachen, Gebräuchen, Religionen, Farben, Aromata und Geheimnissen.

Ich wohnte im Zanzibar Hotel mit zwei Schwestern aus Zaire zusammen. Sie waren beide auffallend hübsch und hatten als Einzige in ihrer Familie überlebt. Ihre Angehörigen waren alle von den Freiheitskämpfern hingerichtet worden, die sich gegen Präsident Mobutu aufgelehnt hatten. Mit Hilfe eines ihrer Brüder, der später an der Grenze zu Uganda erschossen wurde, war ihnen die Flucht geglückt. Er hatte die Rebellen abgelenkt, damit seine Schwestern über die Grenze laufen konnten. Sie mussten viele Hundert Kilometer zu Fuß zurücklegen, Seen überqueren und auf Flüssen fahren, um nach Sansibar zu gelangen.

Eine der beiden Schwestern, Samantha, lernte ich in der Happy New Bar kennen, einer schäbigen kleinen Lasterhöhle. Ich beobachtete sie eine Stunde lang, ehe ich sie ansprach. Sie wirkte unglaublich zart und zerbrechlich und war umringt von fettleibigen Regierungsangestellten, Drogensüchtigen und in die Jahre gekommenen Europäern, die alle mit ihr ins Bett wollten. Einer der Männer, dem sie höflich zu verstehen gegeben hatte, dass sie nicht an ihm interessiert war, packte sie grob am Arm, worauf sie eine Flasche an der Tischkante zerschlug und drohte, sie ihm in den Hals zu stoßen.

»Wir haben nichts, wie soll ich deiner Meinung nach sonst zu Geld kommen?«, entgegnete sie, als ich sie fragte, warum sie sich an einem solchen Ort aufhielt. Nachdem wir zwei Tage lang unserer Leidenschaft freien Lauf gelassen hatten, wollte sie, dass ihre Schwester Jennifer bei uns einzog.

In der Nacht nach der großen Weihnachtsfeier, als die beiden bereits zehn Tage bei mir wohnten, sagte mir Samantha, dass sich Jennifer einsam fühle und nicht mehr alleine in dem anderen Bett schlafen könne. Die bedingungslose Liebe der Schwestern zueinander setzte ungeahnte Gefühle in mir frei. Nach kürzester Zeit hatten mir die beiden völlig den Kopf verdreht, und ihre Situation belastete mich schrecklich: Sie hatten kein Geld, keine Freunde, keine Familie und hielten sich illegal in Sansibar auf. Samantha war achtzehn und Jennifer zwanzig. Sie hatten sich an einer Sprachenschule eingeschrieben und verbrachten die Abende mit Lernen, während Tom und ich unterwegs waren und für seine Geschichten recherchierten. Sie warteten immer auf mich und wollten jedes Mal wissen, warum ich so spät nach Hause kam. Tom trauten sie nicht und behaupteten, dass er eifersüchtig auf sie sei.

»Er ist mein bester Freund«, sagte ich ihnen.

»Aber er mag Männer.«

»Na und?«

Eines Abends hörte ich Jennifer auf dem Balkon schreien.

»Was ist denn los?«, erkundigte ich mich.

»Komm, sieh dir das an, uh la la«, flüsterte sie. Ich spähte zu Toms Balkon hinüber, auf dem er gerade mit einem jungen Liebhaber zu Gange war.

»Ist das ein Mann?«, fragte sie.

»Ja, hast du was dagegen?«

»Uh la la la«, rief Jennifer, lief zu ihrer Schwester und umarmte sie.

Am nächsten Morgen verließ ich das Hotel, um ein paar Besorgungen zu erledigen, und als ich zurückkam, waren die Schwestern verschwunden. Nachdem ich herausgefunden hatte, dass sie von einem Beamten der Einwanderungsbehörde zum Hafen gebracht worden waren, rannte ich sofort los und fand sie, zehn Minuten bevor sie wieder nach Zaire abgeschoben werden sollten. Sie waren in Tränen aufgelöst und sagten, dass man sie töten würde, wenn sie zurückgeschickt würden. Ich versuchte, ihnen zu helfen, konnte aber das erforderliche Schmiergeld nicht bezahlen. Später erfuhr ich, dass sie der eifersüchtige Barbesitzer bei der Einwanderungsbehörde gemeldet hatte. Er war derjenige, der Samantha an dem Abend, als ich sie kennen lernte, am Arm gepackt hatte.

Nach dem Silvesterfest, das wir nackt feierten, wurde mir bewusst, dass ich mich kaputtmachen würde, wenn ich auch nur einen Tag länger in Sansibar blieb. Ich hatte die Kontrolle über mein Leben verloren und unternahm nichts, um sie wiederzuerlangen. Leichtlebigkeit hat durchaus ihre dunklen Seiten. Indem ich jeglichen kulturellen

Ballast abwarf, erlebte ich, wenn auch nur ansatzweise, zu welchem Gefühlschaos der immense Wandel führt, mit dem sich die Hadza konfrontiert sehen. Wer kann schon von irgendjemandem verlangen, innerhalb einer Generation einen Sprung von tausend Jahren zu machen? Ich kehrte zurück in den Busch zu den Hadza. Die Fahrt dauerte mehrere Tage, da die sintflutartigen Regenfälle sämtliche Straßen zerstört hatten. Anschließend begann die Safari zu den Felsbildern.

DIE SUCHE NACH DEN FELSBILDERN

Von Zeit zu Zeit erscheint ein Geist. Monde gehen vorüber und werden wieder geboren. Du kannst den Regen bereits riechen und die Bäume trinken hören. Wenn du dich eines Nachmittags unbeholfen hinkniest und dabei eine kleine Blume zerdrückst, überkommt dich ein nicht greifbares Gefühl, ein Pulsieren – der Rhythmus des Landes. Und wenn du den herben Masai-Tabak inhalierst und die Sprache des Grabstocks vernimmst, mit dem du den Boden nach Wurzeln abklopfst, hast du das Gefühl, unbewusst an Erfahrung dazuzugewinnen. Und dann träumst du eines Morgens von dem kleinen, drei Jahre alten Mkoa, dessen unsicheren Schritten zwei große, gelbe Schmetterlinge folgen, und wenn du erwachst, starrt er dich an und nennt dich *baba*, Vater. So nennt er alle Jäger, denn er hat viele Väter. Hat all das eine tiefere Bedeutung?

Wenn man nach einer ertragreichen Jagd den Steilabbruch erklimmt und in der Ferne die Feuer sieht, rufen die Jäger den schlafenden Hadza im Camp zu: »Wir haben Fleisch! Kommt und helft uns, wir sind müde!«

Die Freude durchbricht die nächtliche Stille, und die hungrigen Frauen und Kinder kommen angelaufen, um zu helfen. Sie tragen das Fleisch ins Camp und legen es ins Feuer. Sie singen, strecken dir die Hände entgegen und strahlen eine feurige, prickelnde Energie aus, die deinen erschöpften Körper mit neuer Lebensfreude infiziert. Und

Beim Feuermachen in der Nähe der Felsbilder

schließlich schläfst du in einer der Hütten, die umgedrehten Vogelnestern gleichen, mit einem Lächeln auf den Lippen ein, weil Sabina vor dem Eingang erscheint – noch immer unbekleidet vom *jiggi-jiggi* –, dir zuvorkommend etwas Wasser bringt und im Licht des Vollmonds aussieht wie eine Waldnymphe. Er lacht, beginnt zu tanzen und singt: »Der Mond scheint hell, und ich bin nackt, der Mond scheint hell, und ich bin glücklich.« Und während er tanzt, erzählt er dir: »Morgen gehen wir mit dem alten Nubea auf Safari. Wir werden die Felsbilder finden, nach denen du suchst.«

Ich hatte mich seit Jahren immer wieder nach den Felsbildern erkundigt. Die Jäger bestätigten stets, dass sie tatsächlich existierten, gaben jedoch nie preis, wo sie sich befanden.

»Dort drüben sind Bilder«, verkündete Mustaffa von Zeit zu Zeit und deutete in die Ferne. Doch es handelte sich immer um leere Versprechungen. Wir waren bereits mehrmals auf Safari gegangen, um Bilder zu finden, hatten aber letztendlich immer vor einer leeren Höhle oder einer blanken Felswand gestanden. Die Jäger hatten mir immer eine großartige Geschichte oder Legende über den jeweiligen Ort zu erzählen, doch die Bilder sah ich nie. Erst als ich wesentlich mehr über die Lebensweise der Hadza gelernt hatte, tauchte der Mann auf, der mich zu den Felsbildern führen sollte.

Wir hatten unser Lager an einem Ort aufgeschlagen, der Dongobash genannt wurde, als ein alter Mann namens Nubea zu uns ans Feuer kam. Ehe er die Hadza begrüßte, stand er einige Zeit lang da und starrte mich an. Als er mir die Hand schüttelte, warf er mir einen seltsamen Blick zu. Dann setzte er sich und schwieg. Er lauschte unserer Unterhaltung und nahm dankbar etwas Tee. Etwa eine Stunde verging. Schließlich beugte sich der alte Mann zu mir und sagte: »*Nitakuonesha wewe mawe ya chorawa*, ich werde dir die Zeichnungen auf den Felsen zeigen.«

»Wirklich?«

»*Ndiyo*, ja.«

Er erklärte, dass sich viele der Felsbilder an heiligen Stätten befänden, die der jüngeren Generation unbekannt waren. Die Bilder seien dort zu finden, wo die Ahnen wohnten, allerdings seien einige der alten Stätten bereits verfallen.

»Die Jungen sind von Habgier besessen und werden die Gemälde vielen Touristen zeigen. Wenn die Mbulu die *wazungu*, die Europäer, zu den Stätten gehen sehen, erfahren sie, wo sich die Bilder befinden. Das wird die Ruhe der Ahnen stören. Die Mbulu sind überzeugt, dass die Deutschen dort, wo man Zeichnungen auf den Felsen findet, Schätze versteckt haben. Sie haben bei der Suche nach Schätzen bereits viele der Felsbilder zerstört. Ich führe dich zu ihnen, aber wenn du irgendjemandem verrätst, wo sie sich befinden, wirst du sterben.«

Nubea glaubte daran, dass in der Zukunft jemand geboren werden würde, der die Bedeutung der Bilder besser verstehen könne als er. »Die Ahnen haben eine Botschaft für uns hinterlassen. Nur wenige Hadza kennen die ganze Bedeutung, die sich in diesen Bildern verbirgt«, sagte er.

»Wie alt sind die Bilder?«, fragte ich ihn.

Er sagte, dass weder er noch irgendjemand anders wisse, wann das letzte Mal ein Hadza auf Fels gemalt habe. Das Wissen, wie man Lehm einfärbt, sei verloren gegangen. »Menschen mit einem besonderen Geschick schließen sich unserem Stamm an, und nur allzu oft nehmen sie ihr Wissen mit ins Grab«, erklärte Nubea und erzählte von einem Mann, der aus Baumrinde Pfeifen anfertigen konnte, mit denen sich die Laute verschiedener Tiere nachahmen ließen. Wenn er beispielsweise eine Impala-Pfeife anfertigte und sie während der Jagd blies, kamen die Tiere geradewegs auf sein Versteck zu. Ehe der Mann starb, versuchte er, sein Wissen an die anderen weiterzugeben. Er fertigte so viele Pfeifen an, wie er konnte, und erklärte jeden Arbeitsschritt, doch niemand war in der Lage, sich seine Kunstfertigkeit anzueignen. Der Mann starb, und ein paar Generationen später war keine einzige Pfeife mehr übrig. Sein Wissen war für immer verloren.

Nubea verstand, dass ich die Bilder fotografieren wollte. Er sagte, das sei möglich, fügte jedoch hinzu: »Wir müssen den Ahnen bei jedem Felsbild unsere Absichten erklären. Einige Orte sind äußerst gefährlich, und die Ahnen werden unserem Vorhaben vielleicht nicht zustimmen.«

»Warum sind sie gefährlich?«, erkundigte ich mich.

»*Shetani* und *wachawi*, Dämonen und böse Geister der Ahnen, halten sich dort auf«, sagte der alte Mann. »Ich habe geträumt, dass ich dir die Bilder zeigen muss. Auch andere haben bereits einige davon gesehen, allerdings hat sie ihnen nicht immer ein Hadza gezeigt, der ihre Bedeutung verstand. Häufig zeigen Mbulu und Mangati Fremden die Bilder, ohne sie zu begreifen. Sie sind auf Felsbilder gestoßen, als sie ihre Herden an einen anderen Ort trieben. Es ist nicht gut, wenn man diese Bilder sieht und kein Hadza bei einem ist, der es versteht, mit den Ahnen zu sprechen. Die meisten Mbulu, die beim Graben nach Schätzen heilige Stätten zerstört haben, sind inzwischen nicht mehr am Leben. Sie wurden von den Geistern der Ahnen getötet«, sagte Nubea und starrte ins Feuer.

»Du kannst diese Orte fotografieren, darfst aber niemandem verraten, wo sie sich befinden, nicht einmal den Hadza«, fügte der alte Mann hinzu. Dann gab er Mustaffa und Sabina Bescheid, dass er in ein paar Tagen zurückkommen werde, und brach auf.

Insgesamt gingen wir vier Mal mit Nubea auf die Suche nach den Felsbildern. Bei der ersten Safari machten wir uns nach 40 Kilometern wieder auf den Rückweg nach Mangola, weil Nubea seine Medizin vergessen hatte, die uns vor den *shetani* schützen sollte. Wir brachen erneut auf, kehrten diesmal jedoch bereits nach weniger als 2 Kilometern wieder um, da Sabina und Sapo die Medizin, die sie von den Wänden einer Höhle gekratzt hatten, am folgenden Tag auf dem Markt verkaufen wollten. Einige Tage vergingen, ehe wir uns ein drittes Mal auf die Suche machten, die ebenfalls erfolglos blieb. Als wir alle krank wurden, weil wir zu viel *tandala*-Fleisch gegessen hatten, kamen Nubea und Mustaffa zu dem Entschluss, dass wir sterben würden, wenn wir nicht den Heiler Mzee Deo aufsuchten. Schließlich löste sich alles in Wohlgefallen auf, und wir brachen zum vierten

Mal auf, ohne zu wissen, dass wir zwei Monate lang unterwegs sein würden.

Eines Nachmittags, ein paar Wochen nach Beginn unserer Safari, war die Hitze so unerträglich, dass es nicht möglich war, sich im kühlen Schatten gegen den Schlaf zu wehren. Langsam gaben wir uns im hohen, umgeknickten Gras unter einem dichten Busch der Müdigkeit hin. Ich weiß nicht, wie lange ich schlief, werde aber nie den Traum vergessen, den ich hatte. Ich saß neben einem riesigen Affenbrotbaum und starrte einen uralten, porösen Stein an, der mit der Baumrinde zu verschmelzen schien. Plötzlich entstieg dem Stein ein Hominide. Er blieb einen Moment lang regungslos stehen und richtete dann langsam seinen Bogen zum Himmel. In herkulischer Pose schoss er seinen Pfeil durch die Sonne. Ein markerschütterndes Stöhnen ertönte, dann herrschte Stille. Aus der Pfeilwunde strömten Schmetterlinge, die wie Blätter im Herbst zur Erde schwebten. Nachdem sich alle Schmetterlinge im Gras niedergelassen hatten, verschwand der Hominide. Dann tauchte Nubeas Antlitz aus dem hohen Gras auf, und ein unvermittelter Windstoß wehte längliche, blaugrüne Blütenblätter herbei. Nubea starrte in die Ferne, doch ich konnte nicht erkennen, worauf er seinen strengen, entschlossenen Blick gerichtet hatte. Aus seinem Gesicht wuchsen weiß blühende Weinreben. Die Schmetterlinge erhoben sich aus dem Gras und umringten seinen Körper, als er, noch immer in die Ferne starrend, auf mich zuging. Von ihren Flügeln stieg der Duft wilden Jasmins auf, als sie in der sanften Brise gaukelten. Nubea lächelte, und sein Gesicht verschmolz mit der endlosen Savanne, wo Giraffen majestätisch durch das braune Gras schritten. Dann verwandelten sich die Bilder in das Rauschen eines kleinen Bachs.

Nubea weckte mich. Die späte Nachmittagssonne warf ihre Schatten auf sein Gesicht.

»Komm«, forderte er mich auf, »folge mir!«

»Ich habe von dir geträumt«, sagte ich ihm und erhob mich.

253

»Komm«, sagte er noch einmal, drehte sich um und marschierte los.

Wir ließen die anderen Jäger hinter uns, die im Schatten der Bäume schliefen, durchquerten schweigend ein trockenes Flussbett und gingen einen steilen Hang hinauf. Über unseren Köpfen summten Heerscharen von Libellen.

»*Tutakwenda wapi?* Wohin gehen wir?«, fragte ich.

»*Babu wa zamani alikuja kwa ndoto yangu.* Mein Großvater ist mir im Traum erschienen und hat mich zu einem Bild an einer Felswand geführt, von dessen Existenz ich bislang nichts wusste. Ich bringe dich dorthin.«

Ich folgte ihm, hinab in Schluchten, die von frisch erblühten Wildblumen übersät waren, und vorbei an großen Felskuppen. Einmal blieb Nubea stehen, kauerte sich hin, klemmte seinen Bogen zwischen die Knie und schoss auf einen Klippschliefer in den Felsen. Sein Pfeil verfehlte das Ziel, und das Tier rannte kreischend davon, um die anderen zu warnen. Nubea lächelte und ging seinen Pfeil suchen. Anschließend setzten wir unseren Weg fort.

Nubea hatte einen athletischen Gang. Ich beobachtete seine Bewegungen. Alles, was er tat, tat er sehr sorgfältig. Ob er sein Messer schärfte oder seinen Tabak verstaute, er ließ sich immer viel Zeit und lächelte, als sei er in meditativer Verzückung versunken. Er war von einer mönchischen Aura umgeben, und jede Pore seiner Haut verströmte Sanftmut. Ich schätzte ihn auf etwa 55. Manchmal wirkte er uralt, dann wieder jung.

Nubea wurde niemals laut, redete wenig, hatte stets ein Lächeln auf den Lippen und war immer gewillt, sein Wissen weiterzugeben. In seinen Augen lag ein Ausdruck von unendlicher Güte und von Traurigkeit. Diese Traurigkeit rührte meines Erachtens daher, dass er seinen Lebensraum und seine Kultur langsam verloren gehen sah. Wenn er lachte, war es, als lachte der ganze Wald, doch da inzwischen so viele Bäume gefällt worden waren, lachte der Wald nur noch selten und deshalb lachte auch Nubea nur noch selten. Nachdem ich sein unglaublich ansteckendes Lachen das erste Mal vernommen hatte, wartete ich tagelang darauf, es wieder zu hören. Die anderen Jäger versuchten ihn immer dazu zu bringen, sich gehen zu lassen und sein rollendes, fließendes Lachen anzustimmen, das sich langsam steigerte und alle in seinen Bann zog. Am Ende kugelten sich die Jäger stets mit Tränen in den Augen am Boden und hielten sich die Bäuche.

Wir marschierten unter dem Baldachin der großen Akazienbäume durch ein Meer aus Licht, bis wir zu einer riesigen Felsplatte gelangten, die so lang war wie ein Fußballfeld. Nubea kniete an einem Bach nieder und pflückte verschiedene Gräser und kleine violette Blumen. Er reichte sie mir und pflückte für sich selbst ebenfalls welche. »Sie werden uns vor den *shetani* schützen. Wir betreten jetzt ein Hadza-Camp, das die Hadza von heute vergessen haben, und werden dort auf Geister treffen.«

Wir gingen an dem gewaltigen Felsblock entlang. Vor einem dichten Wäldchen mit kleinen Bäumen blieb Nubea stehen. »Wir müssen zwischen diesen Bäumen hindurchgehen«, sagte er.

Auf der anderen Seite der Bäume befand sich eine lange Spalte in der riesigen Felsplatte. Der untere Teil der Öffnung war von hohem Gras verdeckt. Nubea drückte das Gras mit seinem Bogen zur Seite, und wir betraten den Durchgang. Der ausgedörrte Boden war von Knochen übersät, die dort seit Hunderten, vielleicht sogar Tausenden von Jahren liegen mochten, ohne bewegt worden zu sein.

»Rhinozeroskknochen und Büffelknochen«, erklärte Nubea.

Der Durchgang war etwa 1000 Meter lang. Seine steilen Wände waren vom Urin der Klippschliefer gelb und weiß verfärbt. Am anderen Ende des Durchgangs befand sich eine zum Himmel offene Fläche, die auf allen vier Seiten von riesigen Felsen umgeben war. Die Felswände hingen nach innen über und boten Schutz vor dem Regen. Über dem Gras in der Mitte der Fläche schwebten Libellen und gelbe Schmetterlinge. Wir nahmen beide die Energie wahr, die von diesem Ort ausging, und sahen uns vorsichtig um.

»Wusstest du von diesem Ort, Nubea?«, fragte ich.

»*Hapana*, nein. Ich habe ihn gefunden, während du geschlafen hast. Ich bin meinem Großvater gefolgt.«

»Wo ist er jetzt?«

»Er ist in mir, und er ist im Fels«, sagte Nubea. Er setzte sich hin und machte ein kleines Feuer. Ich blickte mich ehrfürchtig um. An den Felswänden prangten Tausende mit roter Lehmfarbe gemalte Sonnen. Nubea erhob sich und begann zu singen. Er sprach mit den Ahnen und verteilte die Kräuter, die er gesammelt hatte, in den Ritzen im Fels. Er wies mich an, dasselbe zu tun.

»Du musst den Ahnen sagen, warum du gekommen bist und was du zu tun gedenkst«, sagte er.

Während ich die Kräuter in den Spalten verteilte, erklärte ich dem Himmel, den Felsen und den überlappend gemalten roten Sonnen meine Absichten. Ich verspürte das Bedürfnis, mein Herz auszuschütten, erzählte ihnen von meinen Träumen und fragte sie, welche Spuren das massenhafte Einfallen der Farmer, Viehhirten und Touristen hinterlassen würde. Glaubten sie, dass die Lebensweise der Hadza unwiederbringlich verloren gehen würde?

Als wir uns wieder am Feuer niederließen, bat Nubea die Ahnen, mit uns zu rauchen. Behutsam platzierte er Tabak und *bangi* im Feuer. Anschließend nahm er einen Samen aus seinem Lederbeutel und biss hinein. Er reichte mir ebenfalls einen Samen und forderte mich auf, ihn zu zerkauen. Dann stand er auf, bespuckte die Felswände und rief dabei die Ahnen an. Ich ging zu ihm und tat es ihm gleich.

Als Nubea fertig war, bat er mich, noch einmal zu schwören, dass ich niemandem diesen Ort zeigen würde und auch keinen der Orte, an die er mich noch führen wollte. Ich schwor. Nubeas Augen leuchteten. Er war glücklich und erzählte mir, wie ihm sein Großvater am Nachmittag im Traum erschienen war und ihm den Weg zu diesem alten Hadza-Camp gewiesen hatte. »›Wach auf, Nubea‹, befahl mein Großvater, ›ich möchte dir zeigen, wo ich gestorben bin.‹«

»Ich habe dich im Traum in der Nähe eines großen Steins gesehen und einen Mann, der die Sonne mit seinem Pfeil spaltete«, sagte ich.

»Es ist gut, dass wir gemeinsam träumen«, erklärte Nubea und stopfte seine Pfeife. Er brauchte gut zehn Minuten dazu, wiegte sich währenddessen vor und zurück und dachte mit geschlossenen Augen nach. Falls man jemals das dringende Bedürfnis nach einer Zigarette hat, sollte man auf keinen Fall Nubea bitten, sie einem zu drehen.

Wir rauchten schweigend.

Nach ungefähr einer Stunde öffnete Nubea die Augen und erzählte mir, was er über die Felsbilder wusste – über die Sonnen, Vogelmenschen, Pfeile, Hütten, Fingerabdrücke und die federgeschmückten Jäger. Viele der Abbildungen waren fast bis zur Unkenntlichkeit verblichen, doch Nubea vermochte sie zu entschlüsseln. Giraffen wurden von Löwen verschlungen, Dämonen schickten sich an, eine Jagd zunichte zu machen. Die Sonnen symbolisierten die Anzahl der Tage, die die Hadza im Camp verbracht hatten, zeigten an, wie lange es gedauert hatte, ein Tier aufzuspüren, oder gaben Aufschluss darüber, welche Tageszeit sich am besten zur Jagd auf bestimmte Tiere eignete. Die Sonnen waren übereinander gemalt worden, waren miteinander verbunden, verknüpft und verkettet und verrieten in klaren Zickzacklinien, wie viel Zeit vergangen war oder wie die Wege der Tiere im Tal zwischen Tagesanbruch und Sonnenuntergang verliefen. Nubea zeigte mir, wie die Ahnen die rote und weiße Lehmfarbe mit ihren Messern auf den Felswänden angebracht hatten.

Als ich einen Schritt näher trat, um die Sonnen genauer zu betrachten, fand ich eine weitere kleine Öffnung in der riesigen Felsplatte, die vom Gras verdeckt war. Sie führte zu einer zweiten freien Fläche, in deren Mitte zwei Elefantenschädel lagen. Auch hier waren die Felswände mit den urtümlichen Sonnen verziert. Eine dichte Wand aus uralten Baumstämmen, die von den Jägern vor Hunderten von Jahren hierher gebracht worden sein mussten und vermutlich zum Anfertigen von Bogen gedient hatten, versperrte den Blick von außen auf die Felswand. Ich hörte Nubea meinen Namen rufen. Als er sich dem Durchbruch näherte, durch den ich soeben gegangen war, rief er: »Pass auf!« Er deutete auf Wespen, die sich zur Verteidigung ihres zerbrechlichen Nests rüsteten, das von einem kleinen Ast herabhing.

»Ich komme durch die Bäume«, rief er, als ihn die Wespen angriffen. Nach Osten öffneten sich die Felsen zum Wald.

Nubea fand den Weg durch die Bäume. Die Elefantenschädel und die Schreckbilder der *shetani*, die neben den roten Sonnen auf den Felsen prangten, schienen ihm Furcht einzuflößen.

»Diese Schädel sind ein Omen, und die Dämonenfiguren verraten, seit wie vielen Jahren dieser Ort von *shetani* bewacht wird. Du wirst beschützt. Du konntest an dem Wespennest vorbeigehen, ohne gestochen zu werden«, erklärte Nubea und setzte sich, um erneut Feuer zu machen. Wieder bat er die Ahnen, uns vor den *shetani* zu beschützen.

Die uralten Abbildungen auf den Felswänden verschwanden mit der untergehenden Sonne, als wir aufbrachen und durch den Wald einen steilen Abhang hinuntergingen. Die Regenfälle hatten die Affenbrotbäume weiß erblühen lassen, und ihr abendlicher Duft hing schwer in der Luft. Nubea machte mich auf pralle, runde Früchte aufmerksam, die von den Ästen eines kleinen Baums herabhingen.

»*Chakula cha nyani*, grüne Rahmäpfel. Ein guter Ort, um Affen zu jagen.«

Kurze Zeit später entdeckte er Spuren am Boden. »Eine Leopardenmutter hat eine *mbuzi*, eine Bergziege, erlegt. Sie hat sie in diese Richtung gezerrt«, sagte er und deutete auf die Bäume in der Ferne.

»Sind Leoparden gefährlich?«, fragte ich.

»Nur wenn man Jagd auf sie macht. Wer auf einen Leoparden schießt, muss sterben, wenn der Leopard nicht zuerst stirbt. Ein Leopard riecht den Pfeil und weiß genau, wer ihn abgeschossen hat. Als ich noch ein junger Mann war, bat mich ein Europäer, ihm bei der Leopardenjagd zu helfen. Er sagte, dass er von seinem Gewehr Gebrauch machen werde und ich den Leoparden anschließend essen könne. Ich dachte: Warum möchte er einen Leoparden töten, wenn er ihn nicht essen will? Ich spürte für den *mzungu*, den Weißen, einen Leoparden auf, und er schoss ihm in den Bauch. Der Leopard verschwand im Busch. Man darf einem Leoparden nicht in den Bauch schießen. Nachdem wir lange Zeit erfolglos versucht hatten, das verwundete Tier aufzuspüren, machten wir uns auf den Rückweg zum Camp des *mzungu*, das weit von der Stelle entfernt war, wo er auf den Leoparden geschossen hatte. In der Dämmerung unterhielt ich mich mit dem *mzungu* darüber, wo der Leopard wohl sterben würde. ›Am Morgen werden wir noch einmal nachsehen‹, meinte er. Wir hatten nicht bemerkt, dass uns der Leopard zum Camp gefolgt war. Plötzlich sprang er den *mzungu* von hinten an. Er musste das Gewehr gerochen haben, das auf seinem Schoß lag. Der *mzungu* duckte sich, als er das Knurren des Leoparden hörte. Nachdem der Leopard den *mzungu* mit seinen Krallen am Genick verwundet hatte, sprang er ihm an die Kehle. Ich eilte ihm zu Hilfe, aber der Leopard stieß mich auf den Schoß des *mzungu*, biss mir in den Arm und zerfetzte mir die Brust. Ich stach ihm mein Messer ins Genick, und wir kämpften am Boden. Dann schoss der *mzungu* dem Leoparden mit der kleinen Pistole, die er an der Hüfte trug, in den Kopf. Der Leopard und ich blieben am Boden liegen. Er war tot, hatte mir aber meine ganze Kraft geraubt. Ich musste mich tagelang ausruhen. Es ist sehr gefährlich, Leoparden zu jagen«, erklärte Nubea und zeigte mir seine Narben auf dem Unterarm und auf der Brust.

Als wir uns dem kleinen Camp näherten, in dem die anderen ihren Mittagsschlaf gemacht hatten, erinnerte mich Nubea noch einmal daran, nicht zu verraten, wo wir gewesen waren, gestattete mir aber zu erzählen, was wir gesehen hatten. Und so lauschten Sabina und Mustaffa an jenem Abend, als wir beisammensaßen und frisches Dik-Dik-Fleisch aßen, mit großen Augen unserem Bericht über den Nachmittag – über die Träume, die Felsbilder und die Abbildungen der *shetani*, die auf den Felswänden mit den roten Sonnen verschmolzen. Sie stimmten Nubea zu und sagten, die *shetani* in den Sonnen seien als Warnung zu verstehen; möglicherweise sei das Camp deshalb von den Hadza vor langer Zeit verlassen und anschließend vergessen worden.

»Aber warum sollte uns dein Großvater die Lagerstätte zeigen, wenn dort Gefahren lauern?«, fragte ich beunruhigt.

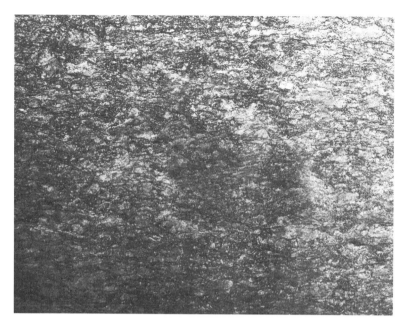

Tandala – Kudus

»Ich weiß nicht«, erwiderte Nubea.

»Sie müssen die Elefantenschädel dort zurückgelassen haben, nachdem sie die Tiere gegessen hatten. Ich kann mir nicht vorstellen, dass sie die Elefantenköpfe ins Camp getragen haben, es sei denn, sie haben die Tiere ganz in der Nähe erlegt«, meinte Mustaffa.

»Das nächste Felsbild befindet sich in der Nähe von Sponga. Wir müssen frühmorgens aufbrechen«, sagte Nubea. In der Nacht erlegte er eine *swala* und schrieb den Erfolg seinem Großvater zu.

Am folgenden Nachmittag schlugen die Jäger ihr Lager unter einem riesigen Affenbrotbaum auf. Sapo verschwand, kurz nachdem wir angekommen waren, aus dem Camp. Er war ein kräftiger Jäger von etwa 50 Jahren, ein alter Freund von Nubea und mit den traditionellen Jagdtechniken vertraut. Aus diesem Grund hatte ihn Nubea auf die Safari mitgenommen. Sapo war ein ruhiger Mensch, der wenig redete.

Als er jung war, hatte ihn ein Vertreter der Regierung in der Nähe von Mangola auf der Straße aufgehalten und gefragt, ob er gerne Polizist werden würde. »Warum nicht?«, entgegnete Sapo. »Komm mit«, forderte ihn der Mann auf. Also stieg Sapo zu ihm in den Wagen und wurde Polizist. Er besuchte die Polizeiakademie in Arusha, wo er lesen und schreiben lernte. Nachdem seine Ausbildung abgeschlossen war, diente er drei Jahre lang bei der Polizei von Daressalam. Eines Tages kehrte er mit seinen Ersparnissen nach Hause zurück. Seitdem hatte er den Busch nie wieder verlassen.

Als wir das neue Camp vorbereiteten, das Unkraut und die Dornbuschzweige entfernten und Feuerholz sammelten, tauchte plötzlich aus dem Nichts ein evangelischer Mbulu-Prediger auf. »Jesus kommt!«, rief er und jagte uns einen gehörigen Schrecken ein. »Erwacht, Teufel, ehe ihr sterben müsst!«

»Woher kommst du?«, fragte ich den Mbulu, der seine Bibel zum Himmel hielt.

Ich hatte gemischte Gefühle, was diese Prediger betraf, seit ich ein Jahr zuvor mit Gela von einer Safari zurückkehrt war. Wir waren damals am Verdursten, nachdem sich ein Baum, in dem wir Wasser zu finden hofften, als ausgetrocknet erwiesen hatte. Am Spätnachmittag machten wir bei der Farm eines Mbulu Halt, in der Hoffnung, dort unseren Durst stillen zu können. Der Farmer wollte uns allerdings nur unter der Bedingung Wasser geben, dass wir den Worten Gottes lauschten. Er verlangte, dass wir uns setzten und uns seinen Sermon anhörten. Ich sagte ihm, dass er nichts von Jesus wisse, und wir machten uns wieder auf den Weg. Unsere Zungen waren noch immer so stark geschwollen, dass sie am Gaumen anstießen.

»Teufel!«, rief der Mbulu-Prediger, der inzwischen neben dem Affenbrotbaum auf die Knie gesunken war. »Leistet Sühne vor dem Höllenfeuer!«

»Willst du Geld?«, fragte ich den aufgebrachten Prediger.

Der Mann sprang unverzüglich auf und streckte die Hand aus. Ich gab ihm eine meiner großen, schwarzen Plastikspinnen, die ich in der geballten Faust versteckt hatte. Ich legte sie ihm auf die Handfläche und schloss ihm mit der anderen Hand die Finger. Als der Prediger die Hand langsam öffnete, verschwand sein Lächeln und machte nacktem Entsetzen Platz. Er zog zitternd die Hand zurück, die Spinne fiel zu Boden, und er rannte davon.

Ich hatte allen Jägern eine Tarantel oder Schlange aus Plastik aus meinem Vorrat gegeben. Die Plastiktiere, ein Geschenk meiner Mutter, hielten uns die »menschlichen Hyänen« vom Leib, deren Reaktionen meist für jede Menge Gelächter sorgten. Die Jäger waren leidenschaftliche Schelme; es bereitete ihnen eine unbändige Freude, andere hinters Licht zu führen.

»*Mama, hapa shilingi kwa watoto.* Hier hast du etwas Geld für deine Kinder, Mütterchen«, sagte Sitoti gerne.

Die Mütter bedankten sich, streckten die Hand aus und verbeugten sich dankbar. Der Anblick einer Schlange oder einer Spinne ließ sie schreiend zurückfahren. Die meisten erholten sich schnell von dem Schreck, doch einmal schlug eine alte Großmutter Sitoti mit ihrem Grabstock so fest auf den Kopf, dass er beinahe das Bewusstsein verlor.

Kurz nach Einbruch der Dunkelheit kehrte Sapo schweiß- und blutüberströmt von der Jagd zurück. Auf den Schultern trug er die Hinterbeine eines großen Kudus. Er erzählte uns, dass er das restliche Fleisch hoch oben in einer kleinen Akazie versteckt und um den Baum Medizin gesprenkelt habe, damit die Leoparden es nicht stehlen würden. Er hatte das Tier einige Kilometer entfernt in den Hügeln erlegt. »Es kam sehr nah zu der Stelle, an der ich Rast machte, also habe ich es getötet«, sagte der erschöpfte Sapo. Der Kudu war nicht sofort verendet. Sapo war ihm kilometerweit gefolgt, ehe er ihn tot auffand. Er hatte das Tier bei Sonnenuntergang gesäubert und war froh, dass er, ohne von Hyänen verfolgt zu werden, sicher im Camp angekommen war. Normalerweise hätte er unter dem Baum, in dem er das Fleisch deponiert hatte, sein Lager aufgeschlagen, aber er hatte seinen Feuerstock vergessen, und außerdem war es in dieser Gegend des Buschs nicht allzu gefährlich, nachts mit Fleisch unterwegs zu sein.

Sapo

Während die Männer das Fleisch säuberten und zubereiteten, tauchte ein hässlicher kleiner Mann im Camp auf, der von einem schmächtigen Hadza begleitet wurde. Er setzte sich, ohne uns vorher zu fragen, und befahl dem Hadza, ihm etwas zu trinken zu besorgen. Sabina gab dem schmächtigen Lakaien Wasser. In unseren Camps erschienen häufig Mbulu; wenn die Jäger Fleisch hatten, teilten sie es bereitwillig und sagten, sie hätten im Jahr zuvor, als ihre Familien Hunger litten, von den Mbulu Getreide, Milch und Eier bekommen. Da es immer weniger Tiere gibt, muss man sich teilweise auf seine Nachbarn verlassen, um im Busch überleben zu können. Die Mbulu, Datoga und Hadza scheinen in dieser Hinsicht eine stillschweigende Abmachung getroffen zu haben.

Als die Jäger mit dem Essen begannen, fragte ich mich, weshalb sie dem hässlichen Mbulu weder Fleisch anboten noch mit ihm sprachen. Mustaffa rief mich zu sich, auf die andere Seite des riesigen Affenbrotbaums, wo uns die anderen nicht sehen konnten.

»Der Mbulu ist ein böser Zauberer. Der Hadza arbeitet für ihn. Sie werden das Fleisch nehmen und uns mit einem Fluch belegen und dürfen deshalb nicht über Nacht bleiben. Der Mbulu darf das Fleisch auf keinen Fall berühren«, flüsterte mir Mustaffa ins Ohr.

»Gut, dann sag ihm, dass er gehen soll«, meinte ich.

Der hässliche Mann versuchte, uns zu schmeicheln, indem er über den Regen sprach sowie über die Milch und die frischen Eier, die er uns geben wollte, wenn wir bei ihm zu Hause vorbeikamen. Er packte seine Decke aus und bereitete sorgfältig sein Nachtlager vor. Offenbar rechnete er damit, großzügig mit Fleisch und Suppe versorgt zu werden und einen ruhigen Schlafplatz am Feuer zur Verfügung gestellt zu bekommen. Sabina und Mustaffa begannen zu essen, während Nubea und Sapo im Schein eines zweiten Feuers weiterhin mit dem Säubern des Fleischs beschäftigt waren. Die beiden kannten den hässlichen Zauberer offenbar, mochten ihn jedoch nicht. Mir war klar, warum: Der Mann verströmte einen Ekel erregenden Gestank.

Mustaffa forderte den *mchawi* auf zu gehen. Dieser schien ihn jedoch nicht zu hören. Daraufhin legte Mustaffa sein Fleisch beiseite, griff nach seinem Bogen und stand auf.

»*Ondoka*, du gehst jetzt«, befahl Mustaffa.

Jetzt zeigte der hässliche Mann sein wahres Gesicht, auf dem der zufriedene, unterwürfig bittende Ausdruck verschwunden war. Er verfluchte Mustaffa und schimpfte ihn einen *msenge*, einen Homosexuellen, und einen Pavian. Dann stieß er ein abscheuliches Kreischen aus, erhob sich und ging fort. Sein Begleiter, der Hadza, blieb allerdings sitzen.

Der Mbulu rief nach seinem Handlanger: »Komm mit!«

Der Hadza rührte sich nicht von der Stelle. Er schüttelte den Kopf und versuchte, den Bann des Mbulu zu brechen. Der Blick des schmächtigen Mannes war starr auf das Fleisch gerichtet, und sein Kopfschütteln wurde immer heftiger. Nachdem er das *nyama*, das Fleisch, gesehen hatte, hätte er alles dafür gegeben, etwas davon abzubekommen. Der Aufforderung des Mbulu folgen und für ihn arbeiten? Auf keinen Fall! Was bedeutete schon Arbeit, wo es hier Fleisch gab? Der hässliche Zauberer blieb stehen und verfluchte alle Hadza. Mustaffa schrie: »Wenn du noch einmal die Hadza verfluchst, schieße ich dir einen Giftpfeil in den Mund!« Daraufhin rannte der Zauberer los und verschwand in der Nacht.

»Was hast du je für uns getan? Wärst du unser Freund, würdest du von uns *nyama* bekommen! Aber du hast uns in der Vergangenheit geschadet! Hau ab, ohne dir den Bauch voll zu schlagen!«, rief ihm Mustaffa hinterher.

Nachdem der Zauberer weg war, fügte sich sein Lakai hervorragend in die Gemeinschaft seiner Stammesgenossen ein. Sabina warf ihm ein großes Stück Keulenfleisch zu. Der Mann war so gierig, dass er aufsprang, um es zu fangen. Er legte das *nyama* ins Feuer und rutschte unruhig hin und her, während er rasend schnell plauderte und dabei immer wieder lachte. Die anderen ließen sich von seiner Energie und seiner Freude über das Fleisch anstecken und redeten mit einem Mal alle wild durcheinander.

»*Kazi gani?* Welche Arbeiten erledigst du für den Mbulu?«, fragte ich den Mann später.

»Ich jage die Affen und Wildschweine für ihn, die auf seine Getreidefelder kommen.«

»Bezahlt er dir etwas dafür?«

»*Ndogo*, wenig.«

»Dieser Hadza ist kein guter Jäger. Er ist verrückt, deshalb wohnt er bei dem Mbulu«, sagte Sabina. »Er ist kein Hadza, sondern selbst ein Mbulu.«

»*Sawa*, richtig«, sagte der kleine Hadza, der zu sehr mit dem Essen beschäftigt war, um weitere Fragen zu beantworten.

»Vielleicht ist er ja ein *msenge* und ist der Freund des Mbulu«, sagte ich und spielte Sabinas Spiel weiter.

»Bist du ein *msenge*?«, fragte ihn Mustaffa.

»*Sawa*, richtig«, sagte der Mann. Er war einzig und allein mit seinem Fleisch beschäftigt, und in seinen Augen spiegelte sich seine Verzückung wider.

Erschöpft von den Anstrengungen des Tages schlief ich bald ein. Als ich mitten in der Nacht aufwachte, waren die Hadza noch immer beim Essen. Sie unterhielten sich über die Jagd und ahmten die Laute von Tieren nach. Ich hörte in der Nähe des Camps Hyänen und fragte Sabina, ob es die *fisi* auf das Fleisch abgesehen hätten.

»Wenn eine *fisi* ins Camp kommt, töte ich sie. Keine Sorge, leg dich wieder schlafen«, sagte er leise.

Da ich nicht mehr müde war, stand ich auf, um mich zu den Männern zu setzen.

»Warum malen die Menschen?«, fragte mich Sabina.

»Warum jagen die Menschen?«, fragte ich zurück.

Er dachte über meine Antwort nach und wandte sich wieder dem Essen zu. Sabinas Frage inspirierte mich, und ich beschloss, den Jägern von Arthur Rimbaud und Vincent van Gogh zu erzählen. Sie hörten mir gespannt zu.

»Rimbaud schrieb mit 19 sein letztes Gedicht und wandte sich von den leeren Worten Gottes ab. Er verdiente seinen Lebensunterhalt in Abessinien, dem heutigen Äthiopien, und in Harare und ignorierte seine Berufung zum Dichter. Das ist dasselbe, als würde man das Bedürfnis zu jagen ignorieren. Rimbaud starb an einem Tumor im Knie, und viele machten dafür die Tatsache verantwortlich, dass er seiner Kunst entsagt hatte.«

»Vielleicht kommt er wieder zurück«, meinte Mustaffa.

»*Pole sana bwana*, das tut mir sehr Leid für diesen Mann«, sagte Sabina.

»Mir tut es auch Leid«, entgegnete ich.

Ich stand auf, und spielte van Goghs Leben vor, demonstrierte, wie er Bäume und Blätter im Wind malte und wie er den Sternen lauschte.

»Ich kann die Sterne auch hören«, sagte Sapo.

»Van Gogh verlor seinen Verstand an Dämonen oder vielleicht auch an Gott. Alle paar Monate summte ein Insekt in seinem Ohr. Das Insekt machte ihn *chizi*, verrückt. Eines Nachts schnitt er sich das Ohr mit einem Messer ab.«

266

»Er hat sich das Ohr abgeschnitten, um die Stimme des Dämons zum Schweigen zu bringen«, meinte Nubea.

»Wenn man nicht stark genug ist, kann einen die Stimme Gottes oder die Stimme eines Dämons verrückt machen«, sagte Sabina.

Der schmächtige Hadza starrte mich mit offenem Mund an. Wovon zum Teufel sprechen sie? muss er sich gedacht haben. Mustaffa und Sabina hatten sich inzwischen an meine philosophischen Ausschweifungen gewöhnt.

Dann erzählte Mustaffa eine Geschichte über einen Freund, der früher in Mangola Radios, Socken und Jacken gestohlen hatte. »Er ging einfach in die Häuser und nahm sich ein Radio oder eine Jacke. Und am nächsten Tag stolzierte er dann in der Jacke durch die Stadt, hörte dabei Radio und trank in den *pombe*-Bars. Wenn ihn die Besitzer des Diebesguts sahen, riefen sie: ›Das ist mein Radio und meine Jacke!‹ Die Leute aus der Stadt versuchten, den Hadza zu schnappen, um ihn mit Benzin zu übergießen und anzuzünden, doch er war einfach zu schnell. Er schoss mit Pfeilen auf sie, lief davon und versteckte sich im Busch. Er kam viele Male in die Stadt, um zu stehlen. Bald trugen viele Hadza gestohlene Kleidung und gingen damit in die *pombe*-Bars, weil ihnen mein Freund die gestohlenen Sachen geschenkt oder gegen Pfeile und *jiggi-jiggi* eingetauscht hatte. Da die Suaheli sie nicht beschuldigen konnten, verlangten sie ihre Kleider einfach zurück.«

»Erinnerten sie sich denn nicht, wer mit Pfeilen auf sie geschossen hatte?«

»Mein Freund lebte tief im Busch. Er stahl in kürzester Zeit viele Dinge. Um seine Verfolger nicht zu töten, schoss er mit Pfeilen auf sie, die eigentlich für die Vogeljagd bestimmt waren. Dann verschwand er. Die Leute hatten Angst vor ihm, also bemühten sie sich nicht allzu sehr, ihn zu finden. Jetzt würden sie ihn nicht mehr erkennen, weil er sich seit vielen Jahren nicht mehr in der Stadt hat blicken lassen. Er lebt irgendwo in der Nähe von Sukuma, und das ist einen Siebentagesmarsch von Mangola entfernt.«

Am nächsten Morgen hingen dunkle Wolken am Himmel, und man glaubte, die Melodie der bevorstehenden Regenfälle bereits hören zu können. Nubea witterte den Geruch des Regens im Wind. Sapo rollte die Kuduhaut zusammen, die er hatte trocknen lassen, und wir verließen das Camp kurz nach Sonnenaufgang und machten uns auf den Weg an einen Ort namens Ju-wa-ga-wa. Nubea wusste, dass sich dort ein Bild zwischen den Felsen verbarg.

»*Iko pale, hatari sana*! Das Bild dort ist alt und gefährlich«, hatte er am Abend zuvor gesagt und dabei in die Richtung gezeigt, in der Ju-wa-ga-wa lag.

Mustaffa hatte dem schmächtigen Hadza den Namen »Water Dog« gegeben, weil ihn Sabina im Gegenzug für das Fleisch, das er von uns bekam, zum Wasserholen schickte. Er war so verrückt nach Fleisch, dass er alles dafür tat. Also wurde er zum Lakaien der Jäger und zur Zielscheibe ihres Spotts. Sie ließen ihn all die unangenehmen, wenn auch notwendigen Arbeiten zur Vorbereitung unserer Camps verrichten. Es handelte sich dabei um eine Art Initiationsritual. Viele, die zum ersten Mal an einer unserer Safaris teilnahmen, wurden mit dieser Rolle bedacht. Aber Water Dog war ein derart schräger Vogel, dass er eine wesentlich strengere Aufnahmeprüfung ablegen musste.

Der Fußmarsch nach Ju-wa-ga-wa dauerte acht Stunden. Auf dem Weg dorthin entdeckten wir ein Tal voller schreiender Jungvögel. An den Ästen der Bäume hingen Tausende von Starennestern. Die Jäger ließen ihre Bogen und ihre Pfeile fallen und rannten los. Neben Honig sind Jungvögel die größte Delikatesse für sie. Das Geschrei der Jungvögel war ohrenbetäubend. Die Männer schnitten Äste ab, benutzten Stöcke oder warfen mit Steinen, um die Nester von den Bäumen zu holen, und sammelten anschließend all die kleinen, weichen Vögel ein. Ein paar Stunden lang aßen sie ohne Unterbrechung. Zuerst kochten sie Vogelsuppe, danach spießten sie die Vögel auf und grillten sie über dem Feuer.

Sabina mit aufgespießten Jungvögeln

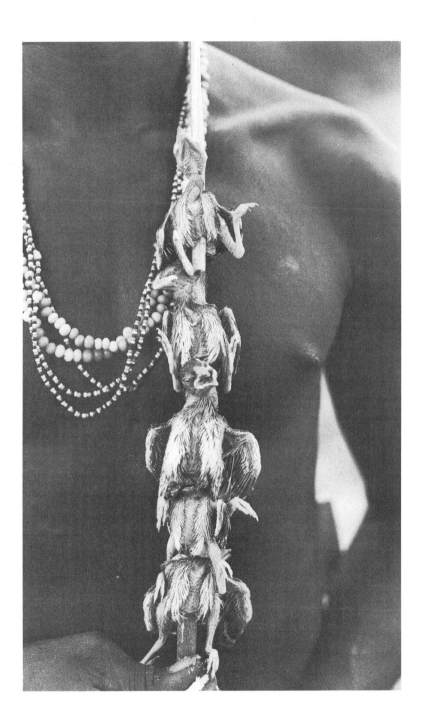

Nach dem Essen wickelten die Jäger Hunderte lebender Jungvögel in ihre Decken ein. Als wir uns wieder auf den Weg machten, flogen uns die Starenmütter hinterher, die dem Schreien ihrer Kinder folgten.

Bei Einbruch der Dämmerung kamen wir zu einer Akazie hoch oben auf einem Hügel, unter der wir unser Lager aufschlugen.

In der Nacht tobte ein Gewitter, und es goss wie aus Kübeln. Wir schliefen unter einer Plastikfolie, die ich in Karatu gekauft hatte. Die Nacht unter einer Plastikfolie zu verbringen, ist alles andere als angenehm. Ich wachte immer wieder auf und dachte über die Widrigkeiten nach, denen sich manche Asketen und Heilige in der Vergangenheit ausgesetzt hatten, und wunderte mich über die Willensstärke, die sie bewiesen hatten, indem sie ihrer Umgebung und ihren körperlichen Bedürfnissen trotzten. In jener Nacht konnte ich mir beim besten Willen nicht vorstellen, längere Zeit zu fasten oder ohne Wärme oder ein Dach über dem Kopf zu leben. Ich kämpfte gegen ein beinahe unkontrollierbares Verlangen nach einer dampfenden Pizza Margherita mit frischem Knoblauch.

Etwa um vier Uhr morgens stand ich auf. Normalerweise hätte ich natürlich versucht, das Ende des Regens abzuwarten, aber ich wurde von einem heftigen Durchfall geplagt, der aller Wahrscheinlichkeit nach darauf zurückzuführen war, dass ich zu viele Jungvögel gegessen hatte.

Als ich mich hinhockte, um mir Erleichterung zu verschaffen, riss mich plötzlich eine Schlammlawine den steilen Abhang ins Tal hinunter. Ich rutschte in einer breiigen Masse aus Felsen, Bäumen und Schlamm bergab und wusste zunächst nicht, was geschehen war. Schließlich gewann ich die Orientierung zurück und merkte, was passiert war, konnte allerdings nicht genau sagen, wie lange ich, vom Schlamm halb begraben, unten im Tal gelegen hatte. War ich bewusstlos gewesen? Nackt – meine Shorts hatte es fortgerissen – zog ich mich den steilen Hang hinauf, indem ich mich an kleinen Bäumen und Felsen festhielt und dabei alle paar Schritte ausrutschte. Im Arm spürte ich einen pochenden Schmerz. Als ich endlich oben ankam, zitterte ich am ganzen Körper. Da die Nacht außerordentlich kalt war, stellten sich bereits erste Unterkühlungserscheinungen ein. Ich rief nach den Männern. Keine Antwort. Auf der Suche nach dem Camp legte ich einen halben Kilometer zurück, konnte jedoch niemanden finden.

Endlich hörte ich eine leise Antwort in der Ferne, folgte ihr und erreichte das Camp. Die Jäger hatten sich ums Feuer versammelt und hielten die Plastikfolie über ihre Köpfe und die Flammen. Es regnete noch immer, allerdings nicht mehr ganz so stark. Die Männer froren ebenfalls. Alle Decken waren völlig durchnässt. Gott sei Dank hatten wir Benzin auf die Safari mitgenommen, weil wir damit gerechnet hatten, dass es schwierig werden würde, trockenes Brennholz zu finden.

»Wo sind deine Shorts? Man sollte nachts nicht nackt im Regen spazieren gehen. Siehst du, wie du zitterst? Bei dieser Kälte kann man sich den Tod holen«, sagte Nubea.

»Mich hat eine Schlammlawine erwischt«, erklärte ich und kauerte mich zwischen den Jägern in der Nähe des Feuers hin. »Sie hat mich einfach mitgerissen, als ich mein Geschäft verrichtet habe.« Sabina fing an zu lachen.

»Das ist gefährlich bei Regen«, meinte er.

Wie durch ein Wunder hörte es mit einem Mal auf zu regnen. Wir legten die Plastikfolie beiseite. Sabina nahm die Taschenlampe, weil er sich die Schlammlawine ansehen wollte. Dabei bemerkte er, dass ich am Arm und am Bein blutete.

»Du hast eine tiefe Schnittwunde am Arm, Jemsi. Sieh dir das an«, sagte er.

In Schulternähe hatte ich eine ungefähr acht Zentimeter lange klaffende Wunde.

»Ze-ni-co a-ti-be, ich brauche Wasser«, sagte Sabina. Sapo reichte ihm den Wasserkrug, und er wusch die Wunde aus. Dann zerdrückte er ein paar Samen, die er aus seiner Schultertasche holte. Er warf sie in einen Topf auf dem Feuer und wartete darauf, dass sie sich auflösten, während wir unseren Tabak in der heißen Asche trockneten. Die Samen verwandelten sich in einen klebrigen Sirup, mit dem Sabina meine Wunde bestrich. Die Substanz stoppte sofort die Blutung, brannte jedoch wie verrückt.

Als wir rauchend und lachend beisammensaßen, hörten wir plötzlich die Moskitos.

»Was ist das?«, erkundigte ich mich.

»*Mbu wanakuja*, die Moskitos kommen«, sagte Sapo und legte sich seine nasse Decke über den Kopf.

Eine gewaltige Wolke blutrünstiger Kreaturen ließ sich zornig auf uns herab. Das war schlimmer als der Regen; bei dieser Attacke wäre man am liebsten ins Wasser gesprungen. Da wir uns nirgends verstecken konnten, wickelten wir uns wieder in die Plastikfolie ein und gaben uns gegenseitig lautstark Anweisungen, alle Öffnungen zu verschließen, doch die Folie hatte einfach zu viele Löcher. Es war eine fürchterliche Nacht.

Am Morgen wachte ich mit Mückenstichen übersät auf, geweckt vom Lachen der Jäger. Water Dog war hoch oben in dem Baum, unter dem wir geschlafen hatten, und schrie zu den Männern herab. Er hielt einen Vogel in der Hand. Sabina und Mustaffa riefen: »*Mkubwa yani*, ein großer Affe!«, und schossen mit Pfeilen ohne Spitzen auf ihn. Water Dog sprang von Ast zu Ast und versuchte, den Pfeilen auszuweichen, die jedoch keine große Wucht hatten. Als ihn ein Pfeil an der Brust traf, stieß er einen spitzen Schrei aus und sprang zum nächsten Ast. Mustaffa zielte noch einmal und erwischte Water Dog seitlich am Kopf. Er fiel drei Meter herab, wobei er an mehreren Ästen abprallte. Ehe er die letzten sechs Meter auf den weichen Boden fiel, bekam er noch einen Ast zu fassen, an dem er sich verzweifelt festhielt. Als Water Dog von Mustaffas zweitem Pfeil an der Hand getroffen wurde, schrie er nochmals auf, rutschte ab und fiel endgültig zu Boden. Er wälzte sich stöhnend herum, hielt aber noch immer den Vogel fest. Dann sprang er mit überraschender Behändigkeit auf und stürzte sich auf Sabina, der keinen Zentimeter von der Stelle wich. Water Dog wollte Sabina am Hals packen, doch dieser verpasste ihm einen flinken Fußtritt gegen die Brust, worauf er zu Boden ging und, alle viere von sich gestreckt, wimmernd nach Atem rang. Ich war der Meinung, soeben Zeuge des gröbsten Schlagabtauschs geworden zu sein, den ich je bei den Jägern beobachtet hatte, als Water Dog plötzlich hysterisch zu lachen begann. Sabina ging zu ihm, half ihm auf die Beine, klopfte ihm den Rücken ab und zeigte den anderen, wo seine Pfeile getroffen hatten. Mit stolzem Gesichtsausdruck berichtete Water Dog von den Verletzungen, die ihm im Baum zugefügt worden waren, und von seinem dramatischen Absturz. Er erklärte, wie sehr er gekämpft hatte, als er sich am letzten Ast festgehalten hatte, und beschrieb seine Angst vor der großen Distanz, die ihn vom Boden trennte.

»Mustaffas Pfeil war eine fliegende Schlange, die versucht hat, mich zu töten«, erklärte Water Dog, streckte die Hand aus und stellte mit gekrümmten Fingern anschaulich dar, wie sein Griff versagt hatte. Dann ließ er sich hinfallen, schloss die Augen und demonstrierte den Schmerz, den er empfunden hatte, als er am Boden auftraf.

»Okay, genug jetzt, Water Dog. Geh Wasser holen«, sagte Sabina lachend.

Am frühen Nachmittag erklomm ich mit Nubea einen Steilabbruch. Die Schlammlawinen nach den Regenfällen der vorhergehenden Nacht hatten riesige Bäume umgerissen. Auf dem Weg nach oben, der eine Stunde dauerte, kamen wir an den Überresten eines ehemaligen Hadza-Camps vorbei.

Das Plateau, auf dem wir standen, war knapp zwei Kilometer breit und ungefähr fünfzehn Kilometer lang und von üppigen Wiesen bedeckt. Man hatte das Gefühl, auf einer Insel im Himmel zu stehen. Den Steilabbruch zu erklimmen war den Viehhirten zu mühsam, und nur wenige Jäger-Clans drangen bis auf das Plateau vor. Die Stille, die dort herrschte, war beinahe greifbar, und vermittelte den Eindruck, als sei die Zeit stehen geblieben. Die Blätter und Äste schienen uralte Erinnerungen in sich zu tragen, und die Risse in der Rinde der alten Affenbrotbäume zeugte von den Elefanten, die einst hier gewesen waren.

Als ich Nubea folgte, wurde mir bewusst, wie gut er sich in seine Umgebung fügte. Ich wäre nicht überrascht gewesen, wenn er sich in eine *swala* oder in einen Baum verwandelt hätte. Mit jedem seiner Schritte nahm er das Land in sich auf und verschmolz mit dem Gras und den Bäumen. Das Leben, das um ihn herum stattfand, spiegelte sich in ihm wider.

Nubea blieb stehen und zeigte mir das vertrocknete, von der Sonne versengte Skelett eines Elefanten, den er als junger Mann erlegt hatte. Aus den Beinknochen und den Augenhöhlen des Tiers wuchs Gras. Er erklärte, dass er normalerweise keine Elefanten tötete, seine Familie zu jener Zeit jedoch Hunger gelitten hatte und sein Kind krank gewesen war. Bestimmte Teile eines Elefanten eigneten sich gut als Medizin für Kinder, sagte er. Nachdem er auf das Tier geschossen hatte, war er auf einen Baum geklettert und hatte sich versteckt. Der Elefant hatte wenig Gegenwehr gezeigt und war am nächsten Tag an dieser Stelle gestorben.

»Wir verlegten unser Camp an diesen Ort und aßen nächtelang das Fleisch des Elefanten. Andere Hadza kamen aus ihren weiter unten gelegenen Camps hierher und aßen mit uns«, sagte Nubea.

»Was ist aus den Stoßzähnen geworden?«, erkundigte ich mich.

»Die Hadza interessieren sich nicht für Stoßzähne. Vielleicht hat sie ein Mbulu gefunden und verkauft oder ein anderer Hadza, dessen

Vogeleier

Seele verdorben ist. Vielleicht sind die Stoßzähne auch einfach im Boden versunken«, erwiderte Nubea.

Wir gingen zum nördlichen Ende der Wiese und blieben an der Kante stehen, wo das Plateau zum Eyasisee abfiel.

»Das ist ein altes Hadza-Camp. Seit meiner Kindheit komme ich jedes Jahr nach den Regenfällen auf der Suche nach Honig hierher.«

In der Ferne sah man die riesige Wasserfläche des Eyasisees, die zu großen Teilen mit Tausenden von pinkfarbenen Flamingos bedeckt war. Auch die Flusspferde waren zu Hunderten an den See zurückgekehrt. Das alte Camp befand sich in hervorragender Lage: Man konnte die Landschaft von dort aus kilometerweit überblicken. Nubea zeigte mir den Baum, bei dem sein Großvater eines Nachmittags von einem zahnlosen Löwen getötet worden war. Der Löwe hatte ihn angesprungen, mit der Kraft seiner Kiefer zerquetscht und mit den wenigen Krallen zerrissen, die er noch besaß. Alte Löwen, die von ihrem Rudel vertrieben wurden, sind am allergefährlichsten. Sie sind geschwächt und hungrig, und Menschen stellen eine leichte Beute für sie dar. Nachdem Nubea dem Löwen zwei Tage nachgespürt hatte, erlegte er ihn mit einem Schuss in den Hals.

Nubea deutete auf die Viehherde eines Mangati in der Ferne und erzählte, dass die Mangati zu Kolonialzeiten viele Hadza umbrachten. Die Hadza verbündeten sich schließlich und töteten ihrerseits so viele Mangati, wie sie konnten. Von da an ließen die Mangati sie in Ruhe. Eines Abends, in einem Camp unten im Tal, rief Nubeas Frau ihn leise zu sich. Sie sagte ihm, dass einige Mangati auf dem Weg ins Camp seien, um sie beide zu töten. Also versteckte sich Nubea auf einem Baum und wartete, bis die Mangati über seine Frau herfielen.

»Als sie versuchten, meiner Frau die Kleider vom Leib zu reißen, schoss ich auf sie wie auf Affen, bis alle tot waren. Bis zu diesem Tag hatte ich niemals einen Menschen getötet, und ich werde es auch nie wieder tun«, sagte Nubea.

Wir machten uns wieder auf den Weg und gingen durch Gras, das uns bis zum Hals reichte. Nubea mähte die Halme mit langen

Giraffenfamilie

Schwüngen mit seinem Bogen um. Irgendwann blieb er stehen, um einen Baum zu untersuchen, und entdeckte ein kleines Nest mit Honig. Er schlug die Rinde mit einem Stein weg, um an die Waben zu gelangen. Wortlos aßen wir den süßen Honig. Dann brach Nubea das Schweigen. Er sagte, dass es einst Löwen, Büffel, Elefanten und Tausende von Gazellen gegeben habe, wo jetzt nur noch die Kühe der Mangati waren. »Die Tiere sind geflüchtet. Die Hadza werden bleiben, aber ohne Tiere werden wir letzten Endes zu Grunde gehen, und dann wird auch alles andere zu Grunde gehen. Warum müssen die Wälder Getreide- und Bohnenfeldern weichen? Wenn Hungersnot herrscht, gewähren wir den Farmern Zuflucht, doch ohne Wälder wissen auch wir nicht mehr, wohin. Wohin sollen sie gehen, wenn die Sonne ihr Getreide und ihre Bohnen vertrocknet? Die Erde wird zuerst unser Lied verschlucken und dann das ihre.«

Wir erhoben uns und machten uns wieder auf den Weg. Bald darauf kamen wir zu einer Gruppe von Osagedornbüschen, zwischen denen Brennnesseln wucherten und den Weg zu einer Felswand versperrten. Unter großen Schmerzen krochen wir durch eine kleine

Jäger und der riesige *tandala*, Kudu

Lücke und fanden einen Pfad, der die Felsen hinaufführte. Er war von den vielen Hadza ausgetreten worden, die ihn im Lauf tausender Jahre hinauf- und hinabgewandert waren, und schlängelte sich zwischen Felsblöcken von etwa 50 Metern Höhe hindurch. Der Pfad endete bei einer größeren freien Fläche. Sie wurde von einer überhängenden Felsplatte überdacht, die den Hadza Schutz vor dem Regen geboten haben musste. Jetzt würde allerdings niemand mehr hier schlafen, der lebend nach Hause zurückkehren wollte, erklärte Nubea. Ehe ich mir die Felswand genauer ansehen konnte, nahm Nubea eine Kette aus seinem Beutel, legte sie mir um den Hals und forderte mich auf, die Kette, die mir Mustaffas Mutter gegeben hatte, ebenfalls umzulegen. Ich nahm die Halskette aus der Tasche und hängte sie mir um. »Woher wusstest du, dass ich diese Kette habe?«

»Ich weiß solche Dinge«, sagte Nubea und gab mir zu verstehen, dass ich still sein sollte.

Dann begann er damit, meine Füße, Knöchel, Taille, Brust, Arme, Hände und mein Gesicht zu bespucken. Er steckte mir hinter beide Ohren Büschel aus Gras, Blumen und Kräutern und forderte mich auf, ihm zu folgen. Nachdem er die Felswände bespuckt hatte, gab er mir Samen zum Kauen, damit ich es ihm gleichtun konnte.

Anschließend setzten wir uns wieder hin und machten Feuer, und Nubea bat die Ahnen, Tabak mit uns zu rauchen. Eine Zeit lang saßen wir nur da und starrten die Felswände an, die in mehreren Schichten bemalt waren. Ich verstand die Abbildungen nicht. Zum Bemalen der Felsen waren zwei verschiedene Farben verwendet worden. Die älteren, roten Abbildungen zeigten Männer mit Vogelschnäbeln, Sonnen, in denen Pfeile steckten, und Geister, die über Elefanten und Giraffen schwebten. Über diesen Darstellungen befanden sich Fingerabdrücke und chaotische Streifenmuster in Weiß, die aussahen, als sei dazu in Jackson-Pollock-Manier Farbe an die Wand gespritzt worden. Nachdem ich die Wandbilder eine Weile betrachtet und mich bemüht hatte, sie zu verstehen, nahm mit einem Mal ein größeres Bild Gestalt an und erfüllte mich mit panischer Angst. Plötzlich wurde mir klar, weshalb Nubea diese Bilder so ernst nahm. Meine Augen hatten bis dahin dieses größere Bild nicht wahrgenommen, deshalb hatte ich die Bedeutung und die Macht der einzelnen

Die Geister der Ahnen beim Tanz

Geistertänzer im Profil

Abbildungen nicht verstanden. Die Streifenmuster stellten einen Zug tanzender Geister dar, der sich bei näherem Hinsehen zu bewegen schien. Sie tanzten von der östlichen zur westlichen Felswand. Die Symbole im Westen verschmolzen mit den roten Abbildungen, während sich die Symbole im Osten in zwei monströse Geisterfiguren verwandelten, die dieselben Bewegungen ausführten wie die Hadza bei ihren Tänzen in mondlosen Nächten. Die hintere Figur war mit Straußenfedern geschmückt, hatte Eulenaugen, jedoch keinen Mund, und riesige, klauenbesetzte Hände. Die vordere Figur besaß vier Köpfe: Ihr erster Kopf war der eines stämmigen Jägers mittleren Alters, der zweite der eines heulenden Geistes eines Ahnen, mit der Nase und dem Kinn einer Hexe, der dritte der eines Hominiden und der vierte der eines Affen. In den Köpfen befanden sich die Silhouetten von Tieren und Geistern, die auf uns herabblickten. Die roten Abbildungen stellten Szenen aus vergangenen Jagden dar, als es in den Savannen noch von Tieren wimmelte, illustrierten Prüfungen, denen sich die Jäger unterziehen mussten, und zeigten Feuer, das vom Himmel fiel und sich in Blätter und Löwenmähnen verwandelte, aus denen

Männer mit Oryxantilopenhörnern wuchsen. Nubea erklärte, dass die roten Jäger um Erlaubnis baten, Tiere erlegen zu dürfen. Dazu wandten sie sich an die große *shetani*-Tiermutter, eine hinterhältig lächelnde schwangere Frau, die in weißer Farbe gemalt war und sich über den tanzenden Figuren befand. Neben ihr war die weiße »Mutter aller Büffel« zu sehen, die einen kleinen roten Büffel in sich trug.

»Das ist die Dämonenmutter und das die Mutter der Büffel. Nun hast du es verstanden«, verkündete Nubea. Wir starrten beide die Felswand an und die Wanderungen, die auf ihr abgebildet waren. Die Tänzer schienen unwirklich bebende Bewegungen auszuführen, wie ich sie bereits bei den alten Männern und Frauen beobachtet hatte, wenn sie unter den pulsierenden Sternen tanzten. Ich verwende diese Formulierung, da sie sich beim Tanzen immer wieder aufzulösen und mit der Natur und der Welt der Ahnen zu verschmelzen schienen. Die Felsbilder waren gewissermaßen eine künstlerische Umsetzung der spirituellen Welt der Hadza, ihres Bewusstseins und ihrer Wahrnehmung. Ich sah die Verbindung der Tänzer mit den Geistern ihrer Ahnen und verstand, wie der Tanz die Pforten zur Welt dieser Geister zu öffnen vermochte. Das Bild an der Felswand illustrierte, wie die Tänzer durch die körperlichen Anstrengungen des Tanzes Zugang zu ihren Ahnen finden.

Ich sah Nubea in die Augen. Genau in diesem Moment landete eine Libelle auf seiner Hand, und er richtete den Blick auf das Insekt. Interessiert beobachtete er, wie die Libelle mit den Flügeln schlug. Als sie wegflog, wendete er den Blick wieder der Felswand zu. Während er die Bilder auf dem Fels betrachtete, studierte ich seine Augen. Er schien in den ältesten Erinnerungen zu schwelgen und im Stillen mit den Ahnen zu kommunizieren. Ich stellte mir vor, dass er aufgrund seiner Erfahrung in der Lage war, alle Bedeutungsebenen dessen, was er sah, zu erkennen. Er hatte strahlende Augen, deren scharlachrotgelbe Färbung von Sternnebel und den Schuppen einer Schlange überzogen schien. Nubea verkörperte die Natur und war ihr stummer Zeuge. Er verriet niemals mehr, als ich zu lernen bereit war, und ich hatte nicht den geringsten Zweifel, dass sein Wissen noch um ein

Dämon und Büffelmutter

Vielfaches größer war. Man erkannte das an vielen Kleinigkeiten, so zum Beispiel an der Art und Weise, wie er seine Pfeife weiterreichte und seine Hand anschließend langsam sinken ließ. Er schien zu spüren, dass ich über ihn nachdachte, und drehte sich lächelnd zu mir, als wüsste er, dass ich ihn verstanden hatte. Was er mir erklärt hatte, indem er mir diesen Ort gezeigt hatte, ließ sich jedoch nicht in Worte fassen.

In der Ferne war das Krachen des Donners zu hören.

»Wir müssen gehen«, sagte er. »Es ist nicht gut, noch länger hier zu bleiben.«

»Warum?«, fragte ich.

»Die Dämonen werden unser Gehirn fressen.«

»Gut, gehen wir.«

Wir machten uns auf den Rückweg, den uralten Pfad hinunter, und krochen durch die Osagedornbüsche auf die Wiese zurück. Wir beeilten uns, um vor dem Regen im Camp anzukommen. Nubea hatte nichts bei sich, womit er seinen Bogen und seine Giftpfeile hätte abdecken können, die vom Regen zerstört worden wären. Er deutete in Richtung eines Hügels, wo vor vielen Jahren ein Rhinozeros sein Camp angegriffen hatte.

»Ich hörte die Kinder ›Rhino! Rhino!‹ schreien. Dann vernahmen wir die Schritte eines Rhinozerosses, das den Pfad zu unserem Camp hinaufkam. Ich weiß nicht, warum es uns angriff. Wir rannten alle davon und versteckten uns. Ein alter Mann fand nicht schnell genug ein Versteck. Das Rhinozeros blieb stehen, sah sich im Camp um, entdeckte den alten Mann und rannte auf ihn los. Ich schoss ihm von dem Felsen aus, hinter dem ich mich in Sicherheit gebracht hatte, in die Seite. Das Rhinozeros hielt inne. Ich sprang vor und rief ihm zu, dass es mich angreifen soll und nicht den alten Mann. Es horchte auf und stürmte dann auf mich zu. Ich schoss ihm in den Kopf. Das Rhinozeros blieb stehen, um den Pfeil abzuschütteln, und lief dann den Pfad hinunter. Ich folgte ihm stundenlang. Es starb unten im Tal, nicht weit von dem Affenbrotbaum in der Nähe des Camps. Wir aßen tagelang Rhinozerosfleisch. Heute gibt es in diesem Tal keine Rhinozerosse mehr«, sagte Nubea.

»Sie werden wegen ihrer Hörner getötet«, sagte ich. »Die Chinesen verarbeiten die Hörner von Rhinozerossen zu Sex-Medizin, weil sie sich einen stärkeren Penis davon versprechen. Und die Araber im Jemen verwendeten die Hörner früher als Dolchgriffe. Das galt bei ihnen als Zeichen für Wohlstand. Mit der Entdeckung des Erdöls wurden Tausende von ihnen immer reicher. Sie wollten die Hörner haben, um ihren Reichtum zur Schau zu tragen, und bezahlten viel Geld dafür. Habgier, *bwana*.«

Nubea lächelte sanft und sagte: »Ja, *tamaa*, Habgier.«

Als wir wieder im Camp waren, beschrieben Nubea und ich den anderen die Felsbilder. Von diesem Abend an veränderte sich irgendetwas zwischen den Jägern und mir. Ich kann nicht genau beschreiben, was es war, aber die Männer – mit Ausnahme von Nubea – verhielten sich von da an anders. Und wenn wir nach Mangola kamen oder andere

Hadza-Camps aufsuchten, empfanden die Menschen immer eine leichte Scheu vor mir. Irgendwann fragte ich Sabina, weshalb er und die anderen sich in meiner Gegenwart nun anders verhielten und warum viele der Hadza in Endofridge Angst vor mir hatten.

»Die Geister der Ahnen sind dir vom Fels der tanzenden Geister gefolgt.«

»Welche Geister?«, fragte ich.

»*Wazee wa zamani*, die Menschen aus der Vergangenheit.«

»Wie viele Geister sind mir gefolgt?«

»*Ningi*, viele.«

»Sind sie Nubea auch gefolgt?«

»*Ndiyo*, ja.«

»Warum sind sie uns gefolgt?«

»Sie haben euch beschützt und wollten mit den Hadza am Lagerfeuer sein.«

»Kann Nubea die Geister sehen?«

»Ja.«

»Werden mir die Geister immer folgen?«

»Nein.«

»Ist es gefährlich für mich, wenn mir die Geister aus den Felsbildern folgen?«

»Nein, Nubea hat sie gebeten, dich vor den *shetani* zu beschützen.«

»Wo sind die *shetani*?«

»An vielen Orten. Sie kennen dich jetzt.«

»Werden sie versuchen, mich zu töten?«

»Vielleicht, aber die Geister und die Medizin werden dich beschützen.«

»Werden mir die *shetani* in meine Heimat nach Amerika folgen?«

»Ich weiß nicht. Aber die Geister sind bei dir. Du bist an den alten Orten gewesen«, sagte Sabina und begann, auf seiner *malimba* zu spielen.

283

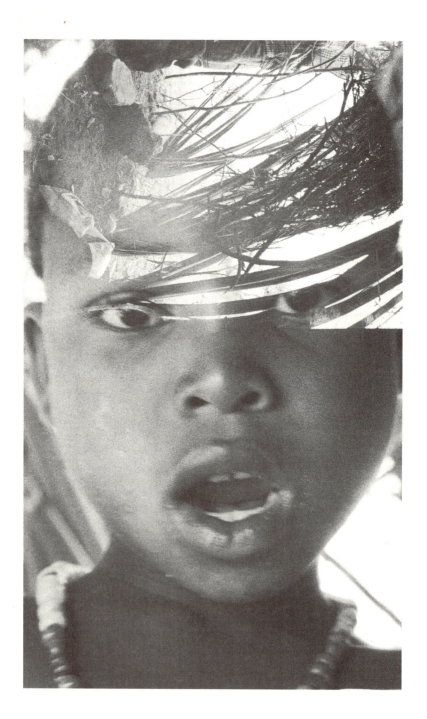

DAS KLEINE MÄDCHEN

Ich lernte Franz Brecht im März 1994 im Foyer des Outpost-Hotels kennen. Das Outpost war ein kleines, nettes und preiswertes Hotel in einem alten deutschen Kolonialgebäude und gehörte einem professionellen Jäger aus Sambia und seiner Frau. Franz hatte es sich mit einem Drink in einem Sessel bequem gemacht und wirkte auf mich wie eine Mischung aus Siebzigerjahre-Rockstar und wettergegerbtem Wyoming-Cowboy. Er hatte viele Jahre in den Vereinigten Staaten verbracht, hatte dort bei Indianern und Viehhirten gelebt und war mit Motorradgangs umhergezogen. Seine Halsketten, Gürtelschnallen und Messer waren Andenken an seine wilden Tage. Aber wie sehr er sich auch bemüht hatte, es war ihm nie gelungen, seine germanischen Ideale aufzugeben. Er war stolz auf seine deutsche Abstammung, seine militärische Ausbildung und auf die Tatsache, dass sein Großvater an der Widerstandsbewegung gegen Hitler beteiligt gewesen war. Der wichtigste Aspekt seines exzentrischen Charakters war jedoch sein weiches Herz, woran ich ihn oft erinnerte. Er liebte die Tiere und die Menschen. Seine raue Erscheinung und seine von Zeit zu Zeit ruppige Ausdrucksweise waren nichts weiter als eine Schutzmaßnahme. Er glaubte, wenn man ihn fürchtete, werde er respektiert und seine Familie sei in Sicherheit.

Franz bewirtschaftete eine Farm in der Nähe des Eyasisees und kannte die Hadza gut. Auf dem Weg in den Busch machte ich immer bei ihm Halt und kaufte Zwiebeln, Knoblauch, frische Papayas und seine berühmte Kräutermischung, die sich hervorragend zur Essenszubereitung im Busch eignete. Wenn ich nach einer langen Safari ausruhen wollte, war in seinem Haus immer ein Zimmer für mich frei.

Wie so viele Farmer hatte auch Franz ein Alkoholproblem. Es war traurig, mit ansehen zu müssen, wie er sich kaputtmachte, obwohl er ein intelligenter, fürsorglicher Mann war und große Verantwortung trug. Wenn er trank, gewannen – wie so oft – seine unangenehmeren Eigenschaften die Oberhand. Dann kam entweder der »Rockstar«, der »Cowboy«, der »schuldbewusste Söldner« oder der »mürrische Farmer« in ihm durch, oder alle vier zur selben Zeit, was ziemlich verwirrend war.

Franz arbeitete hart, so hart wie irgendwie möglich, doch seine Arbeit trug nicht immer die Früchte, die sie hätte tragen können. Dafür war seine Trunksucht verantwortlich. Zu Hause, auf seiner Farm, trank er nicht viel, aber wenn er nach Arusha kam, gab es für ihn kein Halten mehr. Als ich Franz eines Nachmittags im Restaurant des Hotels sah – er hatte bereits zehn Bier intus –, rief er mir zu: »Ich fahre nach Mangola. Kommst du mit?«

»Du bist betrunken, Franz.«

»Das macht nichts, ich fahre immer betrunken.«

Dann zog er alle Register seiner Überredungskunst und überzeugte mich, ihn am Abend zu seiner Farm zu begleiten. Ich war nicht sicher, ob er Geld brauchte, einen Saufkumpan oder einfach nur einen Gesprächspartner.

Als wir aus der Stadt hinausfuhren, vorbei an der letzten Straßensperre der Polizei, erwähnte Franz, dass uns unter Umständen Straßenräuber überfallen würden.

»Es ist ziemlich leichtsinnig von uns, nachts zu fahren«, meinte er.

»Vor allem, weil du betrunken bist«, entgegnete ich.

»Vielleicht, vielleicht auch nicht«, sagte er.

Er erklärte mir, dass die Straßenräuber meistens zwischen Mtowa-Mbu und Karatu zuschlugen. Am liebsten verübten sie ihre Überfälle auf einer Straße, die »der Hügel des Elefantenrückens« genannt wurde. Auf dieser Straße konnte man nur entkommen, indem man rückwärts fuhr, was jedoch ziemlich tückisch war, da sich links neben der Straße ein steiler Abhang befand und rechts ein Erdwall.

»Wenn sie uns dort erwischen, sind wir geliefert«, sagte Franz und schenkte mir sein typisches draufgängerisches Lächeln. Das war für mich das Stichwort, meine Tasche nach einem Messer zu durchwühlen.

»Wonach suchst du?«, wollte er wissen.

»Nach einem Messer«, erwiderte ich ernst.

»Hör mal, James, du bist doch kein Killer! Überlass das lieber mir.«

Franz berichtete, dass auf dem Hinweg in die Stadt ein Räuber auf die Straße gesprungen war und versucht hatte, ihn aufzuhalten, indem er mit seiner AK-47 in die Luft schoss. Franz bremste fast bis zum Stillstand ab. Als der Straßenräuber auf den Wagen zuging, stieg Franz aufs Gaspedal und überfuhr ihn.

»Er ist über die Motorhaube geflogen. Ich hörte Gewehrfeuer hinter mir, wurde aber nicht getroffen. Wahrscheinlich hatten die anderen nur Macheten«, sagte er. »Wenn wir anhalten und ihnen unser Geld geben, sind wir so gut wie tot. Auf bewaffneten Raubüberfall steht in Tansania so oder so die Todesstrafe. Die Banditen werden es sich also nicht zweimal überlegen, uns abzuknallen.«

»Na prima!«, sagte ich. »Soweit ich weiß, wird man erst recht erschossen, wenn man versucht abzuhauen. Der Toyota bietet keinen Schutz gegen eine AK-47. Normalerweise schießen die Straßenräuber doch nicht, wenn du ihnen dein Geld gibst. Was ist, wenn sie uns verfolgen?«

»Mach dir mal keine Sorgen, uns verfolgt schon niemand. Das ist äußerst unwahrscheinlich.«

»Aber was ist, wenn sie es versuchen?«

»Dann erledige ich sie. Schließlich haben wir es hier nicht mit Profis zu tun. Aber ich bin Profi. Ich gebe einfach Gas und fahre sie über den Haufen, es sei denn, sie haben Felsblöcke auf die Straße gerollt. In diesem Fall wird die erste Kugel von der Windschutzscheibe abgefälscht, die dabei in tausend Stücke zerspringt. Ich mache dann einen Schlenker und fahre gegen einen Baum. Die Glasscherben werden uns ganz schön aufschlitzen. Wir stellen uns einfach tot. Wenn sie sehen, dass wir bluten, werden sie nicht mit meiner plötzlichen Attacke rechnen. Tu einfach, was ich dir sage. Ich habe schließlich eine Kampfausbildung im Gegensatz zu dir.«

»Mach, was du willst, Franz. Wenn du gegen einen Baum fährst, steige ich aus und mache mich aus dem Staub. Warum zum Teufel hast du mich eigentlich da mit reingezogen?«

Nach einer Stunde Fahrt schlief ich ein. Kurz darauf wurde ich von Franz unvermittelt geweckt. »James! Mach dich bereit!«, rief er. »Da vorne, siehst du das? Taschenlampensignale und reflektierende Gewehrläufe.«

Franz fuhr mit ungefähr hundert Stundenkilometern und flog regelrecht über die Schlaglöcher in der unbefestigten Straße. Ich sah den Toyota bereits auseinander brechen. Dann bemerkten wir, dass es sich bei den »bewaffneten Männern« nicht um Straßenräuber, sondern um Viehhirten aus Sukuma handelte, die ihre Rinder zum Verkauf nach Arusha brachten. Doch es war bereits zu spät. Die Viehhirten versuchten verzweifelt, ihre Rinder von der Straße zu treiben, ehe sie der Wahnsinnige im Land Cruiser überfuhr. Die Tiere konnten sich gerade noch rechtzeitig in Sicherheit bringen, und die Männer schrien uns hinterher.

»Gott sei Dank!«, sagte ich.

»Glück gehabt«, entgegnete Franz. Er holte eine Marlboro aus der Tasche und zündete sie mit derselben Hand mit seinem Harley-Davidson-Feuerzeug an. Einen Moment lang erleuchtete die Flamme seine müden, entschlossenen Augen.

»Du bist verrückt, Franz.«

»Wenn ich nicht verrückt wäre, wäre ich längst tot. Ich will nur eine Sache: meine Frau und meine Kinder sehen. Nichts kann mich davon abhalten, auch wenn ich dazu nachts fahren muss.«

Franz hatte zwei auffallend hübsche Söhne, die noch keine drei Jahre alt waren, und eine liebenswerte Frau. Sie war ruhig, kräftig und durch und durch ehrlich. Als Tochter deutscher Missionare war sie an allen möglichen entlegenen Orten in ganz Afrika aufgewachsen und kam deshalb in einem Land wie Tansania wunderbar zurecht. Sie hielt Franz im Gleichgewicht und genoss das Vertrauen der Einheimischen. Wenn Franz auf Sauftour war, hielt sie die Farm am Laufen. Franz behauptete, seine Frau hätte ihn vor einem vorzeitigen Tod als Söldner oder Alkoholiker bewahrt.

Farmer zu sein – vor allem in der Gegend, in der sich Franz' Farm befand – ist vermutlich einer der härtesten Berufe, die es gibt. Franz war ständig pleite und sah sich täglich mit einem anderen Desaster konfrontiert – mit Ziegen und Affen, die seine Ernte fraßen, defektem landwirtschaftlichem Gerät, sintflutartigen Regenfällen, Dürren, Giftschlangen, korrupten Regierungsvertretern, Diebstahl, verärgerten Arbeitern und Krankheiten. Es gibt nichts, was seiner Familie nicht widerfahren ist. Ihre Zuversicht war bewundernswert; sie glaubten stets fest daran, dass sich letzten Endes alles in Wohlgefallen auflösen würde.

»Es dauert fünf Jahre, bis ein Betrieb läuft«, sagte Franz oft, um sich selbst aufzumuntern.

In gewisser Weise konnte man Franz und seine Familie aber auch beneiden. Sie führten auf ihrer Farm ein echtes Familienleben, da sie sowohl die Tage als auch die Abende miteinander verbrachten. Die Kinder hatten dauernd ihre Eltern in der Nähe und kamen in den Genuss frischer Nahrungsmittel, frischer Luft und blühender Bäume. Die Brechts hatten einen kleinen Garten, in dem sie Schweine und Hasen züchteten. Am Abend, nach einem harten Tag auf der Farm, saßen sie immer lange beim Essen zusammen, und am Ausdruck in ihren Augen konnte man erkennen, dass ihnen das Bestellen des Landes zu einem inneren Frieden verhalf.

Franz ist ein Visionär und ein Mensch, der seine Visionen verwirklichen kann, wenn er nicht eines Nachts betrunken auf der Straße ums Leben kommt.

Franz und ich kamen etwa eine Stunde vor Sonnenaufgang in Mangola an. Er setzte mich am Straßenrand ab und versuchte mich noch einmal zu überreden, ihn nach Hause zu begleiten, um mich dort auszuruhen. Ich lehnte sein Angebot ab. Als ihm klar war, dass ich nicht mitkommen wollte, bat er mich, nach einem kleinen Hadza-Mädchen Ausschau zu halten, das von einem Hund gebissen worden war. Er hatte ihre Wunden gereinigt und befürchtete, dass sie noch immer sehr krank war.

Ich setzte meine Reise fort und ging den weiten Weg nach Endamaghay zu Fuß, wo ich am Spätnachmittag bei einem Hadza-Camp ankam. In jener Nacht saßen Sabina, Janza, Mustaffa, Gela und ich schweigend um die verlöschende Glut eines Feuers und warteten darauf, dass der »mondlose Pfeiftanz« begann. Die Kinder waren fortgeschickt worden, wie immer, wenn ein solcher Tanz bevorstand. Der Tanz sollte stattfinden, um Janza von dem *mchawi*, dem bösen Geist, zu befreien, der seine Seele in Besitz genommen hatte. Er erbrach bereits seit zwei Wochen Blut, hatte blutigen Stuhlgang und war dürr wie ein Skelett. Er saß regungslos da und sah mit seiner Schlafdecke, die er sich um den Kopf gewickelt hatte, aus wie der Sensenmann. Hals und Gesicht hatte er sich mit Hühnerblut beschmiert und mit Hühnerfedern beklebt. Er streckte seine abgemagerten Hände nach der Steinpfeife aus, die ihm gereicht wurde, inhalierte und hustete heftig. Ich riet ihm, nicht zu rauchen, solange er krank war, doch er erwiderte, dass ihm an diesem Abend das erste Mal wieder nach Tabak zumute war.

»Dann bist du auf dem Weg der Besserung«, sagte ich.

Ein paar Wochen bevor ich nach Arusha aufgebrochen war, hatte er in einer kleinen grasbedeckten Hütte gelegen, war von einem Sukuma-Heiler betreut worden und hatte Kräuter gegessen. Mustaffa hatte ihn eines Nachmittags, als wir auf der Jagd waren, im Schatten einiger kleiner Bäume entdeckt. Es handelte sich dabei um einen geheimen heiligen Ort, an den der Heiler seine Patienten brachte. Zu diesem Zeitpunkt war Janza zwar in der Lage zu sprechen, konnte sich

Janza bei der Affenjagd

jedoch nicht bewegen. Der Heiler kam zu uns und stellte sich vor. Mustaffa und ich setzten uns, tranken mit ihm Tee und aßen Maniokknollen. Er fragte Mustaffa, wann seiner Meinung nach mit Regen zu rechnen sei.

»Es ist im Moment sehr heiß, deshalb wird es nächsten Monat regnen«, antwortete Mustaffa.

Der Heiler machte einen liebenswürdigen Eindruck und hatte freundliche Augen. Er sagte, er habe von seinem Großvater, einem berühmten *mganga*, gelernt, wie man mit Hilfe der Medizin Dämonen austreibt. Er schien sich Sorgen um Janza zu machen und erklärte, dass der böse Zauber nur schwer zu brechen sei. Merkwürdigerweise hieß der Heiler Philipo. Er war mit einer Hadza verheiratet und schien mit den Hadza in Endamaghay eng vertraut zu sein. Janza hatte eine große Menge getrockneten Büffelfleischs gegen die vier Hühner eingetauscht, die der Heiler am Nachmittag vor dem Tanz opferte.

»Warum gehst du nicht ins Krankenhaus, Janza? Du hast wahrscheinlich irgendein *ndudu*, ein Insekt, oder Bakterien in deinem Magen«, sagte ich, als wir am Feuer saßen und darauf warteten, dass der Tanz begann.

»Ich gehe, wenn ich wieder bei Kräften bin«, flüsterte er höflich, und wir wussten beide, dass er niemals gehen würde. Er wollte meinem Vorschlag nicht widersprechen. Die meisten Hadza gehen nicht gerne ins Krankenhaus, vor allem deshalb, weil sie von den Schwestern und Angestellten wie Menschen zweiter Klasse behandelt werden.

Janza erklärte, dass ihn ein Mann in einer *pombe*-Bar verhext habe, weil er mit dessen Frau geschlafen hatte. Er habe »drei Liter in die Frau gepumpt« – eine Redewendung der Hadza für Ejakulation – und werde deshalb von drei Geistern in seinen Träumen heimgesucht. Janza glaubte fest an seine Theorie, und es war schwer, ihn vom Gegenteil zu überzeugen. Er war unverheiratet, trank zu viel und war ein ziemlicher Busch-Casanova. Das städtische Leben hatte zweifellos negative Auswirkungen auf seinen Charakter. Die Hadza, die sich nicht in der Nähe der Städte aufhalten und nur selten mit anderen Stämmen zusammentreffen, leben harmonisch, ohne Alkohol und seine verheerenden Folgen in ihrer eigenen ruhigen Welt. Die Hadza, die in der Nähe der Ortschaften leben, sind dagegen weniger ruhig.

Janza war ein begeisterter Jäger und deckte einen Großteil des Nahrungsbedarfs seines kleinen Hadza-Clans. Tagsüber patrouillierte er im Naturschutzgebiet von Endamaghay. Viele Tiere aus der Serengeti und dem Ngorongoro-Nationalpark wandern bis nach Endamaghay, das deshalb zu einem gewissen Grad unter staatlicher Obhut steht. Janza arbeitete als Teilzeit-Wachmann für die Regierung und war stolz auf das Papier, das ihm die Ranger ausgestellt hatten. Er entfernte Fallen, verhinderte, dass Bäume gefällt wurden, und meldete den Rangern alle ungewöhnlichen Vorkommnisse, die auf Wilderei hindeuteten. Sein Einkommen belief sich auf umgerechnet etwa zehn Dollar im Monat, die er für Alkohol ausgab. Einmal im Monat, nachdem er entlohnt wurde, ging er nach Endamaghay, war drei Tage am Stück betrunken und geriet meist in Schwierigkeiten. Manchmal kehrte er nach diesen Tagen im Dauerrausch monatelang nicht mehr in die Stadt zurück, weil er jemanden verprügelt, Essen gestohlen oder irgendetwas anderes angestellt hatte – Dinge, die Janza ohne den Einfluss den Alkohols niemals getan hätte, da er im nüchternen Zustand ein äußerst ruhiger Mensch war.

Janza war sowohl im Busch als auch in den Städten gefürchtet. Nüchtern machte er seinen Job als Ranger sehr gut. Er war unbestechlich und kannte keine Furcht. Sowohl die Regierung als auch er selbst profitierten von diesem Arrangement: Das Naturschutzgebiet war für die zwei Ranger, die dort arbeiteten, zu groß, und Janza hatte bei der Arbeit die Gelegenheit, Nahrung für seine Familie zu finden.

Bei den Holzfällern kannte er keine Gnade. »Sind die Bäume weg, verschwinden die Tiere, und die Hadza verhungern«, sagte er einmal.

Wenn ein wertvoller Jäger wie Janza krank ist, wird der gesamte Clan, der meistens aus etwa fünf Familien besteht, unruhig.

Der Tanz begann. Janzas Vater legte langsam und feierlich den Kopfschmuck aus Straußenfedern und den Stoffumhang an. Sobald ein Tänzer fertig ist, gibt er beides an den nächsten weiter. Janzas Vater lauschte den Rufen der Frauen und antwortete ihnen mit pfeifenden Lauten. Während er lauschend wartete, nahm nach und nach der Rhythmus von seiner gebeugten Gestalt Besitz, und er fing an, sich zu bewegen. Plötzlich schoss er mit unheimlicher Geschwindigkeit auf Janza zu und bespuckte ihn, wobei er seinen Speichel mit übertriebenem Prusten versprühte. Nachdem er mit Janza fertig war, bespuckte er alle anderen, die um das Feuer saßen. Dann lauschte er wieder den Stimmen der Frauen, entfernte sich vom Feuer und drehte sich zu den Sternen, um mit den Ahnen Kontakt aufzunehmen. Das Lied der Frauen forderte die *shetani* auf fortzugehen und bat *Haine*, Gott, zu kommen. Die Männer hörten schweigend zu, betrachteten die Flammen und den Tänzer und stimmten dann leise in den Gesang der Frauen ein.

»Gott, hilf Janza. Gott, hilf uns. Wir kennen den Wind und die Bäume. Gott, komm zu uns, *shetani*, geht von uns«, sangen die Frauen.

Mustaffa lehnte sich zu mir herüber. »Er bespuckt uns. Das ist Medizin gegen die *shetani*«, erklärte er. »Der heutige Tanz ist für Janza, der morgige für den Wind, für das Leben und für uns alle.«

In gewisser Weise wünschte ich mir, ich hätte nach dem Tanz nicht neben Janza gesessen und anschließend im Camp geschlafen. In den folgenden zwei Nächten wurde ich von den schrecklichsten Alpträumen geplagt. Irgendjemand starrte mich von den Bäumen aus an, lag neben mir, wollte in mich eindringen, und als ich aufwachte, war er verschwunden. Ein Unheil aus längst vergangenen Tagen schien wiedergekehrt zu sein, um uns heimzusuchen. Alle spürten es und wollten möglichst bald das Camp verlassen. Ich nenne es ein »Unheil aus längst vergangenen Tagen«, da ich in dem, was in meinen Träumen auftauchte, die Dämonenfigur erkannte, die ich an den Felswänden gesehen hatte. Sie beobachtete mich, als ob sie zu begreifen versuchte, wer ich war und woher ich kam.

Es mag sein, dass ich die Macht, die von dem Dämon ausging, nicht verstand, doch ich konnte sie fühlen. Auch die Hadza spürten deutlich, dass er sein Unwesen trieb, vor allem die alten Frauen. Sie schienen das drohende Unheil zur Kenntnis zu nehmen, und Sorge überschattete ihre Gesichter. Wenn sie mich ansahen, blickten sie suchend durch mich hindurch, ehe sie sich wieder ihrer Arbeit zuwendeten. Oft beobachtete ich, wie sie vorsichtig über ihre Schultern spähten und ihre Kinder aufforderten, in der Nähe zu bleiben.

Ich erzählte Sabina noch in derselben Nacht von meinen Träumen, als sie mich zum ersten Mal aufweckten. Er sagte: »Wahrscheinlich träumst du, wie wir alle träumen. Erinnerst du dich noch, als ich in Arusha geträumt habe, dass meine Frau und mein Sohn tot sind, und welche Sorgen ich mir gemacht habe? Als ich nach Hause kam, war alles in Ordnung mit ihnen. Manchmal träume ich auch schlecht, bevor ich ein großes Tier erlege. Vielleicht spürst du den Dämon, der versucht, Janza zu töten.«

Zwei Tage nach dem Tanz für Janza wurde Mustaffa sehr krank. Er konnte nichts mehr essen und sich nicht mehr bewegen. Er behauptete, dass ihm die Dämonen den Schlaf raubten. Der Heiler hatte alle Hände voll damit zu tun, Hühnern die Köpfe abzuschneiden – unter anderem auch für mich, nachdem ich ihm von meinem Traum berichtet hatte.

»*Jana usiku mimi nilikua nahofu ya jini mbaya sana*, ich spüre den bösen Geist in meinem Herzen, kann ihn jedoch nicht sehen. Es ist gefährlich, wenn man den Dämon spürt, aber nicht sehen kann. Der Dämon ist dir im Traum erschienen, und ich weiß jetzt, was das bedeutet. Das Böse hat dich wahrgenommen und sucht nach deinem Ursprung. Nimm diese Medizin immer bei Sonnenuntergang, bis der Dämon aus deinen Träumen verschwindet«, sagte der Heiler mit ernstem Blick. Er reichte mir einen schmutzigen Stoffbeutel mit schwarzer Medizin.

Am dritten Morgen kam Sitoti in unser Camp gelaufen, das sich an einem kleinen Bach unter einem Baldachin aus Ästen und Kletterpflanzen befand.

»*Matatizo mkubwa*, es gibt ein fürchterliches Problem, komm schnell«, sagte Sitoti.

Er ging mit mir zu einem anderen, größeren Camp. 20 Frauen mittleren und fortgeschrittenen Alters standen um ein kleines, am

Boden liegendes Tuch. Sitoti führte mich durch den Kreis der Frauen und schlug das Tuch zurück. Vor mir lag ein unglaublich hübsches kleines Mädchen, das eingefallen war wie eine Trockenpflaume. Mit weit aufgerissenen Augen starrte sie in eine Welt aus Mühsal und Schmerz und schien nicht mehr dieser Wirklichkeit anzugehören. Ihr Körper war noch am Leben, doch sie selbst war weit weg. Sie wirkte wie eine Untote. Auf ihren Lippen zeichnete sich der Überlebenskampf ab, an dem sie jedoch nicht mehr teilzunehmen schien. Ihre Mutter deckte den Körper des Kindes wieder mit dem Tuch zu. Als ich aufblickte, sah ich, dass mich alle anstarrten. Ich erkannte den Ernst der Lage. »Das Kind muss ins Krankenhaus. Sie braucht eine Infusion, Nahrung und Medizin direkt ins Blut«, erklärte ich.

Meine Worte gaben ihnen wenig Hoffnung. Es handelte sich um das kleine Mädchen, das von einem Hund gebissen worden war und um das sich Franz Sorgen machte. Die Hadza waren überzeugt, dass sich eine *mchawi*, eine böse Hexe, in den Hund verwandelt und das Mädchen gebissen hatte, um seine Seele zu rauben. Eine ältere Frau erklärte außerdem, dass die Urgroßmutter des Mädchens vor ihrem Tod böse auf die Mutter des Kindes gewesen sei und sich jetzt der *mchawi* bediente, um es zu sich in die Welt der Toten zu holen. »Tja«, meinte Franz, als ich ihm die Geschichte später erzählte, »das ist eine schwierige Angelegenheit.«

Ich versuchte, den Frauen klar zu machen, dass das Kind sterben würde, wenn man es nicht ins Krankenhaus brachte.

»Ich gehe zurück und sage Franz Bescheid, dass er heute Nachmittag mit seinem Wagen kommen und das Mädchen ins Krankenhaus bringen soll.« Sie stimmten alle zu, aber ich glaube, sie rechneten nicht damit, dass ich jemals zurückkommen würde.

Ich trat wieder durch den Kreis der Mütter und Großmütter und fühlte dabei, wie sie ihre Energie auf das Mädchen richteten. Sie waren allesamt starke Frauen, die abseits der Ortschaften aufgewachsen waren. Man konnte ihren Mutterinstinkt spüren, als sie vor dem Kind standen und versuchten, ihm zu helfen, konnte fühlen, dass auch sie Kinder zur Welt gebracht hatten, und ahnen, was sie in ihrem

Leben durchgemacht hatten. Sie beteten für das Kind, und ihre Energie, die sanft und zugleich kraftvoller war als alles andere auf der Welt, schien sich auf das kleine eingefallene Mädchen zu übertragen. Sollte sie noch diesen einen Tag überleben, ehe wir sie ins Krankenhaus bringen konnten, lag das an der Energie, die von der mütterlichen Liebe der Frauen ausging.

Ich machte mich auf den Rückweg in unser Camp, um den anderen Bescheid zu geben, dass wir nach Mangola aufbrechen mussten. Die Jäger und die kleinen Jungen waren gerade dabei, mein *ugali* und Gemüsesuppe zu essen. Nichts konnte sie dazu bewegen, sich zu beeilen. Der Vater des kranken Mädchens kam angelaufen und aß den Rest der Suppe, während die Männer den Tabak reihum gehen ließen und sich Zigaretten drehten. Ein paar von ihnen begannen vor lauter Freude über den Tabak und ihre vollen Mägen zu tanzen. Kurz darauf tanzten alle – sogar der Vater des kleinen Mädchens –, da niemand dem Rhythmus des jungen Jägers Hamisi widerstehen konnte. Plötzlich drückte Hamisi Sapo den Hintern an den Kopf und furzte. Sapo versuchte Hamisi zu fangen, stolperte über einen Stein und fiel in den Bach. Alle lachten. Als Sapo wieder zurückkam und sich ans Feuer setzte, sagte er, dass er nichts mehr hören könne, da Hamisis Furz lauter gewesen sei als ein Gewehrschuss und gestunken habe wie ein verwester Elefant. Schließlich packten wir doch unsere Sachen zusammen. Obwohl alle mithalfen, dauerte es ziemlich lange, da sich niemand sonderlich beeilte. Die Männer vertrauten dem Heiler mehr als mir oder dem Krankenhaus. Nach ungefähr einer Stunde machten wir uns endlich auf den langen, heißen Weg nach Mangola, der über eine staubige Straße führte und zu Fuß sechs Stunden dauerte.

Normalerweise brachen wir nicht so spät am Vormittag auf, wenn wir auf Safari gingen, da die Sonne um diese Zeit besonders heiß brannte. Bereits nach 15 Minuten war mein Hemd schweißdurchtränkt. Ich lauschte unseren Schritten auf der staubtrockenen Erde und begann daran zu zweifeln, ob ich wirklich versuchen sollte, dem Kind zu helfen. War es richtig, dass ich mich in das Leben der Hadza einmischte? War es meine Aufgabe, dem kleinen Mädchen zu helfen?

»Lass gut sein, Jemsi. Wenn Gott das kleine Mädchen zu sich holen möchte, wird er es tun. Wir können nichts dagegen machen«, hatte Sabina gesagt.

Und ich dachte mir: Er hat Recht. Ich verlangsamte meinen Schritt, und wir verfielen in unsere übliche Routine: Wir rasteten im Schatten und rauchten, wenn die Sonne unerträglich wurde, und machten bei verschiedenen *pombe*-Ständen am Straßenrand Halt, um zu trinken und mit den Frauen zu flirten. Sabina fragte eine junge, hübsche Mbulu, ob sie mit ihm in die Büsche gehen würde, wenn er ihr ein *zwadi mkubwa*, ein großes Geschenk, gab. Sie lehnte ab, und wir gingen weiter.

Am Nachmittag erreichten wir das Camp am »Großen Baum«. Sabina und ich setzten uns und lehnten uns mit dem Rücken gegen den riesigen Baum. Irgendwann schliefen wir ein. Als ich aufwachte, sah ich als Erstes den toten Affen, den mir Hamisi vor die Nase hielt.

Eine alte Hadza-Frau

»Hör auf damit, Hamisi.« Er ging zum Feuer und warf den Affen in die Flammen, um ihm das Fell wegzubrennen. Ich weiß nicht, ob es am Anblick des brennenden Affen lag, doch mir wurde mit einem Mal klar, dass ich zu Franz musste. Während die Männer den Affen verspeisten, ging ich durch die Oase, über die vielen Zwiebel- und Gemüsefelder und schließlich über die Blumenfelder, die zu Franz' Farm gehörten. Als ich bei seinem Haus ankam, stand er in dem kleinen Windfang und klopfte sich mit schmutzverkrustetem Gesicht seine Hosen ab. Das Erste, was er mich fragte, als er mich sah, war: »Hast du das kleine Mädchen gesehen?«

Ich erzählte ihm die Geschichte und entschuldigte mich dafür, ihm die schlechten Nachrichten überbringen zu müssen.

»Wofür entschuldigst du dich?«

»Du hast so viele Pflichten auf der Farm, Franz, ich möchte dich nicht mit dieser Angelegenheit belasten.«

»Was heißt hier Pflichten, James? Ich werde mich doch nicht weigern, dem Mädchen zu helfen, nur weil ich irgendwas zu erledigen habe, das im Vergleich zum Leben eines Kindes rein gar nichts bedeutet. Außerdem habe ich bereits Zeit und Geld investiert, um das Mädchen und seinen Vater nach Karatu zu fahren, um sie dort auf Tollwut untersuchen zu lassen. Natürlich hatten sie im Krankenhaus weder die Möglichkeit zu testen, ob sie Tollwut hat, noch den erforderlichen Impfstoff. Falls sie Tollwut hat, besteht sowieso keine Hoffnung mehr. Ich komme sofort, ich dusche mich nur kurz. Tank schon mal zehn Liter Diesel in den Land Cruiser.«

Auf der vierzigminütigen Fahrt nach Endamaghay zu dem kleinen Mädchen erzählte mir Franz von seinen Erlebnissen als Rettungswagenfahrer in Albanien. Er hatte seinen Cowboyhut auf, trug seine langen Messer am Gürtel und war bester Laune. »Die Albaner sind nette, lebenslustige Menschen. Wenn eine Hochzeit anstand, wollten sie immer meinen Rettungswagen ausleihen. Ich erklärte ihnen, dass das nicht möglich wäre, ich aber verpflichtet sei zu kommen, wenn sie einen Notfall meldeten. Sollte es sich bei diesem Notfall zufällig um einen falschen Alarm handeln, wäre es kein Problem für mich, sie mit zurück in die Stadt zu nehmen. Also gab es jede Woche mindestens drei Notrufe. Ich fuhr jedes Mal in einem blumengeschmückten Krankenwagen, in dem eine Horde ausgelassener Albaner saß, in die Stadt zurück. Die Männer schossen immer mit ihren Kalaschnikows zum Fenster hinaus. Gott sei Dank hat mein Arbeitgeber nie von diesen Hochzeitsfahrten erfahren.«

Als wir bei dem Hadza-Camp ankamen, war das kleine Mädchen bereits zu dem Heiler gebracht worden. Das bedeutete weitere 40 Minuten Fahrt über eine schreckliche Straße in den Busch. Das Auto zeigte bereits erste Anzeichen von Überhitzung.

»Scheiße, der Kühler leckt. Jetzt hilft nur noch beten, James«, sagte Franz.

Nachdem wir zwei Mal angehalten hatten, um Kühlwasser nachzufüllen, kamen wir bei der Unterkunft des Heilers an. Er wohnte in einer Grashütte. Ich stellte ihm Franz vor und fragte ihn, ob es möglich sei, das Kind mitzunehmen. Er machte einen erleichterten Eindruck und sagte, dass er alles getan hätte, was in seiner Macht stand. Er brachte uns zu dem Kind, das im Schatten lag. Neben ihm saßen seine Eltern und hielten Wache. Als Franz das kleine Mädchen sah, verdrehte er die Augen und sagte: »Ich glaube, uns bleibt nicht mehr viel Zeit.« Der Vater hob das Mädchen vorsichtig hoch und band es sich mit einem Tuch fest auf den Rücken. Die Mutter holte ihre anderen Kinder und etwas Proviant. Als sie zurückkam, gingen wir sofort zum Wagen.

»Ich mache mir ziemliche Sorgen. Wenn dieses Kind stirbt, ist es unsere Schuld. In Tansania braucht man eine Erlaubnis, um Menschen mit seinem Auto helfen zu dürfen. Und der Heiler wird uns bestimmt auch beschuldigen.«

»Zerbrich dir nicht den Kopf, Franz. Der Vater hat gesagt, er versteht, dass Gott das Kind zu sich holen wird, wenn er möchte. Er weiß, dass das Krankenhaus die letzte Chance für seine Tochter ist.«

Also fuhren wir los, und ich betete. Ich betete tatsächlich. Das war eine völlig neue Erfahrung. Die schreckliche Vorahnung, die ich im

Hamisi mit einem
toten Affen

Camp gehabt hatte, wurde von dem Gebet regelrecht weggewaschen. Ich hatte das Gefühl, dass uns kein Unheil jetzt noch etwas anhaben konnte.

»Stell dir einfach vor, dass wir in Gottes Mission unterwegs sind, James. Vielleicht wird das Mädchen dann überleben«, sagte Franz.

»Das tue ich.«

»Ich komme mir vor, als wären wir die Blues Brothers«, meinte Franz.

Als der Land Cruiser entgültig überhitzte, bestand keine Hoffnung mehr, dass wir es noch am selben Abend zum Krankenhaus schaffen würden. Die nächste Wasserstelle war zehn Kilometer entfernt. Plötzlich tauchte jedoch ein Lastwagen zwischen den Büschen auf, der einen riesigen Wassertank transportierte. Der Fahrer warf einen Blick auf das Mädchen und bot uns sofort Hilfe an. Franz stieg rasch aus und öffnete die Motorhaube. Er bedankte sich und füllte den Kühler auf. Das Leck war allerdings so katastrophal groß, dass das Wasser sofort wieder auszulaufen begann.

»Der Kühler wird in zehn Minuten wieder leer sein, James«, sagte Franz, nahm seinen Cowboyhut ab und wischte sich mit dem Unterarm den Schweiß von der Stirn.

Auf der Straße erschien ein weiterer Mann und ging auf den Land Cruiser zu. Er warf einen Blick auf den Kühler und sagte: »Werft diese Teeblätter in den Kühler. Sie quellen auf und dichten das Loch ab. Ich verkaufe sie euch.« Er gab Franz einen kleinen Beutel mit Teeblättern, erhielt im Gegenzug etwas Geld von ihm und verschwand wieder im Busch. »Danke«, sagte Franz mit verblüfftem Gesichtsausdruck.

Es funktionierte! Der Wagen überhitzte nicht mehr.

Das Kind machte allerdings einen äußerst schlechten Eindruck. Es hatte mit der holprigen Fahrt zu kämpfen; die Straße verlangte ihm die letzte Energie ab. Franz sah nach hinten und sagte: »Jesus, hab Erbarmen.« Der Vater legte seiner Tochter die Hand aufs Gesicht, um sich zu vergewissern, dass sie noch reagierte. Sie blinzelte.

Plötzlich zersprang Franz' Windschutzscheibe und drohte herauszufallen. Wir hielten die Scheibe fest, beteten und hofften, dass die Teeblätter auch weiterhin ihren Zweck erfüllen würden. Ich gab Sindiko, dem Vater des Mädchens, eine Medaille mit dem Abbild von Papst Johannes XXIII. und trug ihm auf, sie seiner Tochter aufzulegen. Die Medaille hatte ich in New York von einem Freund geschenkt bekommen. Er heißt Martin di Martino, ist ein verrückter Kerl und ein absolutes Original. Martin war ununterbrochen auf der Suche nach seinem ganz persönlichen »Gott«. Er erzählte mir stundenlang von der Energie, die ihn antrieb. Ein paar Monate bevor ich nach Afrika aufbrach, kam er aus Italien zurück und verkündete: »Jetzt weiß ich es endlich.«

»Was weißt du, Martin?«, fragte ich.

»Seit meiner Kindheit frage ich mich, was mich mit Michelangelo verbindet. Also habe ich diese Reise unternommen, um es endlich herauszufinden, und habe tagelang Michelangelos Werke betrachtet.

302

Man spürt ihre Energie tief unten im Bauch. Kein Künstler vor oder nach ihm und auch keiner seiner Zeitgenossen hat diese Energie so zum Ausdruck gebracht wie Michelangelo. Wenn wir jung sind, besitzen wir sie ebenfalls, sind uns dessen aber nicht bewusst. Viele Menschen verlieren sie, wenn sie älter werden, ohne zu wissen, was sie verlieren. Wir sehnen uns nach dieser Energie und verehren sie, und wir alle besitzen sie zu irgendeinem Zeitpunkt, verschließen uns jedoch davor. Sie wird in jedem Detail von Michelangelos ›David‹ sichtbar. Jeder Zentimeter der Leiche Christi in der Pietà verkörpert diese Energie, die ewiges Leben bedeutet. Obwohl Jesus tot ist, kann man das Leben in seinen Adern sehen. Darin zeigt sich die große Kunst Michelangelos. Diese Energie ist auch der Grund dafür, weshalb Sex eine solche Faszination auf uns ausübt.«

»Martin, ich bitte dich.«

»Nein, wirklich. Hör mir zu. Machen wir uns doch nichts vor, 95 Prozent der Menschheit sind sexbesessen, die restlichen 5 Prozent sind verbittert. Egal, was man kauft, sei es eine Sonnenbrille oder irgendwas anderes, es geht immer nur um Sex, Sex, Sex. Das ist es, was uns antreibt. Männer verströmen diese Energie, Frauen nehmen sie in sich auf. Zusammen erschaffen sie neues Leben. Die Menschen benehmen sich, als hätte Er-Sie-Es einen Fehler dabei begangen, uns Sexualität mit auf den Weg zu geben. Diese Energie sorgt nicht nur dafür, dass Babys auf die Welt kommen, sondern auch dafür, dass die Menschen immer schöner werden, je weiter sie sich dem Tod nähern, vorausgesetzt sie akzeptieren die Energie und haben blindes Vertrauen in sie.

Hier, diese Medaille ist etwas Besonderes. Ich schenke sie dir. Ich bin extra über eine Absperrung geklettert, um sie auf das Grab von Johannes XXIII. zu legen. Was konnte mir denn schon passieren? Schlimmstenfalls hätten mich die feschen Jungs von der Schweizergarde mit ihren violett-gelb gestreiften Pluderhosen einsperren können.«

»Das Immunsystem beginnt im Kopf«, sagte er immer. Er war bereits seit 20 Jahren HIV-positiv, aber die Krankheit war niemals ausgebrochen. Ich wünschte mir, die Medaille könnte dem Mädchen einen Teil von Martins Kraft und Lebenswillen geben. Es schien, als würde sie nicht mehr lange durchhalten.

Schließlich kamen wir an unserem Ziel an und wollten das Mädchen so schnell wie möglich zu einem Arzt bringen. Das Missionskrankenhaus befand sich in einem Ort mit dem Namen Barazani, der von zwei spanischen Priestern gegründet worden war. Es war in einem kleinen Gebäude untergebracht, dessen 20 Zimmer einen rechteckigen staubigen Innenhof umgaben. In der Mitte des Hofs stand eine große, blühende Platane. Eines ihrer orangefarbenen Blütenblätter landete auf der Stirn des Mädchens, als wir den Innenhof betraten.

Ich ärgerte mich über die Ärzte, die sich nicht sonderlich zu beeilen schienen, das Leben des Kindes zu retten. Mir war klar, dass sie jeden Tag mit Situationen wie dieser konfrontiert wurden, doch das war keine Entschuldigung. Schließlich betrat eine spanische Krankenschwester das Zimmer und begann die übliche Prozedur.

Ich verstand jetzt, warum Sindiko beim ersten Mal, ein paar Wochen zuvor, das Weite gesucht hatte, nachdem Franz ihn und das Kind zum Krankenhaus gebracht hatte. Die Ärzte hatten gesagt, dass das Mädchen ein paar Tage bleiben müsse, doch Sindiko nahm sie in der Nacht wieder mit. Die Atmosphäre im Krankenhaus wirkte auf Sindiko fremd und einschüchternd. Die Schwestern waren unfreundlich, die Ärzte waren unfreundlich, überall schrien und weinten Kinder, und ihre Familien schliefen im Innenhof.

Die spanische Schwester erklärte Sindiko, dass er bei seiner Tochter im Zimmer schlafen könne, das Kind aber mindestens eine Woche bleiben müsse, um eine Überlebenschance zu haben. Ich sagte Sindiko, dass er sich keine Sorgen wegen der Bezahlung und wegen des Essens machen brauche, da für alles gesorgt sei. Diesmal war Sindiko vorbereitet, und trotzdem füllten sich seine Augen mit Tränen, als er beobachtete, wie der Arzt seine Tochter grob packte, um sie zu wiegen, und sie anschließend wieder ins Bett fallen ließ. Sie stieß einen Schrei aus. Während der Arzt ihr Gewicht notierte, ging Sindiko wortlos und verschüchtert zu ihr, zog ihr hochgerutschtes Hemd nach

304

unten und legte ihr den Arm, der aus dem Bett hing, auf die Brust. Er strich ihr mit der Hand zart über die Stirn und sang ihr ein Liedchen vor. Das war das einzige Mal, dass ich sah, wie einem erwachsenen Hadza eine Träne über die Wange rollte. Ein Ausdruck von Verwirrung machte sich auf Sindikos Gesicht breit; er befand sich in völlig ungewohnter Umgebung, doch ich glaube, er spürte, dass das Krankenhaus die letzte Hoffnung für sein Kind bedeutete.

»Ich werde mich vergewissern, dass alles mit rechten Dingen zugeht, und ein Mal pro Woche nach der Kleinen sehen, wenn ich der Mission Gemüse liefere«, sagte Franz, als wir in seinen Land Cruiser stiegen.

Ehe ich mich wieder auf den Weg in den Busch machte, hörte ich, dass sich der Zustand der Kleinen zwar stabilisiert hatte, die Ärzte aber noch immer nicht wussten, ob sie eine Blutvergiftung oder Tollwut hatte.

Als ich vier Wochen später aus dem Busch zurückkehrte, ging ich als Erstes zu Franz' Farm, um zu erfahren, wie es dem Mädchen ging. Durchs Fenster sah ich Franz auf der Couch sitzen und in seinen Schoß starren. Als ich mich dem Windfang näherte, hörte ich seine Frau weinen.

»Wie kann das Leben nur so grausam sein?«, rief sie, lief ins Schlafzimmer und schlug die Tür hinter sich zu.

»Tut mir Leid, wenn ich euch störe, Franz«, entschuldigte ich mich, noch bevor ich das Haus betrat.

Er sah zu mir auf. »Nein, du störst nicht. Komm rein.«

Ich betrat das kleine Wohnzimmer und setzte mich. Franz verschwand in der Küche und kam mit zwei Flaschen Bier zurück. »Das Kind ist wieder im Busch«, sagte er und reichte mir eine Flasche. »Meine Frau war heute im Krankenhaus und ist noch immer völlig durcheinander. Die Kleine lag noch immer mit der Papst-Medaille auf der Brust im Bett. Sie zuckte und bewegte den Unterkiefer. Die Ärzte meinten, es sei das Beste, wenn die Mutter das Mädchen mit in den Busch nehmen würde, damit sie dort sterben kann. Es besteht keine

305

Hoffnung mehr. Sie sind sich so gut wie sicher, dass sie Tollwut hat. Und Sindiko ist verschwunden. Die Schwestern sagten, ein paar Diebe hätten ihn dazu überredet, ihnen dabei zu helfen, Baumaterial zu stehlen. Die Polizei kam aus Karatu und hat die Diebe verhaftet. Sie waren auf der Suche nach Sindiko, konnten ihn aber natürlich nicht finden. Wie du weißt, ist es unmöglich, einen Hadza zu finden, der nicht gefunden werden will.

Eine Zeit lang sah es recht gut aus. Jedes Mal, wenn ich ins Krankenhaus kam, saß Sindiko bei dem Kind am Bett.« Franz hielt einen Moment lang inne und nahm einen kleinen Schluck von seinem Bier. »Meine Frau hat die Kleine und ihre Mutter heute mitgenommen und in der Nähe eines Hadza-Camps abgesetzt. Als die Mutter aus dem Wagen ausstieg, fragte sie meine Frau: ›Was ist mit dem Kind? Ich dachte, im Krankenhaus würde man ihr helfen?‹ Meine Frau versuchte, ihr die Situation auf Suaheli zu erklären. Die Mutter verstand, nickte traurig und verschwand mit ihrem Kind auf dem Rücken im Busch. Meine Frau ist noch immer ziemlich mitgenommen. Bevor du gekommen bist, hat sie mich angeschrien, weil ich Bier gekauft habe. Sie sagte: ›Gütiger Himmel! Das Kind liegt im Sterben, und du kaufst Bier!‹ Was zum Teufel erwartet sie von mir? Wir können doch nicht jedem helfen. Ich habe mir die Füße wund gelaufen, um dieses Kind zu retten! Man kann eben nichts machen, wenn sie Tollwut hat. Übrigens, du schuldest uns 100 Dollar für die Krankenhauskosten«, sagte Franz und trank noch einen Schluck Bier.

Ich sagte Franz, dass ich ihm das Geld schicken würde, sobald ich wieder in den Vereinigten Staaten war, und ging.

Am nächsten Morgen erklärte ich den Jägern, dass wir den Hadza in Mangola als Abschiedsgeschenk Nahrungsmittel kaufen mussten. Ich hatte nicht mehr viel Geld übrig und wollte in ein paar Tagen nach Arusha aufbrechen. Mein Rückflug nach New York war bereits gebucht; es wurde wieder Zeit, dass ich mich der Gärtnerei widmete.

Wir kauften drei Ziegen, 50 Kilo Rindfleisch und 100 Kilo *sembe*, gemahlenes Korn. Auf dem Weg zum Hadza-Camp, wo wir den

Frauen die Essensvorräte geben wollten, überredeten mich die Jäger, bei einer *pombe*-Bar Halt zu machen.

»Nur eine Runde, dann gehen wir weiter«, sagte ich ihnen. Mein Wort in Gottes Ohr. Wir kehrten mit unseren Vorräten bei Mzee Rhapheala ein, nahmen unter einer kleinen Akazie Platz und schickten einen der jüngeren Männer in die Bar, um eine Flasche besonders hochprozentiges *pombe kali* zu bestellen. Bald darauf fingen wir an, Geschichten auszutauschen, zu singen und zu tanzen.

Am Nachmittag tauchte Sindiko auf. Wir führten ein langes Gespräch. Er beteuerte, dass er nichts gestohlen hätte, und damit war die Sache erledigt.

»Könntest du mein Kind ins Krankenhaus nach Arusha bringen? Ich habe gehört, dass es besser ist als das hiesige. Sie ist sehr krank«, sagte er.

»Wenn deine Tochter *ndudu wa mbwa* hat, sich bei dem Hund infiziert hat, ist es aussichtslos. Aber ich werde sie trotzdem nach Arusha mitnehmen, wenn du möchtest. Ich weiß allerdings nicht, ob ich sie hierher zurückbringen kann, falls sie dort stirbt«, gab ich zu Bedenken.

»Wenn Gott mein Kind zu sich holen möchte, wird er es tun«, meinte Sindiko, der bald mit den anderen sang und tanzte. Der Gedanke an Arusha ließ wieder Hoffnung in ihm aufkeimen.

Am Spätnachmittag philosophierten wir darüber, dass die Lastwagen Symbole für Habgier und zukünftige Zerstörung waren. In unseren Augen repräsentierten sie den zunehmenden Zwiebelanbau in Mangola, der dazu führte, dass immer mehr Bäume gefällt wurden und noch mehr Land in Äcker umgewandelt wurde. Gegen fünf Uhr nachmittags griff ich im Suff zuerst einen Lastwagenfahrer mit blanken Fäusten an, dann lief ich zu einer anderen *pombe*-Bar, wo ich alle Fahrer zum Kampf herausforderte. Mama Ramadan war zufällig in dieser Bar und brachte mich wieder zur Vernunft – einer ihrer Liebhaber war Lastwagenfahrer. Ich forderte die Jäger auf, ihre Pfeile wegzustecken, und wir gingen, im Spaß miteinander raufend, zu der Bar zurück, in der wir ursprünglich gewesen waren.

Als wir uns am frühen Abend dem oberhalb von Mangola gelegenen Hadza-Camp näherten, riefen wir den Frauen und Kindern zu, dass wir Nahrung mitgebracht hätten. Sie liefen uns entgegen und halfen uns beim Tragen. Das Fleisch, das *pombe* und die Rückkehr der Jäger sorgten für beträchtliche Aufregung. Wir tanzten die ganze Nacht.

Ich wachte im Morgengrauen in einer kleinen Hadza-Hütte auf. Um mich herum schliefen und spielten mehrere Kinder. Wir aßen den letzten Rest des Honigs, den Sabina im Busch gesammelt hatte. »Erzählt das bloß nicht Sabina«, warnte ich die Kinder. Sabina hatte die Nacht mit einer seiner Freundinnen verbracht und würde ziemlich wütend werden, wenn er merkte, dass der Honig, den er seiner Frau mitbringen wollte, verschwunden war.

Später am Morgen rief mich Sindiko und bat mich, aus der Hütte zu kommen. »Bitte komm mit, Jemsi«, sagte er. Er sah traurig aus.

»Was ist passiert, Sindiko?«, fragte ich.

»Mein Kind ist letzte Nacht gestorben.«

Sindiko führte mich zu einer kleinen Hütte, nicht weit entfernt von der Stelle, wo wir die ganze Nacht getanzt hatten, und setzte sich schweigend vor den Eingang. Ich war mir nicht sicher, warum er mich geholt hatte. Die Mutter des Kindes starrte einfach nur in den Himmel. Neben ihr saßen einige ältere Frauen, die ebenfalls schwiegen.

»*Pole sana mama*, es tut mir sehr Leid«, sagte ich der Mutter. Sie grüßte mich mit einem leichten Nicken und starrte dann wieder in die Ferne. Sindiko hatte den Blick auf den Boden gesenkt.

Ich blieb einige Zeit bei ihnen stehen und dachte über ein Zitat Michelangelos nach, das mir Martin gesagt hatte: »Wenn wir am Leben Gefallen finden, sollte uns der Tod, der aus der Hand desselben Schöpfers stammt, nicht missfallen.«

Nachdem ich bei dem toten Mädchen gewesen war, machte ich mich auf den Weg zum Camp am »Großen Baum«. Am späten Nachmittag traf auch Sabina dort ein. Er sagte: »Die Suaheli sind heute gekommen. Sie hatten vom Tod des Mädchens erfahren und wollten es beerdigen. Wir haben ihnen gesagt, dass sie die Kleine in Ruhe lassen sollen, da wir sie nach Sitte der Hadza beerdigen werden. Sie wollten aber nicht auf uns hören und haben sie mitgenommen. Viele Hadza verlassen jetzt das Camp. Sie sagen, ein Unheil sei über Mangola hereingebrochen. Letzte Nacht wurden in der Stadt zwei Diebe verbrannt. Man hat sie mit Benzin übergossen und angezündet. Die Diebe wurden beschuldigt, einem Ladenbesitzer mit einem Rohr den Schädel eingeschlagen zu haben, um 20 000 Schillinge (40 Dollar) zu stehlen«, berichtete Sabina, während er sich eine Zigarette drehte. Er nahm eine Kohle aus dem Feuer und zündete sie an. Anschließend ließ er die Kohle fallen und blies auf seine Finger, um sie zu kühlen.

»Ihre Leichen liegen noch immer qualmend auf der Straße. Möchtest du hingehen und sie dir ansehen?«

»Nein, Sabina, das möchte ich nicht.«

»Einer der Diebe war Peter. Du kanntest ihn. Er war in Endamaghay mit einer Hadza verheiratet«, fuhr Sabina fort.

»*Kweli*, tatsächlich? Er würde doch niemals stehlen. Warum haben sie ihn getötet?« Ich war fassungslos. Peter war die Sanftmut in Person; ich hatte ihn vier Jahre zuvor kennen gelernt. In der Vergangenheit hatte mich Peter oft zur Farm seines Vaters mitgenommen, wenn ich Hunger hatte. Ich bekam dort immer süße, in frischen Honig getauchte Kartoffeln.

»Sie haben nicht die wirklichen Diebe getötet. Ich weiß, wer die Diebe sind. Sie haben die Leute in der Stadt dazu angestachelt, Peter und einen anderen unschuldigen Mann zu töten. Einer der Diebe mochte Peter nicht. Peters Vater hat versucht, seinen Sohn zu retten, aber als er ankam, war es zu spät. Die Hadza haben auch versucht, Peter zu retten, aber die Leute aus der Stadt wollten nicht auf uns hören. Sein Vater weiß, wer die Diebe sind, und wird sie töten.«

»Das kann doch nicht wahr sein. *Shetani yupo*, der Dämon ist gekommen«, sagte ich.

»*Ndiyo*, ja, *shetani yupo*«, stimmte mir Sabina zu. »Gut, dass du morgen gehst. Ich werde meine Familie in den Busch bringen, weit weg von Mangola.«

ABSCHIED

Am nächsten Morgen brach ich nach Arusha auf. Nubea, Sabina, Mustaffa, Sapo, Localla und Sitoti begleiteten mich zum *dala-dala*, einem alten Land Rover, der mich nach Karatu bringen sollte. Von dort wollte ich den Bus nach Arusha nehmen.

»Bis bald, Jemsi«, sagten sie. Als der Land Rover auf die Hauptstraße einbog, winkte ich ihnen noch einmal zu, und sie fingen alle an zu lachen. Sabina sprang auf und ab und warf die Arme in die Luft. Dann begannen sie, sich um die Kleidungsstücke zu streiten, die ich ihnen dagelassen hatte. Sitoti riss Sabina ein Hemd aus den Händen und rannte davon. Sabina lief ihm sofort hinterher. Die anderen machten kehrt und gingen in den Busch zurück.

Ich kehrte nach New York zurück, bepflanzte wieder Gärten, ging in Museen, aß in Sushi-Bars, nahm Yogaunterricht und genoss das westliche Leben. Aber irgendwie hatte ich mich verändert.

Ich wachte oft mitten in der Nacht auf und wiederholte die wenigen Hadza-Worte, die ich kenne. Ich sagte: »Bocho, bocho, komm, komm«, zu einem kleinen Mädchen in einer Ecke meines Zimmers, das immer wieder verschwand, wenn ich langsam das Bewusstsein erlangte. Ich weiß nicht, ob meine Freundschaft zu den Hadza ihnen irgendetwas gebracht hat, und ich weiß nicht, ob ihnen dieses Buch schadet oder hilft. Ich weiß überhaupt nicht mehr, was ich denken soll.

Tanz in der Dämmerung

Während des letzten Monats, den ich im Busch verbrachte, als das Mädchen noch am Leben war, glaubte ich, der einzige Grund dafür, warum ich an den Eyasisee gekommen war – warum es mich immer und immer wieder dorthin zog, warum ich ununterbrochen auf der Suche und in Erwartung war, warum ich stets das Bedürfnis hatte, dorthin zurückzukehren, nachdem ich gegangen war –, sei der gewesen, an jenem Morgen da zu sein, um dem kleinen Mädchen zu helfen. Manchmal frage ich mich sogar, ob das der Grund ist, warum ich überhaupt auf der Welt bin. Vielleicht wächst man nur einmal im Leben in einem entscheidenden Moment über sich hinaus, um etwas zu vollbringen, das alles andere übertrifft: indem man eine Brücke baut, die es jemand anders erlaubt, sein Leben fortzusetzen. Denn nie zuvor in meinem Leben hatte ich mich so sehr als Teil eines Ganzen und so gut gefühlt. Nur während jener Stunden mit dem Mädchen hatte ich das Glück, spüren zu dürfen, wie befreiend bedingungslose Liebe sein kann. Ich hätte mein Leben für dieses Kind hingegeben. Liegt darin das Geheimnis? Hört dort die Suche auf? Beginnt an diesem Punkt das wahre Leben?

Doch es stand nicht in meiner Macht, das Mädchen zu retten.

Ich fühlte mich immer geborgen bei den Hadza, als wären wir von einem unsichtbaren magischen Schutzwall umgeben gewesen. Ich schätze mich unsagbar glücklich, Freundschaft mit einem Volk geschlossen zu haben, das im Einklang mit sich selbst und mit der Natur lebt. Diese Harmonie erfahren zu haben war die wichtigste Lektion in meinem Leben. Aber was bleibt, wenn diese Harmonie verloren geht? Von wem kann man dann noch lernen? Ich befürchte, dass die Kultur der Hadza zerstört werden wird. Die älteste aller Lebensformen wird für immer verschwinden und mit dem Gras und den Bäumen verschmelzen; eine ganze Dimension von Zeit und Raum, Berührung, Gleichgewicht und Existenz, die Sprache des Landes, eine der letzten wahren Beziehungen zwischen dem Menschen und der Natur wird aussterben.

James Stephenson

1999

EPILOG

»Was malst du, Sabina?«, fragte ich, nachdem er seine Arbeit begonnen hatte. Sapo und Nubea kamen zu uns und setzten sich neben die Leinwand. Sapo fing an, die Ölkreiden zu durchforsten.

»Dieser Elefant hat mich eines Morgens in der Nähe von Oldeani verfolgt. Ich musste im Zickzack durch die Bäume laufen«, erklärte Sabina und deutete auf die verschiedenen Bilder, die er gemalt hatte. »Ich habe mein Hemd in einen Baum geworfen, damit der Elefant stehen bleibt und daran riecht. Es war ein großer Elefantenbulle, der mich töten wollte.« Dann deutete Sabina auf einige grüne Kreise. »Vor langer Zeit fertigten die Jäger Trommeln aus gedehnten Gazellenhäuten an und schlugen sie, um die Elefantenherden zu verscheuchen, die sich ihrem Camp näherten. Diese Kreise sind Trommeln.«

Sapo malte ein Rudel frei lebender Jagdhunde, die er eines Morgens in der Nähe von Mongo wa Mono gesehen hatte, wo sie eine Impala verfolgten. Sabina zeichnete eine Figur über einen von Sapos Hunden.

»Wen malst du da, Sabina?«

»Nudulungu.«

»Was wäre geschehen, Sabina, wenn wir nicht alleine auf Safari gegangen wären, nachdem es uns der Heiler gesagt hatte?«, fragte ich. Als wir am Morgen durch den Busch marschiert waren, hatte ich an den Mangati-Heiler gedacht.

»Ich weiß nicht. Vielleicht wären wir krank geworden oder sogar gestorben, wenn wir nicht ohne die anderen auf Safari gegangen wären. Jetzt sind wir gesund und stark, es war also gut, dass wir alleine gegangen sind«, sagte er, während er den Berg von Nudulungu zeichnete.

Ich schloss mich Sabina und Sapo an und malte um ihre Figuren herum viele Sonnen, die darstellen sollten, was ich an den Felswänden gesehen hatte. Nubea begann ebenfalls, Sonnen zu malen, in denen Pfeile steckten. Mustaffa schlief währenddessen.

»Wer ist das, Jemsi?«, fragte Sabina etwa eine Stunde nachdem wir zu malen begonnen hatten und zeigte auf die Leinwand.

»Das ist der alte Mann, der mir im Traum erschienen ist, und hier sind die Beeren, die er mir zu essen gab, damit ich so schnell laufen kann wie ein Löwe. Das ist die Farbe, die die Sonne hatte, als du mit Sapo auf Wildschweinjagd gegangen bist.«

Während unseren längeren Safaris im Busch malten wir jeden Tag etwa eine Stunde. Jeder der Jäger hatte seinen eigenen Stil. Nubea malte immer länger als die anderen, aber er brauchte schließlich auch 20 Minuten, um seine Steinpfeife zu stopfen, und oftmals eine halbe Stunde, um sich für eine bestimmte Farbe zu entscheiden. Mustaffa dagegen war in der Lage, in zehn Minuten eine ganze Reihe komplizierter größerer Zeichnungen fertig zu stellen. An manchen Tagen arbeiteten die Jäger stundenlang an ihren Bildern, an anderen rollten sie die Leinwände oder Papierbogen aus, betrachteten sie und rollten sie wieder zusammen.

Je mehr die Jäger malten, desto freier wurden sie in der Wahl der Farbtöne und Malutensilien. Sabina bevorzugte Aquarellfarben, Sitoti fand besonderen Gefallen an Acrylfarben, Nubea malte ausschließlich mit Ölkreiden und Mustaffa verwendete alles, was gerade zur Hand war. Sapo sah uns zunächst zwei Monate lang beim Malen zu, ehe er sich dazu entschloss, sich zu beteiligen. Leuchtende Farben hatten es allen besonders angetan.

Die Jäger gingen äußerst vorsichtig mit den Farben, den Farbkreiden, den Ölkreiden, den Buntstiften, den Leinwänden und mit dem Papier um. Sie waren alle sehr stolz, die Malutensilien tragen zu

314

dürfen, wenn wir unterwegs waren. Jeder Jäger, jedes Kind und jede Frau – alle hatten ihre ganz eigene Art zu malen. Ich sah niemals, dass jemand ein Motiv kopierte. Die Bilder vermitteln eine andere Dimension unserer Safaris und geben die Wahrnehmung der Hadza und den Austausch, der zwischen uns stattfand, vermutlich wirklichkeitsgetreuer wieder, als ich es mit Worten tun kann. Indem wir uns dieses kreativen Mediums bedienten, schufen wir eine tiefere, intuitive Ebene der Kommunikation. Wenn wir nicht in der Lage waren, uns gegenseitig unsere Gedanken vollständig zu vermitteln, baten mich die Jäger häufig, mit ihnen zu zeichnen und zu malen.

Oft fragte ich mich, wie viel Zeit vergangen war, seit die Vorfahren der Hadza die Felswände bemalt hatten. Welche Bedeutung hatte das Malen für ihre Vorfahren gehabt? Warum hatten sie damit aufgehört? Die Hadza hatten offenbar keine Antwort auf diese Fragen. Sicher war nur, dass sie mit der Tradition des Malens gebrochen hatten. Dennoch waren sie künstlerisch begabt und gingen spielerisch mit der Malerei um; alle Betrachter schienen sofort zu verstehen, was der jeweilige

Hadza-Jäger beim Malen

Künstler mit seinem Gemälde ausdrücken wollte. Mit den Hadza zu malen half mir zu verstehen, wie man mit Hilfe dieses Mediums seine Erfahrungen verarbeitet und umsetzt. Ihre mündliche Überlieferung fand in der Malerei eine Ausdrucksform, mit der sich Erlebtes auf vielen verschiedenen Wahrnehmungsebenen vermitteln ließ. Selbst eine lange Erzählung hat nicht dieselbe unmittelbare Kraft wie ein Bild mit seiner visuell-kognitiven Wirkung.

In Sansibar, Arusha, Karatu und vor allem in New York arbeitete ich an vielen der Bilder weiter. Als ich wieder in New York war, wohnte ich im Keller eines alten Sandsteinhauses. Ich umgab mich mit den Bildern, indem ich sie an die Wände meiner Wohnung nagelte. An manchen von ihnen arbeitete ich noch Wochen, Monate und Jahre weiter. Das Malen half mir dabei, die Kluft zwischen diesen beiden grundverschiedenen Lebensräumen und Kulturen zu überwinden. Ich versuchte irgendetwas zu finden, indem ich tiefer in diese Bilder eindrang. Als ich bei den Hadza lebte, hatte ich oft das Gefühl gehabt, dass mir das Land durch sie eine Botschaft überbringen wollte, ein Wissen, das durch das Malen greifbar wurde.

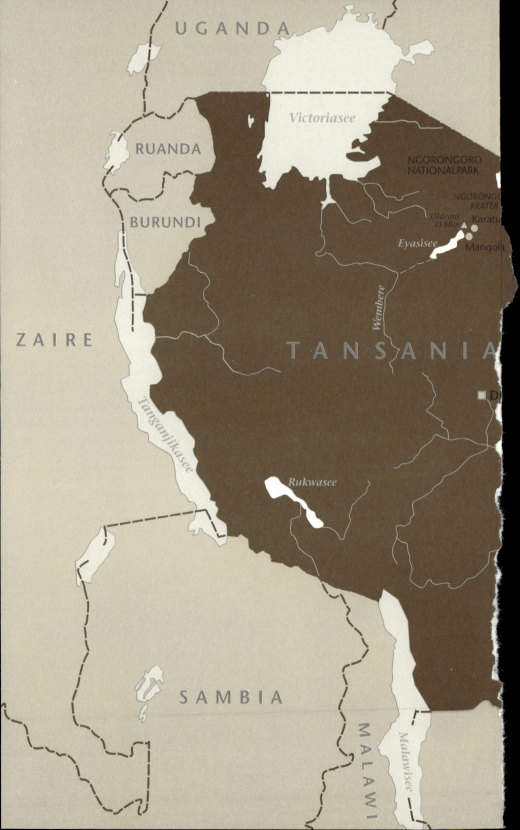